Bücherwurm

Lehrerband zur Fibel

Erarbeitet von
Bernadette Girshausen, Berlin

Ernst Klett Verlag
Stuttgart • Leipzig

Inhalt

Abkürzungen

AH   Arbeitsheft
KV   Kopiervorlage
LWO   Lehrwerk-Online: In das Suchfeld auf www.klett.de bitte den folgenden Code eingeben: x73a6n
DUA   Digitaler Unterrichtsassistent

Leitidee des Fibelwerks

Eine „Leseratte" flitzt durch Bücher, ein „Bücherwurm" verspeist sie genüsslich. Weiter braucht er nicht viel als ausreichend und guten Lesestoff. Nun essen wir Menschen glücklicherweise keine Bücher, sondern wir lesen in ihnen, um Informationen zu finden oder aber auch einfach, um uns etwas Gutes zu tun. Schöne Wörter und Geschichten können Wunder bewirken, uns zum Lachen bringen, selbst wenn wir traurig sind, uns zum Nachdenken anregen und unser Denken, Befinden und Handeln beeinflussen.

Die Bücherwurm-Fibel ermöglicht einen freudvollen Lese- und Schreiblernprozess. Die Buchstaben werden nach und nach eingeführt. Dabei erhalten die Kinder ausreichend Zeit, ihre Buchstabenkenntnisse zu festigen. Von Anfang an geht es aber gleichzeitig um das Lesen und Schreiben sinnvoller Einheiten: von Wörtern, Wortgruppen, Sätzen und Texten – denn Lesen und Schreiben sollen sinnvoll sein.

Die Leitfigur des Lehrwerks ist der Bücherwurm, der gemeinsam mit seinem Freund, dem Grashüpfer, den Lernprozess der Kinder begleitet. Er führt Besonderheiten der Schriftsprache vor Augen, erklärt wichtige Strategien, setzt Impulsfragen oder wirkt bei Lesetexten inhaltserschließend.
Als Handpuppe kann der Bücherwurm im Klassenzimmer aktiv werden und mit den Kindern interagieren.

Didaktisch-methodische Konzeption des Fibelwerks

Mit dem Bücherwurm-Lehrgang lernen die Kinder das Lesen sowie Schreiben (Alphabetisierung) und werden zum Umgang mit Texten angeregt (Literalisierung). Dafür setzt er an den unterschiedlichen Vorerfahrungen der Kinder an. Native wie auch nichtmuttersprachliche Kinder werden dabei etwa durch Sprachförderungsseiten bedacht. Diese können zum einen zur gezielten Wortschatzarbeit eingesetzt werden. Zum anderen bieten sie durch großformatige Illustrationen zu bestimmten Situationen aus der Lebenswelt der Kinder (z.B. in der Stadt, in der Schule) gezielte Sprechanlässe für den Unterricht. Das Angebot von leichten Texten kommt ebenfalls den unterschiedlichen Lernvoraussetzungen der Kinder entgegen.

In der Bücherwurm-Fibel werden die Buchstaben progressiv eingeführt. Zunächst lernen die Kinder die Buchstaben kennen, die häufiger vorkommen und mit denen sich bereits erste Wörter bilden lassen (*M m, A a, O o, I i, N n, L l, E e*). Später folgen dann solche, die im Deutschen seltener vorkommen (*Y y, Qu qu, X x, C c*). Visuell-grafisch und klanglich ähnliche Buchstaben/Laute werden nicht unmittelbar hintereinander eingeführt (visuell-grafisch: z.B. *m/n, b/d/p/q*; klanglich: *d/t, s/ß*), sondern zunächst gefestigt. Dadurch wird einer Gedächtnishemmung bei der Wiedergabe von ähnlichen Lerninhalten entgegengewirkt, die zeitnah vermittelt werden (sogenanntes Ranschburg-Phänomen).

Neben den Buchstaben/Lauten werden in der Bücherwurm-Fibel die Ganzwörter *und, ruft, ist* sowie *sind* eingeführt. Sie dienen dazu, möglichst früh kurze Sätze anbieten zu können.

Die Bücherwurm-Fibel folgt der bewährten analytisch-synthetischen Leselehrmethode und bezieht gleichzeitig auch moderne Ansätze wie die silbenanalytische Methode mit ein. Auf den Lernen-lernen-Seiten werden die verschiedenen basalen Lese- und Rechtschreibstrategien unter Berücksichtigung des silbischen Prinzips der Orthografie eingeführt. Außerdem wird der silbenanalytische Ansatz in Form des Silbendrucks auf den Seiten des Fibel-Lehrgangs berücksichtigt: Alle einfachen Texte stehen im schwarz-grünen Silbendruck.

Das analytisch-synthetische Verfahren

Ausgangspunkt der Erarbeitung einzuführender Buchstaben/Laute bilden sinnvolle ganze Wörter (sogenannte Schlüsselwörter), deren einzelne Zeichen (Buchstaben) bereits bekannt sind. Nun wird nach dem folgenden Schema vorgegangen:

1. **Schritt der Analyse**
   Das Wort wird zunächst visuell-grafisch zerlegt. Beim Lesen wird es in seine Laute aufgegliedert.
2. **Schritt der Synthese**
   Den Lauten des gesprochenen Wortes werden dann Buchstaben zugeordnet. Das Wort wird buchstabenweise wiederaufgebaut.

Mama
Mam
Ma
M
Ma
Mam
Mama

Linguistische Grundlagen der Fibel

Für den Schriftspracherwerb und seine Didaktik ist eine Auseinandersetzung mit der deutschen Rechtschreibung, die den Lerngegenstand des Schriftspracherwerbs bildet, von Bedeutung. Dass Kenntnisse über die Orthografie für das Schreiben eine Rolle spielen, liegt auf der Hand. Jedoch ist zu beachten, dass die Orthografie im Wesentlichen leserorientiert ist (vgl. Noack, Christina: Orthographische Strukturen beim Lesen nutzen. In: Bredel, Ursula/ Reißig, Thilo, Hrsg.: Weiterführender Orthographieerwerb. DTP 5. Baltmannsweiler 2011, S. 374 ff.). Aus diesem Grund mag sie uns beim Schreiben an der einen oder anderen Stelle auch recht kompliziert erscheinen.

Folgende Prinzipien der deutschen Rechtschreibung sind für den Schriftspracherwerb relevant:

- **Alphabetisches Prinzip (Lautprinzip)**
  Traditionell wird davon ausgegangen, dass das Deutsche eine Alphabetschrift darstellt, in der regelhaft Zeichen (lateinische Buchstaben) den Lauten zugeordnet werden. Bei genauerem Hinsehen werden allerdings nur recht wenige Wörter wirklich lautgetreu verschriftet. In der Schreibung finden sich weitere Prinzipien wieder, die das Lesen erleichtern sollen. So wird bei der Wortschreibung das alphabetische Prinzip teilweise von anderen orthografischen Prinzipien überlappt, wie dem silbischen und morphematischen Prinzip, die sich an Silbenstrukturen bzw. Wortbausteinen (Morphemen) orientieren.

- **Silbisches Prinzip**
  Die Silbenstruktur bietet wichtige Hinweise für die Zuordnung der Laute sowie Lautvarianten und für die Entscheidung für einen bestimmten Buchstaben (Graphem) oder eine Buchstabenverbindung (Graphemcluster).
  Zum einen silbenintern: So wird das *A* in **Ampel** kurz gesprochen, da ihm in der ersten Silbe ein Konsonant (*m*) folgt, in *Hase* jedoch lang, da in der ersten Silbe kein Konsonant folgt. Für zwei verschiedene Lautvarianten wird derselbe Buchstabe verwendet, dessen Lautung sich einzig durch den Silbenkontext ergibt.
  Zum anderen silbenübergreifend: Das erste *E* in **Esel** wird lang artikuliert, da in dieser Silbe kein Konsonant folgt. Das zweite *e* hingegen findet als sogenanntes Reduktions-e keine artikulatorische Entsprechung und fungiert rein schrift- und somit leserorientiert als Silbenkern. Dieses Muster findet sich in vielen zweisilbigen deutschen Wörtern wieder. Dem Silbenbaugesetz zufolge (jede Silbe hat einen Silbenkern [Vokal]) schreiben wir ein *e* in der zweiten Silbe von *E-sel*, obwohl es in der Standardlautung akustisch kaum wahrnehmbar ist.

- **Morphematisches Prinzip**
  Die dritte grundlegende und in den orthografischen Prinzipien verankerte Einheit ist das Morphem – untergliedert in den Wortstamm sowie das Präfix und Suffix, die in der Schule irreführenderweise meist als Vor- und Nachsilbe bezeichnet werden, obgleich die Morphemstruktur von der Silbenstruktur abweichen kann. Das Morphem ist die kleinste bedeutungstragende Einheit der Schriftsprache. Das Gesetz der Morphemkonstanz besagt, dass dieses stets gleich oder sehr ähnlich geschrieben wird. Dadurch muss teilweise von der alphabetischen Verschriftung abgewichen werden. Dies betrifft z. B. die Auslautverhärtung: Wir schreiben *Hund* mit *d*, obwohl wir *t* hören, in Analogie zur Schreibung der Pluralform *Hunde*. Auch die Schreibung *Häuser* – und nicht etwa **Heuser* – lässt sich mit dem morphematischen Prinzip erklären.

Die für den Schriftspracherwerb relevanten basalen Einheiten sind also:

- der **Laut**, der beim Erlesen und lautgetreuen Verschriften eine Rolle spielt. Mit einem begrenzten Zeichenrepertoire lassen sich zunächst alle Wörter sequenziell „erlesen" und lautgetreu verschriften – wenngleich, wie oben beschrieben, dies nicht unbedingt zur richtigen Lautung führt bzw. nicht zwangsläufig nach orthografischer Norm geschieht.

- die **Silbe**, die dem Lesenden artikulatorische Hinweise liefert, wie die Artikulation der Laute je nach Position des Zeichens im Silbenkontext oder die Anzeige der Betonung (bei zweisilbigen Wörtern liegt diese auf der ersten Silbe). Für den Schreibenden ist die Aufgliederung von Wörtern in Silben dahingehend wichtig, dass sie Hinweise für das orthografische Schreiben liefert. Da die Silbe einem strukturellen Baugesetz folgt (siehe oben), ist sie eine leicht zu erfassende Einheit. Somit kann durch Nutzung dieser Einheit zudem die Leseflüssigkeit gesteigert werden.

- das **Morphem**, das semantische und grammatikalische Informationen liefert. Das Erkennen von Morphemen findet auf einer rein formalen und daher abstrakten Ebene statt. Im frühen Schriftspracherwerb lässt sich dies nur anbahnen und muss in den folgenden Schuljahren fortgesetzt werden. Da Morpheme (insbesondere Präfix und Suffix) häufig wiederkehrende Einheiten sind, begünstigt ihre Internalisierung das flüssige, sinnverstehende Lesen. Für das orthografische Schreiben ist die Auseinandersetzung mit der morphematischen Struktur von Wörtern unabdingbar.

Lesen- und Schreibenlernen bedeutet, die Prinzipien der deutschen Orthografie zu erfassen (kognitive Komponente), entsprechende Strategien anzuwenden (Handlungskomponente) und häufig wiederkehrende schriftsprachliche Einheiten (z. B. Silbeneinheiten, Morpheme oder auch kurze Wörter) automatisiert abrufen zu können. Diesen unterschiedlichen Einheiten kommen zu verschiedenen Zeitpunkten im Schriftspracherwerb Schlüsselrollen zu. Es geht aber nicht um das Überwinden der einen oder anderen Strategie, sondern um die flexible, an das Wortmaterial angepasste Anwendung der Strategien. Dies führt zu einem flüssigen Lesen und später auch zu normgerechter Verschriftung. Der Gedanke des schrittweisen Erwerbs findet sich auch in Entwicklungsmodellen des Schriftspracherwerbs wieder. Diese können der Lehrkraft als Beobachtungshilfe dienen, auf deren Grundlage sie den Stand der Ausprägung einzelner Strategien bei den Kindern einschätzen kann.

Entwicklungsmodell des Schriftspracherwerbs

Stufe	Lesen	Schreiben
Vorstufe/präliterale Phase	• Leseverhalten wird imitiert („Als-ob-lesen")	• Malen und Kritzeln • Schreibverhalten wird imitiert („Als-ob-schreiben") • eine Schreibstrategie im engeren Sinn ist noch nicht erkennbar
1. Stufe Logografemische Strategie	• Erkennen von Wortbildern nach dem Prinzip des Ganzwortlesens • Lautwert der einzelnen Buchstaben kann nicht korrekt benannt werden	• einzelne Buchstaben und/oder Wörter werden aus dem Gedächtnis notiert • Lautwert der einzelnen Buchstaben kann nicht angegeben werden
2. Stufe Alphabetische Strategie	• Fähigkeit, zunehmend längere Wörter zu erlesen • konkretes Erlesen besonders dann, wenn der Kontext bekannt ist	• phonetische Schreibweise „Schreibe, was du hörst" • von der Skelettschreibung zur alphabetischen Schreibung (z. B. FT für Fahrrad) • mehr oder weniger vollständige Verschriftlichung der Lautabfolge der Wörter nimmt zu (z. B. Fart oder Farat für Fahrrad)
3. Stufe Orthografische/ morphematische Strategie	• Erfassen größerer Segmente wie Silben und Wörter • Gewinnen der Fähigkeit, flüssig und zugleich sinnentnehmend zu lesen durch automatisiertes Worterkennen	• beginnt mit der Berücksichtigung orthografischer Regeln und des Wissens über die Struktur von Wörtern (z. B. Auslautverhärtung, Doppelkonsonanten, Groß- und Kleinschreibung, Prä- und Suffix, Wortstämme) • führt hin zur orthografisch korrekten Gestaltung und Wahl sprachlicher Mittel durch Orientierung am ganzen Satz, jeweiligen Abschnitt oder gesamten Text

Entwicklungsmodell nach: Landesinstitut für Schule und Medien Berlin-Brandenburg (Hrsg.): ILeA. Individuelle Lernstandsanalysen. Lehrerheft Deutsch, Mathematik 1 (2010, 6. überarbeitete Auflage), S. 17

Lernbeobachtungen und Förderhinweise zu den Stufen des Schriftspracherwerbs

Das laute Lesen gibt Rückschlüsse auf die Lesekompetenz der Kinder. Sie misst sich an der Anzahl der Lesefehler, der Lesegeschwindigkeit und der richtigen Betonung (Prosodie). Diese Parameter gilt es, bei den Kindern zu beobachten, um die von ihnen angewandten Strategien im Lesen herauszufinden. Die Schreibkompetenz der Kinder ist weitaus einfacher zu erheben. Rechtschreibfehler geben Aufschluss über die angewandte Strategie. Eine exakte Zuordnung zu den jeweiligen Stufen des Schriftspracherwerbs erscheint schwierig und ist nicht zielführend, da vermutlich auch Strategien höheren Grades bereits frühzeitig erworben werden. Es unterscheidet sich somit nur der Ausprägungsgrad der Strategiebeherrschung zu verschiedenen Zeitpunkten. Darum sollte also beobachtet werden, *wie* die Kinder vorrangig lesen und schreiben. Fehler lassen sich als Lernfortschritt (Phänomen der Übergeneralisierung, siehe unten), Indiz für Lernschwierigkeiten bzw. Entwicklungsverzögerungen beschreiben.

Lernbeobachtungen

- **Vorstufe**
  Die Vorstufe ist dadurch gekennzeichnet, dass das Lese- und Schreibverhalten imitiert wird.
- **Logografemische Strategie**
  Gleicht das Lesen einem Raten anhand einzelner Buchstaben, kann von einem logografemisch ausgerichteten Lesen ausgegangen werden. Durch die Ratestrategie sind vermehrt Lesefehler zu beobachten, da zu wenige Wörter automatisiert abgerufen werden können.
  Das Schreiben auf dieser Stufe begrenzt sich auf einen geringen Wortschatz eingeprägter Ganzwörter, wie etwa des eigenen Namens.
- **Alphabetische Strategie**
  „Erliest" das Kind Buchstabe für Buchstabe, wobei es häufig zu Lautverzerrungen (Dehnlesen) und falschen Betonungen kommt, so ist dies der alphabetischen Strategie zuzuordnen. Das Lesen auf dieser Stufe ist zudem recht langsam und die Sinnentnahme kann durch die falsche Betonung behindert bzw. insbesondere bei längeren Wörtern durch die hohe Inanspruchnahme des Kurzzeitgedächtnisses stark beeinträchtigt sein.
  Beim Schreiben ist eine starke Lautorientierung zu beobachten. Wörter werden entsprechend ihrer Lautgestalt verschriftet, wobei weitere orthografische Regularitäten (noch) nicht einbezogen werden.
- **Orthografische/morphematische Strategie**
  Erst auf dieser Stufe lesen die Kinder flüssig, sinnverstehend und weitgehend fehlerfrei. Da sie größere Einheiten in den Blick nehmen, sind sie in der Lage, die Laute standardsprachlich zu artikulieren. Bei unbekanntem Wortmaterial wird auch beim geübten Leser weiterhin die alphabetische Strategie angewendet.
  Beim Schreiben werden nun auch weiterführende orthografische Regularitäten, wie etwa das silbische und das morphematische Prinzip, beachtet. Bis die orthografische Strategie sicher angewendet werden kann, dauert es vie-

le Jahre. Zunächst kommt es vermehrt zu Rechtschreibfehlern, da Beobachtungen an der Schrift auf falsche Anwendungsbereiche übertragen werden (sogenanntes Phänomen der Übergeneralisierung).

Kritische Stadien sind insbesondere die Übergänge von einer Strategie zur nächsten. Es gilt, die Kinder beim Übergang zur nächsthöheren Strategie durch gezielte Anregungen zu unterstützen. Aus dem Entwicklungsmodell können insofern Fördermöglichkeiten abgeleitet werden.

Förderhinweise

- **Vorstufe**
  Es kann davon ausgegangen werden, dass die Kinder diese Stufe des Lesen- und Schreibenlernens bei Schuleintritt bereits bewältigt haben. Aus diesem Grund wird an dieser Stelle auf die Angabe von entsprechenden Förderhinweisen verzichtet.
- **Alphabetische Strategie**
  Die meisten Kinder lesen und schreiben bei Schuleintritt bereits erste Wörter logografemisch. Das können der eigene Name sein, einzelne, individuell bedeutsame Wörter, Werbung oder z. B. Schilderbeschriftungen. Nun sind zum einen Übungen zur phonologischen Bewusstheit wichtig, in denen die Laut-Buchstaben-Zuordnung deutlich wird. Zum anderen ist aber auch die Einsicht bedeutsam, dass die sequenziellen Zeichenfolgen Lautfolgen entsprechen. Bei den phonologischen Übungen wird an der gesprochenen Sprache angesetzt und einzelne Wörter werden lautlich, und insofern bedeutungsunabhängig, analysiert. Des Weiteren müssen das Buchstabeninventar erlernt und die Buchstabenkenntnisse gefestigt werden. Die Arbeit zu Beginn des Schriftspracherwerbs sollte sich möglichst an lautgetreuen Wörtern orientieren. Die Einsicht in die alphabetische Strategie baut sich vermutlich insbesondere durch das lautgetreue Verschriften auf.
- **Orthografische/morphematische Strategie**
  Um die Kinder zur orthografischen/morphematischen Strategie zu überführen, sollte gezielt an Silben und Morphemen gearbeitet werden. Für den Erwerb der orthografischen/morphematischen Strategie ist das Lesen normgerecht verschrifteter Wörter bedeutsam. Die Beobachtungen an Regularitäten der Schrift werden dann beim Schreiben erprobt, wobei es zunächst auch zu vermehrten Schreibfehlern kommen kann, da die Anwendungskontexte einer konkreten Regel noch nicht bekannt sind.

Da die Entwicklung der Strategien im Lesen und Schreiben parallel verläuft bzw. der Übergang zu einer nächsthöheren Strategie im Lesen oder Schreiben den Übergang im jeweils anderen Bereich begünstigen kann, sollten beide Kompetenzen von Anfang an parallel geübt werden.

Didaktische Herangehensweise: Lernen-lernen- und Üben-Seiten

Auf den in den Bücherwurm-Lehrgang eingebetteten ersten **Lernen-lernen-Seiten** werden der Laut und die Silbe thematisiert.

Die Kinder werden in die Handhabung der Bücherwurm-Lauttabelle eingeführt und somit an das freie Verschriften herangeführt. Auch beim Lesen können noch nicht gefestigte oder neue Buchstaben-Laut-Zuordnungen abgelesen werden. Wer sich für die Arbeit mit der Lauttabelle entscheidet, sollte diese frühzeitig einführen und immer wieder die Kinder anregen, diese als Hilfe zu verwenden.

Einen weiteren Schwerpunkt bilden die Vokale (in der Fibel als Könige bezeichnet) sowie deren lautliche Realisierung im Kontext der ersten Silbe (siehe *Ampel* vs. *Hase*, → Lehrerband-Seite 4). Es geht dabei mehr um das Erkennen der rechtschriftlichen Regelmäßigkeiten, unterstützt durch Symbole (hier Gummi und Flummi) und Layout (Silbendruck und Markierung zu fokussierender Einheiten) als um explizite Erklärungen dieser. Auch auf das Reduktions-e wird hingewiesen, das jedoch eher für das orthografische Schreiben eine Rolle spielt. Das schnelle und zunehmend automatisierte Lesen im Silbenkontext (gefördert durch Silbendruck und Silbenbögen als Strukturierungshilfe) spielt für das richtige, betonte Lesen eine große Rolle. Von Anfang an wird so einem Dehnlesen entgegengewirkt. Wenn die Kinder verinnerlicht haben, dass jede Silbe einen König als Kern hat, der Blick für Silben also geschult ist, kann auf grafische Hilfen verzichtet werden und die Kinder internalisieren die Strategie des silbenweisen Lesens.

Später werden auch Signalgruppen und Wortbausteine in den Blick genommen, die dahingehend wichtig sind, als dass sie einen automatisierten Abruf häufig vorkommender Graphemverbindungen begünstigen.

Für bereits geübte Leser und Schreiber werden die Groß- und Kleinschreibung, das betonte Lesen (Gestaltung der Satzmelodie nach Satzart und Ausdruck) und der Umgang mit dem Lesepfeil für das Lesen erster Texte (z. B. im Leseteil der Bücherwurm-Fibel) eingeführt.

Die Lernen-lernen-Seiten können auch getrennt vom Bücherwurm-Lehrgang behandelt werden. Es ist jedoch zu beachten, dass die Übungen auf den drei anschließenden Üben-Seiten der Buchstabenprogression folgen.

Die zu den Lernen-lernen-Seiten passenden **Üben-Seiten** werden in drei Niveaustufen angeboten. Die differenzierten Aufgaben dieser Seiten beginnen auf der Wortebene, auf der basale Lesefertigkeiten geschult werden, sowie auf der Ebene von Wortgruppen, die bereits erste orthografische sowie grammatikalische Strukturen vermitteln, und gehen später auf die Textebene, auf der das sinnverstehende Lesen angebahnt und gefördert wird. Verschiedene Textsorten versuchen, unterschiedliche Lesemodi (z. B. informierendes Lesen, genießendes Lesen) anzubahnen.

Obgleich die Bücherwurm-Fibel einen starken Lehrgangscharakter aufweist, wird den Kindern Raum zum Entdecken schriftsprachlicher Strukturen und für eigenaktives Lernen gegeben. Im Bücherwurm-Arbeitsheft und in der Bücherwurm-Arbeitsmappe finden sich zahlreiche Übungen, mit denen die Kinder ihre schriftsprachlichen Kompetenzen festigen und ausbauen können.

Zu vielen Lernen-lernen-Seiten werden im Internet Erklärfilme angeboten, die die jeweiligen Methoden und Strategien anschaulich erklären. Auf www.klett.de muss der folgende Code eingegeben werden: x73a6n. Weitere Erklärfilme gibt es auf dem Digitalen Unterrichtsassistenten zur Bücherwurm-Fibel.

Die Lernen-lernen- und Üben-Seiten im Überblick:

- **Silben schwingen** (ⓦ) (→ Fibel-Seite 11)
  Die Kinder üben das silbische Schwingen von Wörtern. Außerdem lernen sie die Kennzeichnung durch Silbenbögen kennen.

- **Mit der Lauttabelle schreiben und lesen** (ⓦ) (→ Fibel-Seite 22–25)
  Die Kinder werden in den Umgang mit der Bücherwurm-Lauttabelle eingeführt. Zuvor sollten die Lautbilder geklärt und die Wörter deutlich vor- und nachgesprochen werden. Nach Übungen zur Bild-Laut-Zuordnung (z. B. Suchaufgaben, in denen die Kinder ein entsprechendes Lautbild finden: *A wie ...*; Welche Wörter fangen noch mit *A* an?) sind Orientierungsübungen wichtig (z. B. Wo stehen die Könige? Wo steht das *G*? Welchen Laut findest du neben/über/unter ...?). Weitere Anregungen finden sich im Bücherwurm-Lehrerband (→ Lehrerband-Seite 34–37).

- **Könige** (ⓦ) (→ Fibel-Seite 38–41); **Weitere Könige – Umlaute und Zwielaute** (ⓦ) (→ Fibel-Seite 100–103)
  Zunächst werden die Vokale systematisch dargeboten. Die Kinder können erkennen, dass jede Silbe einen König hat, der in der ersten Silbe lang oder kurz klingen kann. Später wird das Inventar der Könige um die Umlaute und Zwielaute erweitert.

- **Wörter betont lesen** (ⓦ) (→ Fibel-Seite 56–59)
  Die Kinder lesen zweisilbige Wörter und erkennen, dass bei diesen Wörtern die erste Silbe betont und die zweite unbetont gesprochen wird. Zudem wird das e in der zweiten Silbe in den Blick genommen.

- **Gleiche Teile im Wort erkennen** (→ Fibel-Seite 74–77)
  Die Kinder lesen Wörter mit gleichen Wortteilen: Wortbausteine, Signalgruppen und zusammengesetzte Substantive/Komposita. Durch das simultane Erfassen der Wortteile soll die Leseflüssigkeit erhöht werden. Diese Strategie kann auf andere häufig wiederkehrende Wortteile übertragen werden.

- **Groß oder klein?** (Aa?) (→ Fibel-Seite 108–111)
  Die Kinder nähern sich dem Begriff des Substantivs, indem sie kategorisieren (Menschen, Tiere, Pflanzen, Dinge) und die Artikelprobe anwenden. Zudem wird die Großschreibung von Satzanfängen thematisiert.

- **Lesetipp 1: Über eine Lieblingsgeschichte sprechen: Die Olchis aus Schmuddelfing** (→ Fibel-Seite 124, 125)
  An der Geschichte *Die Olchis aus Schmuddelfing* lernen die Kinder exemplarisch Schritte der Begegnung und Auseinandersetzung mit einem Text kennen (Titel, Autor,

Figuren, Heraussuchen von Textstellen, eigene Positionierung zum Text).

- **Lesetipp 2: Betont lesen** (→ Fibel-Seite 126, 127)
  Die Kinder lernen, einen Text in verschiedenen emotionalen Stimmungen vorzulesen. Zudem beschäftigen sie sich mit Satzbögen in Aussage-, Frage- und Ausrufesätzen.
- **Lesetipp 3: Mit dem Lesepfeil lesen** (→ Fibel-Seite 128)
  Die Kinder probieren, den Lesepfeil als Lesehilfe einzusetzen. Er unterstützt und fördert sie beim genauen Lesen. Der Lesepfeil kann so angelegt werden, dass Silben, Wörter oder Wortgruppen fokussiert werden. Zudem deckt er bereits Gelesenes ab und hilft, in der Zeile zu bleiben.

Methodische Aspekte

In der Bücherwurm-Fibel werden wiederkehrende, leicht verständliche Übungsformate verwendet. Das Bücherwurm-Arbeitsheft und die Bücherwurm-Arbeitsmappe ergänzen das Angebot um weitere produktive Übungstypen.

Übungen in der Fibel

Logografemische Übungen

Auf den Sprachförderungsseiten sind in die Illustration logografemische Übungen eingebettet (z.B. → Fibel-Seite 6/7). So lesen die Kinder z.B. Piktogramme oder Ganzwörter. Unter der Illustration finden sich bildlich dargestellte Wörter mit Artikelpunkten. Diese dienen der Erweiterung bzw. Festigung des Sprechwortschatzes und unterstützen die Kinder dabei, den passenden Artikel zu nennen.

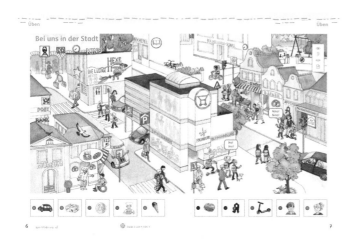

Zu allen Sprachförderungsseiten werden im Internet Hörsequenzen/-texte angeboten, bei denen die Kinder Geräusche und Gespräche zur dargestellten Situation anhören und Höraufträge ausführen können. Auf www.klett.de muss der folgende Code eingegeben werden: x73a6n. Weitere Hörtexte gibt es auf dem Digitalen Unterrichtsassistenten zur Bücherwurm-Fibel. Die Hörtexte finden sich zudem im Bücherwurm-Materialband.

Phonematische Übungen

Die Übungen festigen die Laut- und Buchstabensicherheit. Außerdem fördern sie die Segmentierung von Wörtern in Silben als wesentliche Voraussetzung für das Lesen- und Schreibenlernen:

- Laute im Wort lokalisieren und Grapheme zuordnen (z.B. → Fibel-Seite 10)

- Silben schwingen und Wörter durch Silbenbögen gliedern (z.B. → Fibel-Seite 11)
- mit der Bücherwurm-Lauttabelle arbeiten (z.B. → Fibel-Seite 22–25)
- kurze und lange Vokale unterscheiden (z.B. → Fibel-Seite 40, 41)

Analytisch-synthetische Leseübungen

Der Großteil des Bücherwurm-Lehrgangs bietet analytisch-synthetische Leseübungen, die den einzelnen Laut/Buchstaben, die Silbe und das Morphem betreffen:

- Wortaufgliederung (z.B. → Fibel-Seite 12)

M a m a

Ma ma
M a m a
a a

- Wortabbau und Wortaufbau (z.B. → Fibel-Seite 12)

Mama
Mam
Ma
M
Ma
Mam
Mama

- Silbensynthese (z.B. → Fibel-Seite 16)

O
ma
Ma

- Wortumbau (z.B. → Fibel-Seite 20)

Nina
Nin
Ni
N
Ni
Nin
Nino

- Könige finden (z.B. → Fibel-Seite 38–41)
- analoge Teilstrukturen/Wortreihen/Reimwörter erkennen und Flexionsendungen üben (z.B. → Fibel-Seite 55)

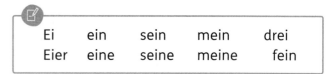

| Ei | ein | sein | mein | drei |
| Eier | eine | seine | meine | fein |

- zusammengesetzte Substantive/Komposita bilden (z.B. → Fibel-Seite 61)

- Wortstamm, Präfix und Suffix üben (z. B. → Fibel-Seite 74)
- Signalgruppen üben (z. B. → Fibel-Seite 75)
- Ableitungen erkennen (z. B. → Fibel-Seite 92)

Mann	Wort	Buch	schälen
Männlein	Wörter	Bücher	stören
			schütteln

Syntaktische Leseübungen

Bei den Übungen lesen die Kinder Sätze, die identische Satzstrukturen haben. Auf diese Weise wird das simultane Erfassen von Spracheinheiten gefördert. Dies unterstützt die Kinder hinsichtlich der Entwicklung von Leseflüssigkeit und Leseverständnis:
- Sätze mit gleichen Wortgruppen lesen (z. B. → Fibel-Seite 60)

Was tust du … ?

Was tust du, wenn es regnet?
Was tust du, wenn es windig ist?
Was tust du, wenn es warm ist?
Was tust du, wenn es heiter ist?
Was tust du, wenn es hagelt?
Was tust du, wenn es eisig ist?
Was tust du, wenn es Winter wird?
Was tust du, wenn es Sommer wird?

Wir lesen, wenn es regnet. Und du?

- Treppensätze lesen (z. B. → Fibel-Seite 76)

Übungen zum sinnverstehenden Lesen

Die Übungen finden auf der Textebene statt und überprüfen durch gezielte Fragen die Sinnentnahme. Zu Beginn der Fibel muss die Lehrkraft entsprechende Impulsfragen formulieren. Ab Fibel-Seite 62 werden die Fragen ausformuliert und entsprechend der Anforderungsbereiche der KMK-Bildungsstandards ausgezeichnet: wiedergeben (Anforderungsbereich 1), Zusammenhänge herstellen (Anforderungsbereich 2), reflektieren und beurteilen (Anforderungsbereich 3). Durch dieses Vorgehen wird der schrittweisen Entwicklung der Lesefähigkeit der Kinder entsprochen.

Entsprechende Lesetexte finden sich zum einen auf den Seiten des Bücherwurm-Lehrgangs. Um ein individualisiertes Arbeiten zu ermöglichen, werden diese Lesetexte dreistufig differenziert angeboten. Die einfachen, für alle Kinder lesbaren Texte auf Niveau 1 folgen der Buchstabenprogression. Sie werden im zweifarbigen Silbendruck angeboten. Auf Niveau 2 folgen die Texte ebenfalls der Buchstabenprogression, jedoch sind sie länger und ohne Silbendruck. Die Texte auf Niveau 3 gehen über die Buchstabenprogression hinaus.

Zum anderen wird im Leseteil der Bücherwurm-Fibel (→ Fibel-Seite 129–155) eine Sammlung unterschiedlicher Texte angeboten, die größtenteils jahreszeitliche Bezüge aufweisen:
- Gedichte (z. B. Der Regenbogen, → Fibel-Seite 130)
- Lieder (z. B. Apfellied, → Fibel-Seite 131)
- Bastelanleitungen (z. B. Kastanienigel, → Fibel-Seite 132)
- Bildergeschichten (z. B. Der Hase und der Igel, → Fibel-Seite 134, 135)
- Kurzgeschichten (z. B. Drachensteigen, → Fibel-Seite 137)
- Steckbriefe (z. B. Steckbrief: Das Schneeglöckchen, → Fibel-Seite 143)
- Sachtexte (z. B. Der Spatz, → Fibel-Seite 147)
- diskontinuierliche Texte (z. B. Aus einer Raupe wird ein Schmetterling, → Fibel-Seite 148)
- Auszüge aus kinderliterarischen Texten (z. B. Schnuddel pflanzt, → Fibel-Seite 150)
- Rezepte (z. B. Möhrentassenkuchen, → Fibel-Seite 152)

Die Lesetexte gehen über die Buchstabenprogression hinaus und eignen sich zum Vorlesen und je nach individuellem Stand im Leselernprozess zum Selberlesen bzw. Lesen mit der Bücherwurm-Lauttabelle. Zur Unterstützung stehen einige Texte des Leseteils als Hörtexte auf dem Digitalen Unterrichtsassistenten zur Verfügung.

Übungen im Arbeitsheft
Visuelle Übungen
- Gesetzmäßigkeiten erkennen (z. B. → Arbeitsheft-Seite 4)

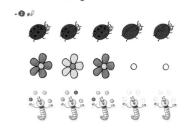

- Buchstaben erkennen (z. B. → Arbeitsheft-Seite 14)
- Wörter erkennen (z. B. → Arbeitsheft-Seite 25)

Graphomotorische Übungen
- Muster nachspuren und fortsetzen (z. B. → Arbeitsheft-Seite 3)

- Buchstaben nachspuren und schreiben (z. B. → Arbeitsheft-Seite 14)
- Wörter abschreiben (z. B. → Arbeitsheft-Seite 16)
- Sätze abschreiben (z. B. → Arbeitsheft-Seite 24)

Phonematische Übungen

• Silben schwingen und Silbenbögen eintragen (z.B. → Arbeitsheft-Seite 6)
• Wörter mit demselben Anlaut erkennen (z.B. → Arbeitsheft-Seite 10)
• Laute erkennen (z.B. → Arbeitsheft-Seite 14)
• Anlaute erkennen (z.B. → Arbeitsheft-Seite 15)
• Silben passend zuordnen (z.B. → Arbeitsheft-Seite 23)

Übungen zum sinnverstehenden Lesen

• überflüssige Wörter in Sätzen finden (z.B. → Arbeitsheft-Seite 25)
• Beschreibungen lesen und dazu ein Bild malen oder vervollständigen (z.B. → Arbeitsheft-Seite 29)
• Satz-Bild-Zuordnung (z.B. → Arbeitsheft-Seite 43)
• Wort-Bild-Zuordnung (z.B. → Arbeitsheft-Seite 53)

Übungen zum Schreiben von Wörtern, Sätzen und Texten

• Freies Schreiben mit der Bücherwurm-Lauttabelle (z. B. → Arbeitsheft-Seite 57)

Drachen   Gesicht   lachen

Übungen in der Arbeitsmappe

Mit den Materialien der Bücherwurm-Arbeitsmappe erhalten die Kinder z.B. die Möglichkeit, Laut-Bild-Zuordnungen vorzunehmen, Wörter und Sätze zu legen und Lesespiele zu spielen.

Arbeiten mit weiteren Werkteilen zur Bücherwurm-Fibel

Arbeitsheft und Schreiblehrgang

Das Arbeitsheft bietet zusätzliche Übungen zur Vertiefung und Festigung, die von den Kindern im Gleichschritt oder in individuellem Tempo bearbeitet werden können. Verweise in der Fibel zeigen die Bezüge zu den entsprechenden Seiten im Arbeitsheft auf.

Der Schreiblehrgang führt die verbundene Schrift anhand von Formgruppen ein. Er kann jederzeit, auch in Klasse 2, zum Einsatz kommen, um das Schreiben der Buchstaben und Buchstabenverbindungen in Schulausgangsschrift zu üben. Wiederkehrende Aufgabenformate ermöglichen eine selbstständige Bearbeitung in der Freiarbeit oder als Hausaufgabe. Die Aufgaben sollten zunächst mit einem Bleistift erledigt werden. Ein Füller sollte erst dann zum Einsatz kommen, wenn die Kinder die verbundene Schrift bereits gut beherrschen.

Lauttabelle und Lautposter

Die dem Arbeitsheft beigelegte Lauttabelle ermöglicht zum einen, dass die Kinder von Anfang an frei lesen und schreiben können. Dies wäre allein – orientiert am Bücherwurm-Lehrgang – kaum möglich. Zum anderen kann die Lauttabelle dabei helfen, die erarbeiteten Laut-Buchstaben-Zuordnungen zu festigen. Wer sich für die Arbeit mit der Lauttabelle entscheidet, sollte diese frühzeitig einführen (→ Fibel-Seite 22) und die Kinder anregen, diese als Hilfe zu verwenden.

Die Lauttabelle ist doppelseitig angelegt. Oben finden sich die Könige. Zu Beginn sollte mit der Vorderseite gearbeitet werden, auf der alle zum freien sowie lautgetreuen Verschriften notwendigen Buchstaben und Buchstabenverbindungen enthalten sind. Auf der Rückseite finden die Kinder später ergänzend weitere, seltener vorkommende Buchstaben (z.B. *V v, C c, Y y*) und Buchstabenverbindungen (z.B. *nk, tz, Qu qu*), für deren richtige Verwendung bereits orthografisches Wissen von Nöten ist. Weitere Anregungen zur Einführung der Lauttabelle finden sich im Bücherwurm-Lehrerband (→ Lehrerband-Seite 7).

Wird intensiver mit der Lauttabelle gearbeitet, so kann das Lautposter im Klassenraum eine gute Möglichkeit sein, die Kinder immer wieder auf die dort festgehaltenen Laut-Buchstaben-Zuordnungen aufmerksam zu machen und die Zuhilfenahme der Lauttabelle beim Lesen sowie Schreiben zu fördern.

Materialband

Der Materialband kann zum Üben der Unterrichtsinhalte, zur Differenzierung und zur Lernstands- sowie Lernfortschrittsdiagnose eingesetzt werden. Die Kopiervorlagen befinden sich zusätzlich als editierbare Word-Dateien auf dem Digitalen Unterrichtsassistenten.

Arbeitsmappe

Die Bücherwurm-Arbeitsmappe enthält Spiele mit Lese- und Schreibanlässen, die es den Kindern ermöglichen, ihr Wissen auf spielerische Weise zu festigen. Die meisten Spiele sind als Dauerarbeitsmittel geeignet und können als freiwilliges Spielangebot, als Übungsmaterial oder zur Förderung leistungsschwächerer Kinder bzw. als Zusatzangebot für leistungsstarke Kinder immer wieder eingesetzt werden.

Digitaler Unterrichtsassistent

Der Digitale Unterrichtsassistent bietet die Fibel in digitaler Form an und ordnet die Zusatzmaterialien passgenau zu (u. a. Seiten aus dem Lehrerband und dem Arbeitsheft, editierbare Kopiervorlagen, interaktive Übungen, Erklärfilme zu den Lernen-lernen-Seiten, interaktive Lauttabelle,

Hörsequenzen/-texte zu den Sprachförderungsseiten und den Texten des Leseteils). Auf diese Weise erleichtert er der Lehrkraft die Unterrichtsvorbereitung. Außerdem ermöglicht er die Arbeit mit Beamer oder Whiteboard in der Klasse. So können die passenden digitalen Medien einfach aufgerufen und direkt im Unterricht eingesetzt werden.

Weitere Hinweise und Anregungen zur Unterrichtsgestaltung

Auf Seite 16 bis 167 des Bücherwurm-Lehrerbandes werden passend zu den Seiten der Bücherwurm-Fibel Hinweise und Anregungen zur Unterrichtsgestaltung gegeben. Darüber hinaus sollte Folgendes beachtet werden:

- Der Bücherwurm-Lehrgang eignet sich dafür, die Kinder gemeinsam zum Lesen und Schreiben zu führen. Dabei können verschiedene **Sozialformen** zum Einsatz kommen. So bietet sich für die Übungen der Buchstaben-Seiten und die Erarbeitung der Lernen-lernen-Seiten sowie der Sprachförderungsseiten die Arbeit im Klassenverband an. Die Lesetexte und die Üben-Seiten eignen sich hingegen für die Bearbeitung in Einzel- und Partnerarbeit.
- Da die Lese- und Schreibentwicklung bei den Kindern in unterschiedlichem Tempo verläuft, sind **Angebote zur Differenzierung** wichtig, damit einzelne Kinder nicht unter- bzw. überfordert werden. Entsprechende Vorschläge finden sich im Bücherwurm-Lehrerband bei den Kommentaren zu den Fibel-Seiten. Außerdem können neben den Übungen in der Bücherwurm-Fibel die anderen Fibel-Werkteile eingesetzt werden (Arbeitsheft, Arbeitsmappe, Kopiervorlagen und Digitaler Unterrichtsassistent).
- Die **Lesetexte** sollten nicht nur, wie es im traditionellen Leseunterricht üblich ist, der Reihe nach satzweise laut vorgelesen werden. Vielmehr ist anzuraten, dass Texte auch alleine oder in Partnerarbeit bearbeitet werden. Sinnvoll ist auch das wiederholte Lesen desselben Textes (Methode des wiederholten Lesens) oder das Bilden von Lesetandems (ein Kind liest seinem Lernpartner den Text laut vor, während dieser aufmerksam leise mitliest und bei Lesefehlern auf den Tisch klopft – die entsprechende Textstelle muss dann erneut gelesen werden).
- Ergänzend zur Förderung der Lesemotivation sollten Verfahren der **Leseanimation** durchgeführt werden, wie etwa das Vorlesen durch die Lehrkraft, das Anhören von literarischen Hörspielen, Buchvorstellungen oder auch Bibliotheksbesuche. Im Klassenraum kann eine Büchersammlung mit altersgemäßen Texten angelegt werden, die von den Kindern in freien Lesezeiten oder in Pausen genutzt werden kann. Auch Bilderbücher sind für den Anfangsunterricht empfehlenswert, da sie zum Erzählen einladen. Die Kinder können dazu ihre ersten kleinen Texte schreiben.
- Insbesondere durch **handlungs- und produktionsorientierte Methoden** können Bezüge zu anderen Lernbereichen des Deutschunterrichts geschaffen werden (z.B. durch Rollenspiele, Anlässe zum Nachdenken über Sprache und sprachliche Strukturen oder kreatives Schreiben zu Texten). Auch die Bewegung zu Wortstrukturen – etwa beim Klatschen oder Schreiten zu Silbenstrukturen und

Springen zu ermittelten Lauten eines Wortes – ist wichtig. Da der Schriftspracherwerb als zentrale Aufgabe über den Deutschunterricht hinaus von Bedeutung ist, sollten **Angebote zum fächerübergreifenden Arbeiten** berücksichtigt werden. Entsprechende Vorschläge finden sich im Bücherwurm-Lehrerband bei den Kommentaren zu den Fibel-Seiten. Zudem weisen die Texte zum Jahreskreis konkrete Bezüge zum Sachunterricht auf.

- Da die Kinder ab Schulbeginn viel Zeit im Sitzen verbringen, muss unbedingt auf eine gute **Sitzhaltung** geachtet werden. Allzu leicht kommt es sonst zu muskulären Verspannungen oder Haltungsschäden. Eine gute Körperhaltung im Sitzen zeichnet sich durch einen geraden, vom Becken her aufgerichteten Rücken aus. Der Kopf sollte in Verlängerung der Wirbelsäule gehalten werden, die Schultern hängen entspannt und symmetrisch. Die Unterarme liegen beim Schreiben ganz auf dem Tisch. Die Stuhlhöhe sollte einen rechten Winkel zwischen Ober- und Unterschenkel ermöglichen. Wenn möglich, sollte die Sitzposition ab und an leicht verändert werden können. Dies kann durch geeignete Sitzkissen oder die Möglichkeit, auf z. B. Teppichen, Sofas, Gymnastikbällen zu arbeiten, begünstigt werden.

Übungen zur Sitz-/Körperhaltung:

- Die Kinder erspüren die Sitzhöcker (kleine Knochen an beiden Seiten des Gesäßes) und „wachsen", z. B. auch mit gestreckten Armen, nach oben („Wäsche aufhängen", „Äpfel pflücken"). Danach lassen sie wieder locker. Die Übung kann auch auf dem Boden sitzend durchgeführt werden. Dabei sind die Sitzhöcker besser spürbar.
- Ein Partner kann an der Wirbelsäule entlangfahren oder leicht gegen den unteren Rücken drücken (Becken kippt nach vorne).

- Ebenso wichtig ist die **Stifthaltung**: Der Stift sollte im lockeren Dreipunktgriff gehalten werden. Dabei sollte kein so großer Druck ausgeübt werden, dass etwa das obere Glied des Zeigefingers abknickt. Die Kleinfingerseite liegt auf der Unterlage. Die passive Hand liegt auf dem Blatt und hält es.

Übungen zur Stifthaltung:

1. Pinzettengriff ohne Stift
   - Spiele mit Wäscheklammern zur Kräftigung der Handmuskulatur
   - mit Zeigefinger und Daumen z. B. Rosinen oder Nüsse aufpicken
   - mit der Pinzette oder Wäscheklammer Fäden aufpicken
   - Spiele mit chinesischen Essstäbchen
2. Handhaltung mit Stiften
   - Schwungübungen mit dicken Farbstiften oder Wachskreiden (Schaukel, Bogen, Girlande, Arkade, liegende Acht, Wellen)
   - Murmeln oder Knöpfe mit einem Stift ziehen oder stoßen
   - in Sand schreiben
   - in Pappe ritzen
   - mit verschiedenen Stiften (z. B. Bleistift, Buntstift, Wachsmalstift, Filzstift) auf verschiedene Untergründe schreiben (z. B. Papier, Stein)
   - zu Musik malen oder schreiben

- Um zu vermeiden, dass die Schrift verwischt, sollten **linkshändige Kinder** ihr Blatt leicht drehen. Spezielle Unterlagen zeigen die empfohlene Drehneigung. Die Lineatur im Bücherwurm-Arbeitsheft und im Bücherwurm-Schreiblehrgang enthält den zu schreibenden Buchstaben zusätzlich am Zeilenende, damit er auch für die linkshändig schreibenden Kinder gut sichtbar bleibt. Erfahrungsgemäß fällt es linkshändigen Kindern schwerer, sich in die Schreib- bzw. Leserichtung von links nach rechts einzufinden. Dies führt zur Spiegelschrift und teilweise auch zu Leseversuchen von rechts nach links. Es benötigt mehr Gewöhnung und behebt sich in den meisten Fällen von alleine.

Lernstands- und Lernfortschrittsdiagnose

Im Bücherwurm-Materialband finden sich Hinweise und Kopiervorlagen, mit denen die Lernausgangslage und der Lernfortschritt der Kinder bestimmt werden können. Protokollbögen zur übersichtlichen Notation der Ergebnisse runden das Angebot ab.

Vorschlag Stoffverteilungsplan Bücherwurm Klasse 1 (Deutsch)

Woche	Fibelseite/Thema	Lesetexte zum Jahreskreis	AH	KV	Track	Erklärfilm
1	4/5 Die Kinder der Bücherwurm-Klasse			2, 9–11	1, 2*, 3*, 19, 20	1
	6/7 Bei uns in der Stadt			12, 13	4, 5, 6*	1
2	8/9 Unsere Schule			13, 14	7, 8, 9*	1
	10 M m		14/15	15		
	11 Silben schwingen ③		15	16–21		
3	12/13 A a		16/17	22		
	14/15 So ein Verkehr			13, 23	10, 11, 12*	1
4	16/17 O o und		18/19	24		
5	18/19 I i	132: Herbsträtsel; Kastanienigel 133: Im Garten; Wenn sich die Igel küssen	20/21	25		
6	20/21 N n ruft		22/23	26		
7	22 Mit der Lauttabelle schreiben und lesen ③	136: Oktoberrätsel		27–34	21	2
	23–25 Üben		24/25			
	26/27 Bei uns in der Klasse			13, 35	13, 14, 15*	1
8	28/29 L l	136: Wenn der frische Herbstwind weht	26/27	36		
	30/31 E e		28/29	37		
9	32/33 T t ist	137: Drachensteigen	30/31	38	23*	
	34/35 S s sind		32/33	39		
10	36/37 U u		34/35	40		
	38 Könige			41		3*, 4*
	39–41 Üben					
11	42/43 G g		38/39	42		
	44/45 H h		40/41	43		
12	46/47 Alles Familie			13, 44	16, 17, 18*	1
	48/49 F f		42/43	45		
	50/51 R r		44/45	46		
13	52/53 D d		46/47	47		
	54/55 Ei ei		48/49	48		
14	56 Wörter betont lesen ③	139: Er war da		49		
	57–59 Üben					
	60/61 W w		52/53	50		
15	62/63 P p		54/55	51		
	64/65 ch		56/57	52		
16	66/67 Au au	140/141: Bötzkestraße 17	58/59	53	24*	
	68/69 K k		60/61	54		

Die Tracks und Erklärfilme werden im Internet angeboten. Auf www.klett.de muss der folgende Code eingegeben werden: x73a6n.
Weitere Tracks und Erklärfilme (siehe Markierung *) gibt es auf dem Digitalen Unterrichtsassistenten zur Bücherwurm-Fibel (978-3-12-310780-1).

Woche	Fibelseite/Thema	Lesetexte zum Jahreskreis	AH	KV	Track	Erklärfilm
17	**70/71** B b	139: Zum neuen Jahr	62/63	55		
	72/73 nk		64/65	56		
18	**74** Gleiche Teile im Wort erkennen	138: Überraschung		57		
	75–77 Üben					
	78/79 V v		68	58		
19	**80/81** ng	138: Schneemann Dicki Hinkebein	69	59		
	82/83 ß	142: Die Geschichte von der Schlittenfahrt	70/71	60, 82		
20	**84/85** Sch sch	143: Schneeglöckchen; Steckbrief: Das Schneeglöckchen	72/73	61		
	86/87 J j	129: Das Jahr wird zwölf Monate alt	74	62		
21	**88/89** St st		75	63		
	90/91 Z z		76/77	64		
22	**92/93** Ä ä, Ö ö, Ü ü		78/79	65		
	94/95 ie		80/81	66		
23	**96/97** Pf pf	131: Apfellied; Bäumchen, Bäumchen	82	67		
	98/99 Eu eu		83	68		
24	**100** Weitere Könige – Umlaute und Zwielaute	146: Das Küken und das junge Entlein		69, 70, 84	25*	
	101–103 Üben	152: Möhrentassenkuchen				
25	**104/105** Sp sp	147: Der Spatz	86	71		
	106/107 tz		87	72		
26	**108** Groß oder klein?			73		5*, 6*
	109–111 Üben					
27	**112/113** ck	130: Der Regenbogen	88	74		
28	**114/115** äu, chs	150: Schnuddel pflanzt	89/90	75	26*	
		151: Der Garten auf dem Fensterbrett				
29	**116/117** Y y	144: Überraschung; Warum die Hühner traurig schauen; Unterm Baum im grünen Gras	91	76, 83		
		145: Osterlied				
30	**118/119** Qu qu		92	77		
31	**120/121** X x	148: Aus einer Raupe wird ein Schmetterling	93	78		
32	**122/123** C c	149: Einen Schmetterling basteln	94	79		
33	**124/125** Lesetipp 1: Über eine Lieblingsgeschichte sprechen: Die Olchis aus Schmuddelfing			80		
34	**126/127** Lesetipp 2: Betont lesen	134/135: Der Hase und der Igel			22	
35	**128** Lesetipp 3: Mit dem Lesepfeil lesen	153: Sommer; Fernreise im Stadtbad		81		7*
		154: Letzter Schultag		85		
		155: Sommerzeit – Ferienzeit				

Die Tracks und Erklärfilme werden im Internet angeboten. Auf www.klett.de muss der folgende Code eingegeben werden: x73a6n.
Weitere Tracks und Erklärfilme (siehe Markierung*) gibt es auf dem Digitalen Unterrichtsassistenten zur Bücherwurm-Fibel (978-3-12-310780-1).

Lied vom Bücherwurm

Text und Melodie: Toni Geiling, Halle

Ich bin ein klei-ner Bü-cher-wurm. Ich le-se gern bei Wind und Sturm. Ich les am Strand im Son-nen-schein, wenns dun-kelt les ich meist al-lein. Dann schalt ich mei-ne Lam-pe an, da-mit ich bes-ser le-sen kann, die letz-te Sei-te nachts um zehn, erst dann kann ich gut schla-fen gehn. Heu-te bin ich zu Be-such. Woh-ne in dei-nem Le-se-buch.

Strophe 2:
Als Bücherwurm, das ist doch klar,
fress ich Bücher ganz und gar.
Zur Vorspeise gibt's Märchensalat.
Der ist gesund, schmeckt delikat.
Als Hauptgang eine Räubergeschichte.
Zum Nachtisch leckere Wetterberichte.
Ich mag das ganze Abc –
am Morgen schon im Frühstückstee.

Refrain:
Heute bin ich zu Besuch.
Wohne in deinem Lesebuch.

Strophe 3:
Hab ich mich durch ein Buch gefressen,
kann ich es nie mehr vergessen.
Drum bin ich auch ein kluger Wurm,
lese gern bei Wind und Sturm.
Und wenn du mal nicht weiterweißt,
komm ich eilig angereist.
Ich helfe dir, so gut ich kann.
Doch jetzt bist du mit lesen dran.

Refrain:
Heute bin ich zu Besuch.
Zeige mir doch dein Lieblingsbuch.

Abspann:
Ich bin ein Bücherwurm, ein kluger Bücherwurm. Sing Bü, Bü, Bü, Bü, Bü, Bü ... Bücherwurm.
Ich mag Gedichte gern, vom Christian Morgenstern. Sing Bü, Bü, Bü, Bü, Bü, Bü ... Bücherwurm.
Was Astrid Lindgren schrieb, das ist mir immer lieb. Und Josef Guggenmos, den find ich so famos.

Refrain: Heute bin ich zu Besuch. Wohne in deinem Lesebuch.
Heute bin ich zu Besuch. Zeige mir doch dein Lieblingsbuch.

Seite 4/5

Auf dieser Doppelseite wird die Bücherwurm-Klasse vorgestellt, die von der Lehrerin Frau Fröhlich (rechts im Bild) geleitet wird. Herr Bär (links im Bild) ist der Schulbegleiter von Moni (Kind mit Down-Syndrom).

Lernziele/Kompetenzen

Die Kinder
- äußern sich frei zum Bild,
- kennen die Kinder der Bücherwurm-Klasse,
- erkennen äußere Unterschiede der Kinder,
- fühlen sich in die abgebildeten Kinder hinein (Schulung des Empathievermögens).

Arbeiten mit Text und Bild

- das Bild betrachten
- die abgebildeten Kinder beschreiben: Wer hat helle/dunkle/gelockte/kurze/lange Haare? Wer trägt eine Brille?
- über die abgebildeten Kinder nachdenken: Wie könnten die einzelnen Kinder sein (z.B. eher schüchtern/wild/fröhlich)? Was könnten die einzelnen Kinder denken? Wie könnten die Kinder sich fühlen? Was könnte die Lehrerin zu den Kindern sagen?
- Suchaufgaben mit der Aufforderung zur Lagebeschreibung: Wo sind der Bücherwurm und sein Freund, der Grashüpfer? Wo steht der Junge mit der gestreiften Jacke? Wo steht das Mädchen mit den roten Haaren?
- in den abgedruckten Namen bekannte Buchstaben entdecken und einzelne Namen lesen (durch die Kinder oder die Lehrkraft)
- fächerübergreifender Unterricht (Mathematik): Zählaufgaben: Wie viele Kinder der Bücherwurm-Klasse haben blonde/dunkle/rote Haare? Wie viele Kinder der Bücherwurm-Klasse tragen ein gepunktetes/gestreiftes Shirt? Wie viele Jungen/Mädchen sind in der Bücherwurm-Klasse?
- mit dem Guckloch erzählen und schreiben: Die Kinder legen das Guckloch auf das Bild und erzählen oder schreiben zum abgebildeten Bildausschnitt. Mögliche Impulse: Wer/Was ist zu sehen? Was passiert? Wo spielt die Geschichte? Was könnte passieren? (→ Fibel-Umschlag)

M m A a O o und I i N n ruft L
R r D d Ei ei W w P p ch Au
St st Z z Ä ä Ö ö Ü ü ie Pf pf Eu

→KV 2: Lied vom Bücherwurm
→KV 9: Hörtexte: Die Kinder der Bücherwurm-Klasse
→KV 10: Rechts oder links 1
→KV 11: Rechts oder links 2
→Track 1 (LWO + DUA): Die Kinder der Bücherwurm-Klasse, Teil 1
→Track 2 (DUA): Die Kinder der Bücherwurm-Klasse, Teil 2
→Track 3 (DUA): Die Kinder der Bücherwurm-Klasse, Teil 3
→Track 19 (LWO + DUA): Lied vom Bücherwurm
→Track 20 (LWO + DUA): Lied vom Bücherwurm (Playback)
→Film 1 (LWO + DUA): Mit dem Guckloch erzählen und schreiben

Lola
Milan
Loni
Uma
Frau Fröhlich

Tim
Anna
Ali
Klara
Ling

Bücherwurm
Klasse 1

5

e	T	t	ist	S	s	sind	U	u	G	g	H	h	F	f
k	B	b	nk	V	v	ng	ß	Sch	sch	J	j
sp	tz	ck	äu	chs	Y	y	Qu	qu	X	x	C	c

Vorbereitung
• ggf. Guckloch

Fördern

• Partnerarbeit: die Kinder der Bücherwurm-Klasse beschreiben; dabei ganze Sätze formulieren (z. B. Das Mädchen mit der Brille in der hinteren Reihe lächelt.)

Fordern

• Partnerarbeit: weitere Suchspiele durchführen

Weitere Anregungen

• Fragen zum Hörtext beantworten (Track 1–3)
• Das Lied vom Bücherwurm singen (Track 19, 20)
• Die Kinder erstellen eigene Namenskärtchen. Diese können auch durch die Lehrkraft vorbereitet werden (zum Nachspuren die Namen dünn mit Bleistift vorschreiben, zum Ausmalen Hohlbuchstaben anbieten). Die eigenen Namenskärtchen können an der Tafel befestigt werden.
• Die Klasse stellt sich mit Namenskärtchen zum eigenen Klassenfoto auf.
• eine Anwesenheitsliste anlegen, die die Kinder jeweils zu Unterrichtsbeginn selber ausfüllen können
• Die Kinder beschreiben je ein anderes Kind aus der Klasse (z. B. in Partnerarbeit).
• Kennenlernspiele:
  – Funkerspiel: Die Kinder stehen im Kreis. Die Hände werden als Antennen an die Ohren gehalten. Zuerst wird mit der linken Hand gewackelt und der eigene Name genannt (Sender). Anschließend wird mit der rechten Hand gewackelt und der Name eines anderen Kindes genannt (Empfänger). Der Empfänger wird nun zum Sender.
  – Wer hat sich versteckt?: Ein Kind verlässt den Klassenraum. Ein Kind oder mehrere Kinder verstecken sich. Das Kind kommt herein und nennt den Namen des versteckten Kindes bzw. der versteckten Kinder.
• Bewegungsspiel: Die Lehrkraft nennt eine Fortbewegungsart und deren Anzahl an Bewegungen (z. B. Alle Kinder mit einem geringelten Pullover springen drei Schritte nach vorne.).
• Sprachreflexion: Wie klingen die Namen der Kinder der Bücherwurm-Klasse (z. B. lang/kurz, bekannt/ unbekannt)? Welcher Name gefällt dir besonders? Kommen diese oder ähnliche Namen in unserer Klasse vor? Wie klingen die Namen unserer Klasse?

Seite 6/7

Auf dieser Doppelseite wird ein Ausschnitt aus der Schulumgebung der Bücherwurm-Klasse dargestellt (Menschen in der Stadt und Kinder auf dem Schulweg).

Lernziele/Kompetenzen

Die Kinder
- äußern sich frei zum Bild,
- entdecken und lesen Piktogramme, Buchstaben und evtl. auch erste Wörter,
- kennen die Artikelpunkte.

Arbeiten mit Text und Bild

- das Bild betrachten
- einzelne dargestellte Szenen, Orte, Menschen und subjektiv wichtige Details beschreiben
- Piktogramme (z. B. Post, WC, Parkhaus) im Bild auffinden und erklären; bekannte Buchstaben und evtl. Wörter lesen; die genannten Piktogramme, Buchstaben und Wörter an die Tafel heften, zeichnen oder schreiben
- die Wörter der Wortschatzleiste mit Artikel nennen
- die Wörter der Wortschatzleiste im Bild auffinden; mit den Wörtern Sätze zur Lagebeschreibung bilden (z. B. Die Apotheke ist neben dem Bäcker.)
- Suchspiele im Klassenverband oder in Partnerarbeit: Wo ist der Bahnhof/das Parkhaus/der Bücherwurm/der Grashüpfer?
- Spiel: Ich sehe was, was du nicht siehst.
- mit dem Guckloch erzählen und schreiben (→ Lehrerband-Seite 16)

→ KV 12: Hörtexte: Bei uns in der Stadt
→ KV 13: Eigene Wörter zur Sprachförderungsseite
→ Track 4 (LWO + DUA): Bei uns in der Stadt – Geräusche in der Stadt
→ Track 5 (LWO + DUA): Bei uns in der Stadt – Hörtext Niveau 1
→ Track 6 (DUA): Bei uns in der Stadt – Hörtext Niveau 2
→ Film 1 (LWO + DUA): Mit dem Guckloch erzählen und schreiben

7

e	T	t	ist	S	s	sind	U	u	G	g	H	h	F	f
k	B	b	nk	V	v	ng	ß	Sch	sch	J	j
sp	tz	ck	äu	chs	Y	y	Qu	qu	X	x	C	c

Differenzierung

Fördern

• die Arbeit mit den Artikelpunkten vertiefen: Die Kinder suchen und benennen ein Detail und legen ein grünes, rotes oder blaues Plättchen an die entsprechende Stelle des Bildes.

Fordern

• im Bild z.B. Gegenstände zu einem bestimmten Anlaut finden
• bei den Wörtern aus der Wortschatzleiste die Silben schwingen

Wortschatz

• Gebrauch der Artikel: der, die, das
• Wörter rund um Geschäfte und Einrichtungen in der Stadt
• Wörter rund um den Verkehr

Weitere Anregungen

• passende Bildausschnitte zur Hörsequenz finden (Track 4)
• Fragen zu den Hörtexten beantworten (Track 5, 6)
• über den eigenen Schulweg erzählen
• die dargestellte Schulumgebung mit der eigenen Schulumgebung vergleichen: Welche Geschäfte, Zeichen usw. befinden sich auf deinem Schulweg?
• fächerübergreifender Unterricht (Sachunterricht): Verkehrserziehung: Wo befinden sich auf dem dargestellten Schulweg gefährliche Stellen (z.B. vor dem Parkhaus)? Wo ist der dargestellte Schulweg sicher (z.B. am Zebrastreifen, bei der Ampel)?

Vorbereitung
• ggf. Abbildungen der Piktogramme
• ggf. Guckloch

Seite 8/9

Auf dieser Doppelseite wird die Außenansicht der Schule der Bücherwurm-Klasse dargestellt. Durch die Fenster kann man in den Unterricht schauen (Frau Fröhlich mit Kindern beim Musikunterricht, Herr Bär im Klassenraum, Kunstunterricht, ein leerer Computerraum). Vor der Schule wird vom Hausmeister der Schulgarten gegossen. Rechts neben der Schule sieht man den Pausenhof und dort spielende Kinder.

Lernziele/Kompetenzen

Die Kinder
- äußern sich frei zum Bild,
- beschreiben die Szenen im Schulgebäude und auf dem Schulhof,
- fühlen sich in die abgebildeten Kinder hinein (Schulung des Empathievermögens),
- nutzen die Artikelpunkte zur Verwendung der passenden Artikel.

Arbeiten mit Text und Bild

- das Bild betrachten
- einzelne dargestellte Szenen, Orte, Menschen und subjektiv wichtige Details beschreiben
- die Wörter der Wortschatzleiste mit Artikel nennen
- die Wörter der Wortschatzleiste im Bild auffinden; mit den Wörtern Sätze zur Lagebeschreibung bilden (z. B. Der Stuhl steht im Klassenraum.)
- Suchspiele im Klassenverband oder in Partnerarbeit: Wo ist ...? Wo ist das in unserer Schule? Wo sind die Kinder aus der Bücherwurm-Klasse? Wo sind der Bücherwurm und der Grashüpfer? Was machen sie?
- Spiel: Welchen Gegenstand/Welchen Ort/Welche Person meine ich?: Ein Kind sucht sich einen abgebildeten Gegenstand, einen abgebildeten Ort bzw. eine abgebildete Person aus. Die anderen Kinder müssen den Gegenstand, den Ort bzw. die Person herausbekommen, indem sie Ja-/Nein-Fragen stellen (z. B. Ist es im Schulgebäude?).
- Spiel: Ich sehe was, was du nicht siehst.
- mit dem Guckloch erzählen und schreiben (→ Lehrerband-Seite 16)

→KV 13: Eigene Wörter zur Sprachförderungsseite
→KV 14: Hörtexte: Unsere Schule
→Track 7 (LWO + DUA): Unsere Schule – Geräusche in der Schule
→Track 8 (LWO + DUA): Unsere Schule – Hörtext Niveau 1
→Track 9 (DUA): Unsere Schule – Hörtext Niveau 2
→Film 1 (LWO + DUA): Mit dem Guckloch erzählen und schreiben

Üben

9

e	T	t	ist	S	s	sind	U	u	G	g	H	h	F	f
k	B	b	nk	V	v	ng	ß	Sch		sch	J	j		
sp	tz	ck	äu	chs	Y	y	Qu	qu	X	x	C	c		

Differenzierung

Fördern

- die Arbeit mit den Artikelpunkten vertiefen: Die Kinder suchen und benennen ein Detail und legen ein grünes, rotes oder blaues Plättchen an die entsprechende Stelle des Bildes.

Fordern

- im Bild z.B. Gegenstände zu einem bestimmten Anlaut finden
- bei den Wörtern aus der Wortschatzleiste die Silben schwingen

Wortschatz

- Gebrauch der Artikel: der, die, das
- Wörter rund um die Schule

Weitere Anregungen

- passende Bildausschnitte zur Hörsequenz finden (Track 7)
- Fragen zu den Hörtexten beantworten (Track 8, 9)
- über Spiele auf dem Pausenhof sprechen und diese durchführen (z.B. Seilspringen, Murmelspiele, Fangspiele)
- eine Rallye durch das Schulhaus veranstalten
- Buchstabenspaziergang: Buchstaben und Wörter in der Schule finden und notieren

Vorbereitung
- ggf. Guckloch

Seite 10

Laut- und Buchstabengewinnung

- *M m* aus den Schlüsselwörtern *Mama* und *Mantel* gewinnen
- zum Bild passende Wörter mit dem Laut *m* sammeln
- lautliche Analyse der Wörter *Mama* und *Mantel* und Lokalisierung von *M m* im geschriebenen Wort
- das Lautbild zu *M m* (Mond) einführen

Arbeiten mit Text und Bild

- Das Bild wird betrachtet. Die Kinder äußern sich zunächst frei.
- *M m* wird eingeführt: die Buchstaben an die Tafel schreiben und den Laut dazu sprechen.
- Das Lautbild wird eingeführt.
- Die Kinder suchen im Bild nach Wörtern, die den Laut *m* enthalten und sagen, an welcher Stelle im Wort sie ihn hören (am Anfang, in der Mitte oder am Ende).

Lese- und Schreibübungen

- Die Wörter *Mama* und *Mantel* werden zu den Illustrationen gesprochen. Der neue Laut wird in den Wörtern lokalisiert. Danach legen die Kinder Buchstabenkarten für die bereits eingeführten Grapheme und Muggelsteine für die noch unbekannten Buchstaben. Die Buchstabenkarten können von den Kindern selbst hergestellt werden, indem sie jeden neuen Buchstaben auf eine Karteikarte schreiben.

Differenzierung

Fördern

- in große Lineatur Arkaden (Bögen des Kleinbuchstabens *m*) eintragen; dabei auf einheitliche Größe und Form achten

Fordern

- in den Namen der Kinder der Bücherwurm-Klasse (→ Fibel-Seite 4/5) *M m* suchen

Weitere Anregungen

- Namen von Kindern aus der Klasse, die *M m* enthalten, in großen Hohlbuchstaben auf ein A4-Blatt kopieren; *M m* nachspuren/ausmalen
- Karten mit bildlich dargestellten Wörtern in die „M-Kiste" oder „Kein-M-Kiste" ordnen, je nachdem, ob *M m* enthalten ist oder nicht
- ein Buchstabenheft anlegen, in dem pro Buchstabe ein bis zwei Seiten gefüllt werden (z.B. *M m* in unterschiedlichen Größen mit verschiedenen Stiften schreiben oder Bilder zu Wörtern mit *M m* im Anlaut malen)

10   mögliche Erarbeitung: für jeden Buchstaben einen Muggelstein setzen   → AH S. 14/15

→ AH S. 14/15
→ KV 15: M m

Vorbereitung
- Buchstabenkarten und Muggelsteine

Silben schwingen

Silben schwingen → AH S. 15

11

e T t ist S s sind U u G g H h F f
k B b nk V v ng ß Sch sch J j
o sp tz ck äu chs Y y Qu qu X x C c

→AH S. 15
→KV 16–21: Silben schwingen 1–6

Tafelbild

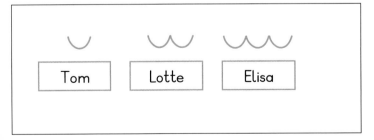

Seite 11

Erläuterung zur Strategie/Methode

- Das Schwingen von Silben bereitet auf die Nutzung der Silbe als sinnvolle Einheit beim Lesen vor. Außerdem kann es später beim Schreiben helfen: Bei der Überprüfung, ob in jeder Silbe ein König geschrieben wurde, bei der Schreibung von Doppelkonsonanten (z.B. Son-ne) und anderen Regularitäten, die auf dem silbischen Prinzip beruhen, wie etwa der Schreibung von Wörtern mit einem silbentrennenden *h* (z.B. se-hen) (→ Lehrerband-Seite 4).
- Die Strategie des Silbenschwingens setzt an der gesprochenen Sprache an. Das Wort muss deutlich gesprochen und dabei in seine silbischen Bestandteile zerlegt werden.
- Die Silbenbögen stellen im Geschriebenen neben dem Silbendruck eine Möglichkeit dar, Silbengrenzen anzuzeigen.

Anwendungsmöglichkeiten

- Die Kinder schwingen bei den bildlich dargestellten Wörtern die Silben.
- Bewegungen helfen, diese Gliederung zu erfassen. Dies kann durch Klatschen, Seitwärtsschritte oder das Malen der Silbenbögen in die Luft bzw. auf den Tisch geschehen.

Differenzierung
Fördern

- bei weiteren bildlich dargestellten Wörtern die Silben schwingen
- Dinge aus der Umgebung benennen und dazu die Silben schwingen

Fordern

- Die Lehrkraft zerschneidet Abbildungen von Tieren mit zwei Silben (z.B. Lama, Kamel, Ziege, Löwe). Diese werden dann zu lustigen Tieren zusammengesetzt (z.B. La-mel, Zie-we). Durch diese Sprachspielerei soll den Kindern die Abstraktheit der Sprache bewusst werden.

Weitere Anregungen

- beim eigenen Namen die Silben schwingen und das Namenskärtchen an die entsprechende Stelle heften (siehe Tafelbild)
- weitere Wörter mit einer Silbe, zwei Silben oder drei Silben suchen (evtl. fällt hier auf, dass viele Wörter im Deutschen zweisilbig sind)
- auf die Betonung der ersten Silbe bei zweisilbigen Wörtern achten (bei zweisilbigen Wörtern liegt diese auf der ersten Silbe); dafür die Wörter überdeutlich vorsprechen und von den Kindern nachsprechen lassen

Seite 12/13

Laut- und Buchstabengewinnung

- *A a* aus dem Schlüsselwort *Mama* gewinnen
- zum Bild passende Wörter mit dem Laut *a* sammeln
- lautliche Analyse der Wörter *Apfel, Salat, Ampel* und *Papa* und Lokalisierung von *A a* im geschriebenen Wort
- die Lautbilder zu *A a* einführen (Langvokal: Ameise, Kurzvokal: Apfel)
- Artikulation: auf Unterscheidung von Lang-/Kurzvokal achten

Arbeiten mit Text und Bild

- Das Bild wird betrachtet. Die Kinder äußern sich zunächst frei.
- *A a* wird eingeführt: die Buchstaben an die Tafel schreiben und den Laut dazu sprechen.
- Wortaufgliederung: Das Wort *Mama* wird an die Tafel geschrieben. Analog zur Übung in der Fibel (→ Fibel-Seite 12) wird das Wort zuerst in Silben zerlegt. Die Kinder schwingen die Silben dazu. Danach werden die neuen Buchstaben analysiert. Zum Schluss werden die analysierten Elemente wieder zu einem sinnvollen ganzen Wort synthetisiert.
- Die Lautbilder werden eingeführt. Auf die lautliche Unterscheidung von Lang- und Kurzvokal achten.
- Die Kinder suchen im Bild nach Wörtern, die den Laut *a* enthalten und sagen, an welcher Stelle im Wort sie ihn hören (am Anfang, in der Mitte oder am Ende).
- Die Wort-Bild-Texte werden gelesen (Niveau 1, → Fibel-Seite 12; Niveau 2, Fibel-Seite 13).
- Das Gedicht (Niveau 3, → Fibel-Seite 13) wird von der Lehrkraft oder lesestarken Kindern vorgelesen.

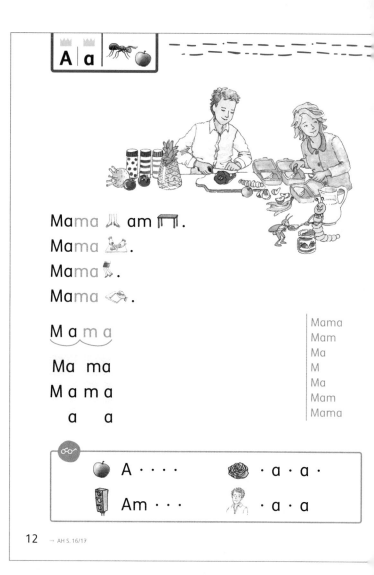

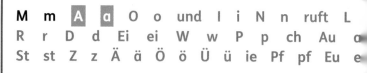

→AH S. 16/17
→KV 22: A a

Mama am .

Mama am 🍞.

Mama 📱 am 📱.

Ma ma am

M a m a   a m

Bipfel , napfel , schnapfel
Wer will einen Apfel
Apfel ist gesund
Kommt jetzt in den Mund

Jochen Missfeldt

Mama	am

13

e	T	t	ist	S	s	sind	U	u	G	g	H	h	F	f
k	B	b	nk	V	v	ng	ß	Sch	sch	J	j
sp	tz	ck	äu	chs	Y	y	Qu	qu	X	x	C	c

Vorbereitung
• Buchstabenkarten und Muggelsteine

Tafelbild

A a

Ma   am   ma   Am   ma   am   Ma

Lese- und Schreibübungen

• Wortabbau und Wortaufbau: Das Wort *Mama* wird mit Buchstabenkarten an die Tafel geheftet. Analog zur Übung in der Fibel (→ Fibel-Seite 12) werden die Buchstabenkarten zuerst nacheinander weggenommen. Dabei lesen die Kinder die entsprechenden Wortteile. Danach wird das Wort wiederaufgebaut.

• Die Wörter *Apfel*, *Salat*, *Ampel* und *Papa* werden zu den Illustrationen gesprochen (→ Fibel-Seite 12). Der neue Laut wird in den Wörtern lokalisiert. Danach legen die Kinder Buchstabenkarten (→ Lehrerband-Seite 22) für die bereits eingeführten Grapheme und Muggelsteine für die noch unbekannten Buchstaben.

• Die Kinder schreiben die Wörter aus dem Kasten in ihr Heft (→ Fibel-Seite 13). Zusätzlich markieren sie die neuen Buchstaben.

Differenzierung

Fördern

• an die Tafel *Ma, am, ma* und *Am* schreiben (siehe Tafelbild); auf eine Buchstabengruppe zeigen und diese lesen lassen

Weitere Anregungen

• Ideen für das Buchstabenheft (→ Lehrerband-Seite 22):
  – in Hohlbuchstaben von *A a* Papierschnipsel kleben
  – in den Umriss eines Apfels *A a* schreiben

• Dinge aus dem Klassenraum nennen, die den Laut *a* enthalten

• *A a* aus Pfeifenputzern biegen

• Blitzlesen: die Wörter *Mama* und *am* auf Wortkarten schreiben, kurz hochhalten und lesen lassen

Seite 14/15

Auf dieser Doppelseite wird eine Verkehrssituation dargestellt.

Lernziele/Kompetenzen

Die Kinder
- äußern sich frei zum Bild,
- beschreiben einzelne Ausschnitte des Bildes und die Fahrzeuge,
- nutzen die Artikelpunkte zur Verwendung der passenden Artikel.

Arbeiten mit Text und Bild

- das Bild betrachten
- die dargestellte Verkehrssituation beschreiben: Welche Verkehrsschilder entdeckst du? Wie sehen die Verkehrsschilder aus? Welche Fahrzeuge entdeckst du? Wie sehen die Fahrzeuge aus? Wie bewegen die abgebildeten Personen sich vorwärts (z.B. zu Fuß, auf dem Motorrad, mit dem Roller, in der Straßenbahn)? Was tun die abgebildeten Personen?
- die Wörter der Wortschatzleiste mit Artikel nennen und die Silben schwingen
- die Wörter der Wortschatzleiste im Bild auffinden; mit den Wörtern Sätze zur Lagebeschreibung bilden (z.B. Der Schulbus wartet auf die Kinder.)
- Suchspiele im Klassenverband oder in Partnerarbeit: Wo ist …?
- Spiel: Ich sehe was, was du nicht siehst.
- erste Ganzwörter lesen: Halt, Stop, Polizei, Kaufhaus, Zoo
- mit dem Guckloch erzählen und schreiben (→ Lehrerband-Seite 16)

M m A a O o und I i N n ruft L
R r D d Ei ei W w P p ch Au
St st Z z Ä ä Ö ö Ü ü ie Pf pf Eu

→KV 13: Eigene Wörter zur Sprachförderungsseite
→KV 23: Hörtexte: So ein Verkehr
→Track 10 (LWO + DUA): So ein Verkehr – Geräusche im Straßenverkehr
→Track 11 (LWO + DUA): So ein Verkehr – Hörtext Niveau 1
→Track 12 (DUA): So ein Verkehr – Hörtext Niveau 2
→Film 1 (LWO + DUA): Mit dem Guckloch erzählen und schreiben

15

e	T	t	ist	S	s	sind	U	u	G	g	H	h	F	f
k	B	b	nk	V	v	ng	ß	Sch	sch	J	j
sp	tz	ck	äu	chs	Y	y	Qu	qu	X	x	C	c

Vorbereitung
• ggf. Guckloch

Differenzierung

Fördern

• die Arbeit mit den Artikelpunkten vertiefen: Die Kinder suchen und benennen ein Detail und legen ein grünes, rotes oder blaues Plättchen an die entsprechende Stelle des Bildes.

Fordern

• Wörter zum Bild finden, die einen der bereits erarbeiteten Laute/Buchstaben enthalten (*M m, A a*)
• bei weiteren Wörtern zum Bild die Silben schwingen

Wortschatz

• Gebrauch der Artikel: der, die, das
• Wörter rund um den Verkehr

Weitere Anregungen

• passende Bildausschnitte zur Hörsequenz finden (Track 10)
• Fragen zu den Hörtexten beantworten (Track 11, 12)
• von Erlebnissen im Verkehr bzw. auf der Straße erzählen
• Geräusche zum Bild machen und die anderen suchen den passenden Bildausschnitt
• eine kurze Geschichte aus der Perspektive einer der abgebildeten Personen erzählen oder szenisch darstellen
• fächerübergreifender Unterricht (Sachunterricht): Verkehrserziehung:
  – Wo befinden sich auf dem Bild Gefahrenstellen (z. B. beim Überqueren der Straße an der Ampel wegen des abbiegenden Autos)?
  – Welche Gefahrensituationen können sich auf dem Schulweg für Kinder ergeben (z. B. beim Aussteigen aus dem Schulbus, beim Warten an der Bushaltestelle, beim Überqueren der Straße mit/ohne Fußgängerüberweg)?
  – Viele Verkehrsbetriebe sowie die Polizei bieten spezielle Schulungsangebote für Schulklassen rund um den sicheren Schulweg an.
  – Weitere Informationen zum sicheren Schulweg finden sich auf der Internetseite der Verkehrswacht: www.verkehrswacht-medien-service.de/sicher-zur-schule.html.

Seite 16/17

Laut- und Buchstabengewinnung
Ganzworteinführung: *und*

- *O o* aus den Schlüsselwörtern *Oma* und *Momo* gewinnen
- zum Bild passende Wörter mit dem Laut *o* sammeln
- lautliche Analyse der Wörter *Opa, Dose, Ofen* und *Roller* und Lokalisierung von *O o* im geschriebenen Wort
- die Lautbilder zu *O o* einführen (Langvokal: Oma, Kurzvokal: Ordner)
- Artikulation: auf Unterscheidung von Lang-/Kurzvokal achten
- Wort-Bild-Sätze mit der Konjunktion *und* lesen

Arbeiten mit Text und Bild

- Das Bild wird betrachtet. Die Kinder äußern sich zunächst frei.
- *O o* wird eingeführt: die Buchstaben an die Tafel schreiben und den Laut dazu sprechen.
- Wortaufgliederung: Die Wörter *Oma* und *Momo* werden an die Tafel geschrieben. Analog zur Übung in der Fibel (→ Fibel-Seite 16) werden die Wörter zuerst in Silben zerlegt. Die Kinder schwingen die Silben dazu. Danach werden die neuen Buchstaben analysiert. Zum Schluss werden die analysierten Elemente wieder zu sinnvollen ganzen Wörtern synthetisiert.
- Die Lautbilder werden eingeführt. Auf die lautliche Unterscheidung von Lang- und Kurzvokal achten.
- Die Kinder suchen im Bild nach Wörtern, die den Laut *o* enthalten und sagen, an welcher Stelle im Wort sie ihn hören (am Anfang, in der Mitte oder am Ende).
- Das Wort *und* wird an die Tafel geschrieben und gelesen.
- Die Wort-Bild-Texte werden gelesen (Niveau 1, → Fibel-Seite 16; Niveau 2, → Fibel-Seite 17) und inhaltlich besprochen.
- Das Gedicht (Niveau 3, → Fibel-Seite 17) wird von der Lehrkraft oder lesestarken Kindern vorgelesen und besprochen: Was hat Oma verloren? Warum ist der Opa ungezogen?

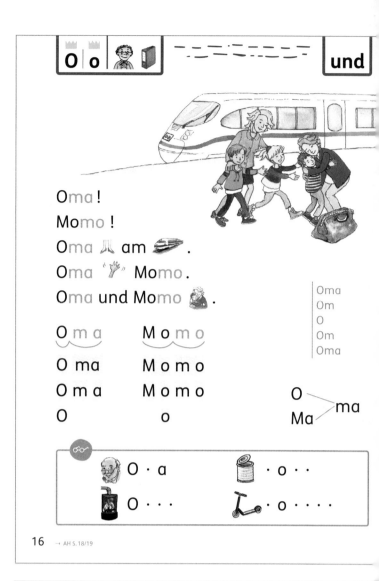

→AH S. 18/19
→KV 24: O o

Oma  am  .
Mama und Momo ⚭ am 🏭 .
Oma ⚭ am 🚆 .
Oma !
Momo 🧓 Oma !
Momo !
Oma 📚 Momo !

Mein ungezogener Opa

Oma hat den Hut verloren,
Opa wackelt mit den Ohren.
Oma macht das gar nicht froh:
Opa darf nicht in den Zoo.

Mathias Jeschke

Mama	Oma	am

17

---

e	T	t	ist	S	s	sind	U	u	G	g	H	h	F	f
k	B	b	nk	V	v	ng	ß	Sch	sch	J	j
sp	tz	ck	äu	chs	Y	y	Qu	qu	X	x	C	c

Vorbereitung

• Buchstabenkarten und Muggelsteine

Tafelbild

Momo und Imo spielen.

Lese- und Schreibübungen

• **Wortabbau und Wortaufbau:** Das Wort *Oma* wird mit Buchstabenkarten an die Tafel geheftet. Analog zur Übung in der Fibel (→ Fibel-Seite 16) werden die Buchstabenkarten zuerst nacheinander weggenommen. Dabei lesen die Kinder die entsprechenden Wortteile. Danach wird das Wort wiederaufgebaut.
• **Silbensynthese:** Die Silben der Wörter *Oma* und *Mama* werden an die Tafel geschrieben. Analog zur Übung in der Fibel (→ Fibel-Seite 16) werden die Silben zu sinnvollen ganzen Wörtern synthetisiert.
• Die Wörter *Opa, Dose, Ofen* und *Roller* werden zu den Illustrationen gesprochen (→ Fibel-Seite 16). Der neue Laut wird in den Wörtern lokalisiert. Danach legen die Kinder Buchstabenkarten (→ Lehrerband-Seite 22) für die bereits eingeführten Grapheme und Muggelsteine für die noch unbekannten Buchstaben.
• Die Kinder schreiben die Wörter aus dem Kasten in ihr Heft (→ Fibel-Seite 17). Zusätzlich markieren sie die neuen Buchstaben.

Differenzierung
Fördern

• **Wörter mit *O o* sammeln:** Die Kinder versuchen der Reihe nach, Wörter mit dem Laut *o* zu finden. Die Klasse spricht das Wort nach und prüft dabei, ob und wo der Laut *o* enthalten ist (Wortanfang/ -mitte/-ende).

Fordern

• die Bedeutung des Ausrufezeichens anhand der beiden Wort-Bild-Texte besprechen (→ Fibel-Seite 16/17)

Weitere Anregungen

• Ideen für das Buchstabenheft (→ Lehrerband-Seite 22):
 – *O o* mit Fäden kleben
 – *O o* mit Wachsmalstiften in verschiedenen Größen und Farben schreiben
• Eine Buchstabenkarte (M, A, O) wird hochgehalten. Das Kind, das an der Reihe ist, nennt ein Wort mit dem Buchstaben im Anlaut.
• die Wörter *Mama, Oma, und* sowie *am* stempeln
• **Blitzlesen:** die Wörter *Mama, Oma, und* sowie *am* auf Wortkarten schreiben, kurz hochhalten und lesen lassen
• Die Lehrkraft schreibt je zwei Namen aus der Klasse an die Tafel und verbindet sie mit dem Wort *und*. Die Kinder nennen eine Tätigkeit. Die Lehrkraft schreibt und malt die Tätigkeit an die Tafel (siehe Tafelbild).

Seite 18/19

Laut- und Buchstabengewinnung

- *I i* aus den Schlüsselwörtern *Imo* und *Mami* gewinnen
- zum Bild passende Wörter mit dem Laut *i* sammeln
- lautliche Analyse der Wörter *Igel, Indianer, Insel* und *Kinder* und Lokalisierung von *I i* im geschriebenen Wort
- die Lautbilder zu *I i* einführen (Langvokal: Igel, Kurzvokal: Insel)
- Artikulation: auf Unterscheidung von Lang-/Kurzvokal achten

Arbeiten mit Text und Bild

- Das Bild wird betrachtet. Die Kinder äußern sich zunächst frei.
- *I i* wird eingeführt: die Buchstaben an die Tafel schreiben und den Laut dazu sprechen.
- Wortaufgliederung: Die Wörter *Imo* und *Mami* werden an die Tafel geschrieben. Analog zur Übung in der Fibel (→ Fibel-Seite 18) werden die Wörter zuerst in Silben zerlegt. Die Kinder schwingen die Silben dazu. Danach werden die neuen Buchstaben analysiert. Zum Schluss werden die analysierten Elemente wieder zu sinnvollen ganzen Wörtern synthetisiert.
- Die Lautbilder werden eingeführt. Auf die lautliche Unterscheidung von Lang- und Kurzvokal achten.
- Die Kinder suchen im Bild nach Wörtern, die den Laut *i* enthalten und sagen, an welcher Stelle im Wort sie ihn hören (am Anfang, in der Mitte oder am Ende).
- Die Wort-Bild-Texte werden gelesen (Niveau 1, → Fibel-Seite 18; Niveau 2, → Fibel-Seite 19) und inhaltlich besprochen.
- Das Gedicht (Niveau 3, → Fibel-Seite 19) wird von der Lehrkraft oder lesestarken Kindern vorgelesen und besprochen: Worum geht es in dem Gedicht?

→ AH S. 20/21
→ KV 25: I i

Omi  im.

Omi im.
Mami im und.
Imo im.
Momo am.
Imo und Momo im.
Momo und Imo im.

Stacheln hab ich wie ein Igel.
Ei, sieht das nicht lustig aus?
Purzle ich vom Baum herunter,
springt ein braunes Männlein raus.

Marga Arndt, Waltraut Singer

Mami	Omi	im

19

e	T	t	ist	S	s	sind	U	u	G	g	H	h	F	f
k	B	b	nk	V	v	ng	ß	Sch		sch	J		j	
sp	tz	ck	äu	chs	Y	y	Qu		qu	X	x	C	c	

Vorbereitung
• Buchstabenkarten und Muggelsteine

Tafelbild

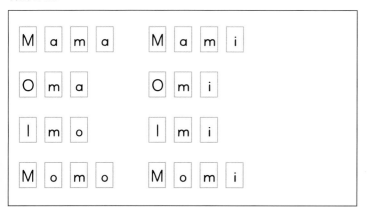

Lese- und Schreibübungen

• **Wortabbau und Wortaufbau:** Das Wort *Oma* wird mit Buchstabenkarten an die Tafel geheftet. Analog zur Übung in der Fibel (→ Fibel-Seite 18) werden die Buchstabenkarten zuerst nacheinander weggenommen. Dabei lesen die Kinder die entsprechenden Wortteile. Danach wird das Wort zu *Omi* wiederaufgebaut.

• **Wortumbau:** Das Wort *im* wird mit Buchstabenkarten an die Tafel geheftet. Analog zur Übung in der Fibel (→ Fibel-Seite 18) werden Buchstabenkarten ersetzt und das neue Wort wird gelesen.

• Die Wörter *Igel, Indianer, Insel* und *Kinder* werden zu den Illustrationen gesprochen (→ Fibel-Seite 18). Der neue Laut wird in den Wörtern lokalisiert. Danach legen die Kinder Buchstabenkarten (→ Lehrerband-Seite 22) für die bereits eingeführten Grapheme und Muggelsteine für die noch unbekannten Buchstaben.

• Die Kinder schreiben die Wörter aus dem Kasten in ihr Heft (→ Fibel-Seite 19). Zusätzlich markieren sie die neuen Buchstaben.

Differenzierung
Fördern

• **Minimalpaarvergleich:** Die Lehrkraft heftet Wörter aus Buchstabenkarten an die Tafel und bildet daneben neue Wörter durch Austausch des Endlauts (siehe Tafelbild). Auch „Quatschwörter" sind erlaubt.

Weitere Anregungen

• Idee für das Buchstabenheft (→ Lehrerband-Seite 22): in den Umriss eines Igelkörpers *I i* als Stacheln schreiben
• darüber sprechen, wie die eigene Oma/Mutter genannt wird
• fächerübergreifender Unterricht (Kunst): einen Indiaca-Ball basteln: Zuerst wird Zeitungspapier zu einem Ball zusammengeknüllt. Danach werden aus Krepppapier Bänder zurechtgeschnitten und an die Kugel geklebt.
• Bezug zum Jahreskreis:
 – Herbsträtsel (→ Fibel-Seite 132)
 – Kastanienigel (→ Fibel-Seite 132)
 – Im Garten (→ Fibel-Seite 133)
 – Wenn sich die Igel küssen (→ Fibel-Seite 133)

Seite 20/21

Laut- und Buchstabengewinnung
Ganzworteinführung: *ruft*

- *N n* aus den Schlüsselwörtern *Nina* und *Nino* gewinnen
- zum Bild passende Wörter mit dem Laut *n* sammeln
- lautliche Analyse der Wörter *Note*, *Domino*, *Nase* und *Sonne* und Lokalisierung von *N n* im geschriebenen Wort
- das Lautbild zu *N n* einführen (Nase)
- Wort-Bild-Sätze mit dem Wort *ruft* lesen

Arbeiten mit Text und Bild

- Das Bild wird betrachtet. Die Kinder äußern sich zunächst frei.
- *N n* wird eingeführt: die Buchstaben an die Tafel schreiben und den Laut dazu sprechen.
- Wortaufgliederung: Die Wörter *Nina* und *Nino* werden an die Tafel geschrieben. Analog zur Übung in der Fibel (→ Fibel-Seite 20) werden die Wörter zuerst in Silben zerlegt. Die Kinder schwingen die Silben dazu. Danach werden die neuen Buchstaben analysiert. Zum Schluss werden die analysierten Elemente wieder zu sinnvollen ganzen Wörtern synthetisiert.
- Das Lautbild wird eingeführt.
- Die Kinder suchen im Bild nach Wörtern, die den Laut *n* enthalten und sagen, an welcher Stelle im Wort sie ihn hören (am Anfang, in der Mitte oder am Ende).
- Das Wort *ruft* wird an die Tafel geschrieben und gelesen.
- Die Wort-Bild-Texte werden gelesen (Niveau 1, → Fibel-Seite 20; Niveau 2, → Fibel-Seite 21) und inhaltlich besprochen.
- Das Gedicht (Niveau 3, → Fibel-Seite 21) wird von der Lehrkraft oder lesestarken Kindern vorgelesen und besprochen: Welche weiteren Reimmöglichkeiten findest du (z. B. Nina isst ein kaltes Eis – besser als zu harten Reis!)?

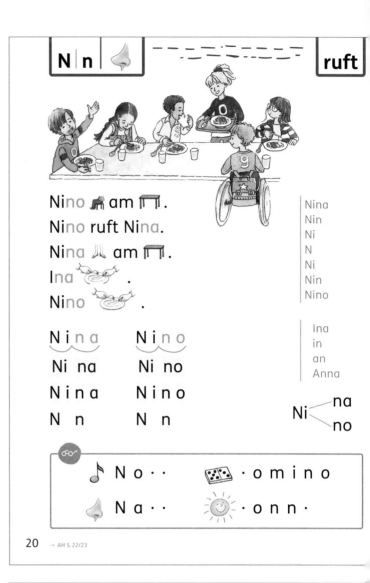

→ AH S. 22/23
→ KV 26: N n

Anna ruft Nina und Nino.
Nina ruft Anna und .
Ina, Nina und Anna .
Nino und Moni  am .

Nina nagt
an trockenen Nudeln –
besser als an nassen Pudeln!
Bettina Rinderle

Mann	an	in

21

e	T	t	ist	S	s	sind	U	u	G	g	H	h	F	f
k	B	b	nk	V	v	ng	ß	Sch	sch	J	j
sp	tz	ck	äu	chs	Y	y	Qu	qu	X	x	C	c

Vorbereitung
• Buchstabenkarten und Muggelsteine

Lese- und Schreibübungen

• Wortabbau und Wortaufbau: Das Wort *Nina* wird mit Buchstabenkarten an die Tafel geheftet. Analog zur Übung in der Fibel (→ Fibel-Seite 20) werden die Buchstabenkarten zuerst nacheinander weggenommen. Dabei lesen die Kinder die entsprechenden Wortteile. Danach wird das Wort zu *Nino* wiederaufgebaut.
• Wortumbau: Das Wort *Ina* wird mit Buchstabenkarten an die Tafel geheftet. Analog zur Übung in der Fibel (→ Fibel-Seite 20) werden Buchstabenkarten weggennommen, ersetzt oder ergänzt und die neuen Wörter gelesen.
• Silbensynthese: Die Silben der Wörter *Nina* und *Nino* werden an die Tafel geschrieben. Analog zur Übung in der Fibel (→ Fibel-Seite 20) werden die Silben zu sinnvollen ganzen Wörtern synthetisiert.
• Die Wörter *Note, Domino, Nase* und *Sonne* werden zu den Illustrationen gesprochen (→ Fibel-Seite 20). Der neue Laut wird in den Wörtern lokalisiert. Danach legen die Kinder Buchstabenkarten (→ Lehrerband-Seite 22) für die bereits eingeführten Grapheme und Muggelsteine für die noch unbekannten Buchstaben.
• Die Kinder schreiben die Wörter aus dem Kasten in ihr Heft (→ Fibel-Seite 21). Zusätzlich markieren sie die neuen Buchstaben.

Differenzierung
Fördern

• Die Kinder zeigen sich gegenseitig Buchstabenkarten (→ Lehrerband-Seite 22) mit bereits eingeführten Buchstaben und sprechen den Laut/die Laute dazu.
• *N n* in Sand schreiben

Fordern

• Die Kinder sammeln Namen aus der Bücherwurm-Klasse und der eigenen Klasse, die *N n* enthalten. Sie schreiben die Namen auf und markieren *N n*. Außerdem können sie entdecken, dass Namen großgeschrieben werden.

Weitere Anregungen

• Idee für das Buchstabenheft (→ Lehrerband-Seite 22): *N n* mit einer Prickelnadel in festes Papier stechen
• Die Kinder schreiben sich mit dem Finger gegenseitig Buchstaben auf den Rücken, die sie erkennen müssen.
• Spiel: Die Kinder stehen im Kreis und werfen sich einen Ball zu. Wer ihn fängt, nennt ein Wort mit *N n* im Anlaut (Variante: ein Wort mit dem Endlaut *n* nennen).

Seite 22

Erläuterung zur Strategie/Methode

- Mit der Bücherwurm-Lauttabelle erhalten die Kinder eine Übersicht über die Laut-Buchstaben-Zuordnungen.
- Die Bücherwurm-Lauttabelle kann zum einen für das Schreiben genutzt werden (vorgegebene, zunächst lautgetreue Wörter und später auch eigene Texte). Zum anderen kann sie aber auch dabei helfen, den Laut oder die Lautvariante zu einem noch nicht eingeführten bzw. noch nicht gefestigten Buchstaben herauszufinden.
- In welchem Umfang die Bücherwurm-Lauttabelle im Unterricht genutzt wird, obliegt der Lehrkraft und sollte davon abhängig gemacht werden, ob das Freie Schreiben von Anfang favorisiert oder eher für ein orthografisches Schreiben von Beginn an plädiert wird. Im zweiten Fall sollten nur lautgetreue Wörter verschriftet werden. Wörter mit Auslautverhärtung (z.B. Mond) oder anderen orthografischen Besonderheiten sollten dann nicht in die Arbeit mit der Bücherwurm-Lauttabelle einbezogen werden.

Anwendungsmöglichkeiten

- Gemeinsam mit dem Bücherwurm schreiben die Kinder schrittweise das Wort *Lama* in ihr Heft. Das Wort wird auf die enthaltenen Laute abgehört. Sequenziell wird der passende Buchstabe in der Bücherwurm-Lauttabelle gesucht und geschrieben.

Differenzierung
Fördern

- Die Laute auf der Bücherwurm-Lauttabelle müssen mit dem dazugehörigen Lautbild deutlich vor- und nachgesprochen werden. Besonders nichtmuttersprachliche Kinder, die von ihrer Muttersprache her andere Laut-Buchstaben-Konventionen gewöhnt sind, haben hier häufig Schwierigkeiten, ebenso aber auch stark dialektal geprägte Kinder.

Fordern

- weitere lautgetreue Wörter auf ihre Laute hin abhören und mithilfe der Bücherwurm-Lauttabelle verschriften

Weitere Anregungen

- Suchspiele mit der Bücherwurm-Lauttabelle: Ein Kind nennt ein Lautbild. Sein Partner zeigt auf den entsprechenden Buchstaben und nennt den Laut. Auch andersherum: Ein Laut wird genannt und der Partner zeigt auf das entsprechende Lautbild und spricht dazu.

Lernen lernen

Mit der Lauttabelle schreiben und lesen

22 Wörter schwingen, mit der Bücherwurm-Lauttabelle schreiben und lesen · Film 2

M	m	A	a	O	o	und	I	i	N	n	ruft	L
R	r	D	d	Ei	ei	W	w	P	p	ch	Au	c
St	st	Z	z	Ä	ä	Ö	ö	Ü	ü	ie	Pf	pf	Eu	e

→ KV 27: Bücherwurm-Lautrap
→ KV 28–34: Mit der Lauttabelle schreiben und lesen 1–7
→ Track 21 (LWO + DUA): Bücherwurm-Lautrap
→ Film 2 (LWO + DUA): Mit der Lauttabelle schreiben und lesen

Vorbereitung
- Bücherwurm-Lauttabelle

Die Kinder

- festigen ihre Kenntnisse über Laut-Buchstaben-Zuordnungen,
- erhalten einen tieferen Einblick in das alphabetische Prinzip der Schriftsprache,
- verwenden die Bücherwurm-Lauttabelle,
- schwingen Silben.

Anregungen für den Unterricht

- Aufgabe 1: Zuerst werden die beiden Wörter *Lama* und *Limo* zu den Bildern gesprochen und auf die in ihnen enthaltenen Laute hin abgehört. Die Kinder sprechen langsam und deutlich und zeigen dabei jeweils auf die abgebildeten Lautbilder. Danach werden bei den beiden Wörtern die Silben geschwungen. Unterstützend können Bewegungen eingesetzt werden (→ Lehrerband-Seite 23).
- Aufgabe 2: Die Namen werden gelesen und mit dem Finger die Lautbilder verfolgt.

Differenzierung
Fördern

- Die Kinder schreiben ihren eigenen Namen und suchen die passenden Lautbilder auf der Bücherwurm-Lauttabelle.

Fordern

- Freies Schreiben: Die Kinder verschriften mithilfe der Bücherwurm-Lauttabelle je einen Satz mit dem Wort *Lama* bzw. *Limo*. Die Sätze können als „Schreibexperimente" stehen gelassen werden.

Weitere Anregungen

- bei den Namen der Kinder aus der Klasse die Silben schwingen (ggf. durch Bewegungen unterstützen)
- Die Lehrkraft diktiert weitere Namen der Kinder aus der Bücherwurm-Klasse (Tim, Moni, Lilo, Loni, Ali, Milan, Emil), die mithilfe der Bücherwurm-Lauttabelle verschriftet werden sollen. Die Schreibweise wird gemeinsam an der Tafel überprüft. Die Silbenbögen werden gesetzt (siehe Tafelbild).

e	T	t	ist	S	s	sind	U	u	G	g	H	h	F	f
k	B	b	nk	V	v	ng	ß		Sch		sch		J	j
sp	tz	ck	äu	chs	Y	y	Qu	qu	X	x	C	c		

Vorbereitung
- Bücherwurm-Lauttabelle

Tafelbild

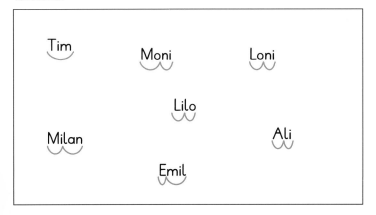

Seite 24

Lernziele/Kompetenzen

Die Kinder

- gliedern lautgetreue Wörter in ihre Laute und verschriften sie mithilfe der Bücherwurm-Lauttabelle,
- lesen Wörter, die sich durch ein bis zwei Laute am Wortanfang, in der Wortmitte oder am Wortende unterscheiden,
- lesen einfache Sätze derselben Satzstruktur.

Anregungen für den Unterricht

- Aufgabe 1: Zuerst werden die Wörter *Nase, Salat* und *Lampe* zur Abbildung gesprochen und auf die in ihnen enthaltenen Laute hin abgehört. Die Kinder sprechen langsam und deutlich. Danach werden bei den Wörtern die Silben geschwungen. Unterstützend können Bewegungen eingesetzt werden (→ Lehrerband-Seite 23). Anschließend suchen die Kinder auf der Bücherwurm-Lauttabelle die entsprechenden Lautbilder und verschriften die Wörter. Die Schreibung wird gemeinsam an der Tafel überprüft.
- Aufgabe 2: Die Wortpaare werden gelesen. Die Kinder nennen die Laute, die sich unterscheiden.
- Aufgabe 3: Der Text wird zunächst still und dann laut gelesen.

Differenzierung

Fördern

- Aufgabe 2: Jeweils das erste Wort der Wortpaare wird mit Buchstabenkarten gelegt. Anschließend werden die entsprechenden Buchstaben für das zweite Wort ausgetauscht.

Fordern

- Aufgabe 1: weitere zweisilbige bildlich dargestellte Wörter mithilfe der Bücherwurm-Lauttabelle verschriften und Silbenbögen setzen (z. B. Löwe, Rose, Hase, Hose)
- Aufgabe 2: weitere Wörter finden, die sich durch einen Laut unterscheiden

Weitere Anregungen

- Die Lehrkraft bildet an der Tafel mit Buchstabenkarten Wörter, die die Kinder lesen. Anschließend wird jeweils ein Buchstabe ausgetauscht und das neue Wort wird wieder gelesen. Wenn das gut funktioniert, kann die Übung im Kopf durchgeführt werden: Was wird aus *Hase*, wenn ich das *H* gegen ein *N* tausche?
- Lied: Drei Chinesen mit dem Kontrabass
- mit den Namen aus der Klasse Sätze schreiben nach dem Satzmuster *... ruft ...*

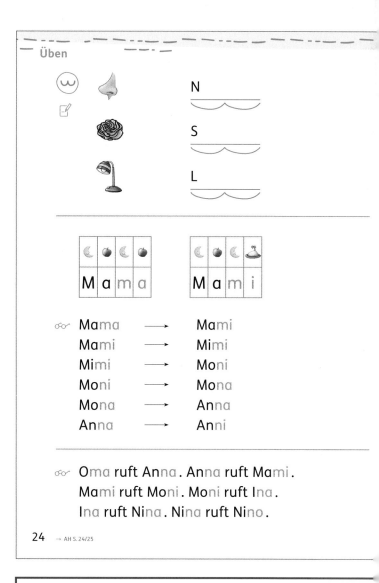

→AH S. 24/25

Vorbereitung
- Bücherwurm-Lauttabelle

Mami Omi Anna Mama am Oma Moni
Mama Nina Nino Ina Anna Nina Nino
am Imo im Ina am Anna Mama Oma

Nina und Nino und Ina 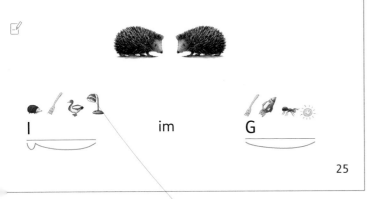 im .
Mama und Oma .
Am Momo und Imo .
Momo ruft Mama .
Mama ruft Oma und Nina .
Mama ruft Nino und Ina .

I   im   G

25

e	T	t	ist	S	s	sind	U	u	G	g	H	h	F	f
k	B	b	nk	V	v	ng	ß	Sch	sch	J	j
sp	tz	ck	äu	chs	Y	y	Qu	qu	X	x	C	c

Vorbereitung
• Bücherwurm-Lauttabelle

Seite 25

Lernziele/Kompetenzen

Die Kinder
• lesen in Partnerarbeit bekannte Wörter,
• lesen einen Text sinnverstehend,
• verschriften Wörter mithilfe der Bücherwurm-Lauttabelle.

Anregungen für den Unterricht

• Aufgabe 1: Zuerst werden die Wörter in Partnerarbeit gelesen. Danach werden bei ihnen die Silben geschwungen. Unterstützend können Bewegungen eingesetzt werden (→ Lehrerband-Seite 23).
• Aufgabe 2: Der Text wird zunächst alleine und dann im Klassenverband gelesen. Anschließend beantworten die Kinder Fragen zum Text: Wer steht am Zaun? Wer klatscht Beifall? Warum klatschen Mama und Oma Beifall?
• Aufgabe 3: Die Wörter *Igel* und *Gras* werden mithilfe der Bücherwurm-Lauttabelle verschriftet. Eine überdeutliche Sprechweise hilft dabei, die einzelnen bzw. zu verschriftenden Laute herauszuhören.

Differenzierung

Fördern

• Wortkarten mit *am*, *und*, *im* und *ruft* werden ausgelegt. Ein Kind zieht eine Wortkarte. Alle bilden mit dem Wort einen Satz und verschriften ihn mithilfe der Bücherwurm-Lauttabelle.

Fordern

• Aufgabe 1: visuelle Differenzierung: Nenne alle Wörter, die mit *I* beginnen/die am Ende ein *a* haben/die ein *M* oder *m* beinhalten.
• Aufgabe 3: weitere Wörter mithilfe der Bücherwurm-Lauttabelle verschriften

Weitere Anregungen

• Die Lehrkraft diktiert die Wörter aus Aufgabe 1. Die Kinder schreiben sie auf und setzen die Silbenbögen.

Seite 26/27

Auf dieser Doppelseite wird eine Situation im Klassenzimmer der Bücherwurm-Klasse dargestellt. Die abgebildeten Kinder übernehmen selbstständig Aufgaben (z. B. Blumen gießen, Fegen) und arbeiten individuell.

Lernziele/Kompetenzen

Die Kinder
- äußern sich frei zum Bild,
- beschreiben einzelne Ausschnitte des Bildes,
- setzen sich mit Klassenregeln und Diensten auseinander,
- nutzen die Artikelpunkte zur Verwendung der passenden Artikel.

Arbeiten mit Text und Bild

- das Bild betrachten
- die dargestellte Klassensituation beschreiben: Was tun die Kinder der Bücherwurm-Klasse? Welche Klassenregeln und Dienste gibt es in unserer Klasse?
- über das eigene Klassenzimmer und Lernpartner sprechen: Wo lernst du gerne? Was wünscht dir für unser Klassenzimmer? Mit wem lernst du gerne und warum?
- die Wörter der Wortschatzleiste mit Artikel nennen und die Silben schwingen
- die Wörter der Wortschatzleiste im Bild auffinden; mit den Wörtern Sätze zur Lagebeschreibung bilden (z. B. Der Malkasten ist auf dem Tisch.)
- Suchspiele im Klassenverband oder in Partnerarbeit: Wo ist …?
- Spiel: Ich sehe was, was du nicht siehst.
- mit dem Guckloch erzählen und schreiben (→ Lehrerband-Seite 16)

→KV 13: Eigene Wörter zur Sprachförderungsseite
→KV 35: Hörtexte: Bei uns in der Klasse
→Track 13 (LWO + DUA): Bei uns in der Klasse – Geräusche im Klassenraum
→Track 14 (LWO + DUA): Bei uns in der Klasse – Hörtext Niveau 1
→Track 15 (DUA): Bei uns in der Klasse – Hörtext Niveau 2
→Film 1 (LWO + DUA): Mit dem Guckloch erzählen und schreiben

27

e	T	t	ist	S	s	sind	U	u	G	g	H	h	F	f
k	B	b	nk	V	v	ng	ß	Sch		sch		J		j
o	sp	tz	ck	äu	chs	Y	y	Qu		qu	X	x	C	c

Vorbereitung
• ggf. Guckloch

Fördern

• Wörter zum Bild finden, die einen der bereits erarbeiteten Laute/Buchstaben enthalten (*M m, A a, O o, I i, N n*)
• bei weiteren Wörtern zum Bild die Silben schwingen

Fordern

• Wörter zum Bild mit der Bücherwurm-Lauttabelle schreiben

Wortschatz

• Gebrauch der Artikel: der, die, das
• Wörter rund um Klassenregeln und Dienste
• Wörter rund um Unterrichtsmaterialien und Unterrichtsgegenstände

Weitere Anregungen

• passende Bildausschnitte zur Hörsequenz finden (Track 13)
• Fragen zu den Hörtexten beantworten (Track 14, 15)
• über Klassendienste sprechen und diese verteilen: Was kann ich für unsere Klasse/unser Klassenzimmer tun? Was möchte ich tun?
• über Klassenregeln und Regeln während der Freiarbeit sprechen
• über das Verhalten während der Pause oder vor Unterrichtsbeginn sprechen
• über Ordnung und den Sinn eines leichten Schulranzens sprechen: Was packst du in deine Schultasche? Wie schwer ist dein Ranzen (ggf. wiegen)? Was könntest du in der Schule oder zu Hause lassen?
• Rollenspiel: eine Pausensituation im Klassenzimmer nachspielen (z. B. im Kontrast: So ist es für die Lehrkraft gut. So ist es nicht gut.)

Seite 28/29

Laut- und Buchstabengewinnung

- *L l* aus den Schlüsselwörtern *Lama* und *lila* gewinnen
- zum Bild passende Wörter mit dem Laut *l* sammeln
- lautliche Analyse der Wörter *Lampe, Blume, Löffel* und *Pinsel* und Lokalisierung von *L l* im geschriebenen Wort
- das Lautbild zu *L l* einführen (Lampe)

Arbeiten mit Text und Bild

- Das Bild wird betrachtet. Die Kinder äußern sich zunächst frei.
- *L l* wird eingeführt: die Buchstaben an die Tafel schreiben und den Laut dazu sprechen.
- Wortaufgliederung: Die Wörter *Lama* und *lila* werden an die Tafel geschrieben. Analog zur Übung in der Fibel (→ Fibel-Seite 28) werden die Wörter zuerst in Silben zerlegt. Die Kinder schwingen die Silben dazu. Danach werden die neuen Buchstaben analysiert. Zum Schluss werden die analysierten Elemente wieder zu sinnvollen ganzen Wörtern synthetisiert.
- Das Lautbild wird eingeführt.
- Die Kinder suchen im Bild nach Wörtern, die den Laut *l* enthalten und sagen, an welcher Stelle im Wort sie ihn hören (am Anfang, in der Mitte oder am Ende).
- Die (Wort-Bild-)Texte werden gelesen (Niveau 1, → Fibel-Seite 28; Niveau 2, → Fibel-Seite 29) und inhaltlich besprochen. An der Tafel werden Sätze mit den Namen der Kinder aus der Klasse nach dem Satzmuster ... *ruft* ... gebildet.
- Das Gedicht (Niveau 3, → Fibel-Seite 29) wird von der Lehrkraft oder lesestarken Kindern vorgelesen. Alle sprechen das Gedicht chorisch und lernen es auswendig.

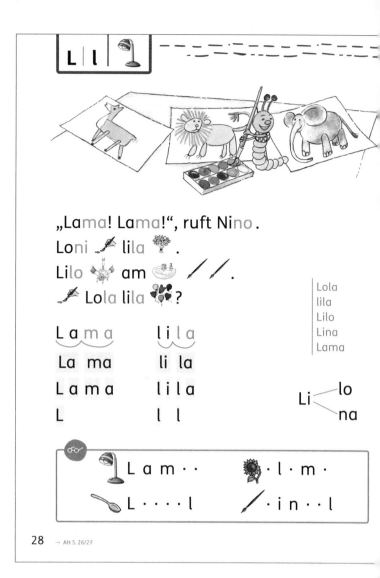

→AH S. 26/27
→KV 36: L l

Nina ruft Lola.

Lola ruft Lilo.

Lilo ruft Milan.

Milan ruft Loni.

Loni ruft Nino

und Nino ruft: „Lama!"

Lirum, larum, Löffelstiel,
wer viel lernt, der weiß auch viel.

Lama   lila

29

e	T	t	ist	S	s	sind	U	u	G	g	H	h	F	f
k	B	b	nk	V	v	ng	ß	Sch	sch	J	j
sp	tz	ck	äu	chs	Y	y	Qu	qu	X	x	C	c

Vorbereitung
• Buchstabenkarten und Muggelsteine

Tafelbild

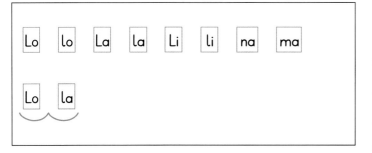

• **Wortumbau:** Das Wort *Lola* wird mit Buchstaben-karten an die Tafel geheftet. Analog zur Übung in der Fibel (→ Fibel-Seite 28) werden Buchstaben-karten ersetzt oder ergänzt und die neuen Wörter gelesen.
• **Silbensynthese:** Die Silben der Wörter *Lilo* und *Lina* werden an die Tafel geschrieben. Analog zur Übung in der Fibel (→ Fibel-Seite 28) werden die Silben zu sinnvollen ganzen Wörtern synthetisiert.
• Die Wörter *Lampe*, *Blume*, *Löffel* und *Pinsel* wer-den zu den Illustrationen gesprochen (→ Fibel-Seite 28). Der neue Laut wird in den Wörtern loka-lisiert. Danach legen die Kinder Buchstabenkarten (→ Lehrerband-Seite 22) für die bereits eingeführ-ten Grapheme und Muggelsteine für die noch un-bekannten Buchstaben.
• Die Kinder schreiben die Wörter aus dem Kasten in ihr Heft (→ Fibel-Seite 29). Zusätzlich markieren sie die neuen Buchstaben.

Differenzierung
Fördern

• *L l* mit einem nassen Schwamm an die Tafel schreiben
• an die Tafel Karten mit den Silben *Lo, lo, La, la, Li, li, na* und *ma* heften (siehe Tafelbild); auf die Silben zeigen und diese lesen lassen; die Silben zu sinn-vollen ganzen Wörtern synthetisieren

Fordern

• Die Kinder verschriften (ggf. mithilfe der Bücher-wurm-Lauttabelle) bildlich dargestellte lautge-treue Wörter mit *L l* (z.B. Lama, Lampe, Blume, Pinsel).

Weitere Anregungen

• Ideen für das Buchstabenheft (→ Lehrerband-Seite 22):
  – eine Seite zum Lama gestalten (dazu malen und erste Wörter oder auch Sätze, ggf. mithilfe der Bücherwurm-Lauttabelle, schreiben)
  – *L l* mit einem Lineal und einer Schere in Pappe rit-zen und in das Buchstabenheft einkleben
• Sätze mit Wörtern mit *L l* bilden (z.B. Lustige Leute lachen laut.)

Seite 30/31

Laut- und Buchstabengewinnung

- *E e* aus den Schlüsselwörtern *Emil* und *malen* gewinnen
- zum Bild passende Wörter mit dem Laut *e* sammeln
- lautliche Analyse der Wörter *Esel, Tanne, Ente* und *Hase* und Lokalisierung von *E e* im geschriebenen Wort
- die Lautbilder zu *E e* einführen (Langvokal: *Esel,* Kurzvokal: *Ente*)
- Artikulation: auf Unterscheidung von Lang-/Kurzvokal achten

Arbeiten mit Text und Bild

- Das Bild wird betrachtet. Die Kinder äußern sich zunächst frei.
- *E e* wird eingeführt: die Buchstaben an die Tafel schreiben und den Laut dazu sprechen.
- Wortaufgliederung: Die Wörter *Emil* und *malen* werden an die Tafel geschrieben. Analog zur Übung in der Fibel (→ Fibel-Seite 30) werden die Wörter zuerst in Silben zerlegt. Die Kinder schwingen die Silben dazu. Danach werden die neuen Buchstaben analysiert. Zum Schluss werden die analysierten Elemente wieder zu sinnvollen ganzen Wörtern synthetisiert.
- Die Lautbilder werden eingeführt. Auf die lautliche Unterscheidung von Lang- und Kurzvokal achten.
- Die Kinder suchen im Bild nach Wörtern, die den Laut *e* enthalten und sagen, an welcher Stelle im Wort sie ihn hören (am Anfang, in der Mitte oder am Ende).
- Die Wort-Bild-Texte werden gelesen (Niveau 1, → Fibel-Seite 30; Niveau 2, → Fibel-Seite 31) und inhaltlich besprochen. An der Tafel werden Sätze mit bereits erarbeiteten Wörtern nach dem Satzmuster *Alle malen …* gebildet (z.B. Alle malen Mama/Oma/Nino/Nina.).
- Der Abzählreim (Niveau 3, → Fibel-Seite 31) wird von der Lehrkraft oder lesestarken Kindern vorgelesen. Die Kinder probieren den Abzählreim in Kleingruppen aus.

Emil ruft: „Alle malen!"
Malen alle?
Ina und Nina malen  .
Moni und Nino malen .
Lena .

	malen
	male
	mal
	ma
	m
	ma
	mal
	male
	malen
	alle

E m i l   m a l e n
E mil   ma len
E m i l   m a l e n
E   e

E · e l   · a n n e
E n · e   · a · e

M	m	A	a	O	o	und	I	i	N	n	ruft	L
R	r	D	d	Ei	ei	W	w	P	p	ch	Au	
St	st	Z	z	Ä	ä	Ö	ö	Ü	ü	ie	Pf	pf	Eu

→AH S. 28/29
→KV 37: E e

42

Malen alle?

Malen alle 🐴?

Malen alle lila 🐴?

Emil, Moni und Nino malen lila 🐴.

Ene, mene, miste,
was rappelt in der Kiste?
Ene, mene, meck,
und du bist weg.
Weg bist du noch lange nicht,
sag mir erst, wie alt du bist.

Name	malen	alle
	male	

31

e	T	t	ist	S	s	sind	U	u	G	g	H	h	F	f
k	B	b	nk	V	v	ng	ß	Sch	sch	J	j
sp	tz	ck	äu	chs	Y	y	Qu	qu	X	x	C	c

Vorbereitung
• Buchstabenkarten und Muggelsteine

Lese- und Schreibübungen

• Wortabbau und Wortaufbau: Das Wort *malen* wird mit Buchstabenkarten an die Tafel geheftet. Analog zur Übung in der Fibel (→ Fibel-Seite 30) werden die Buchstabenkarten zuerst nacheinander weggenommen. Dabei lesen die Kinder die entsprechenden Wortteile. Danach wird das Wort wiederaufgebaut.

• Als Vorbereitung für das Lesen des Wort-Bild-Textes (→ Fibel-Seite 30) wird das Wort *alle* mit Buchstabenkarten an die Tafel geheftet und gelesen.

• Die Wörter *Esel, Tanne, Ente* und *Hase* werden zu den Illustrationen gesprochen (→ Fibel-Seite 30). Der neue Laut wird in den Wörtern lokalisiert. Danach legen die Kinder Buchstabenkarten (→ Lehrerband-Seite 22) für die bereits eingeführten Grapheme und Muggelsteine für die noch unbekannten Buchstaben.

• Die Kinder schreiben die Wörter aus dem Kasten in ihr Heft (→ Fibel-Seite 31). Zusätzlich markieren sie die neuen Buchstaben.

Differenzierung
Fördern

• Karten mit bildlich dargestellten Wörtern mit *E* im Anlaut werden ausgelegt und von den Kindern nach Lang-/Kurzvokal geordnet. Die Karten können unter die Bildkarten *Esel* und *Ente* gelegt werden.

Fordern

• mit den bereits eingeführten Buchstaben Wörter (ggf. mithilfe der Bücherwurm-Lauttabelle) legen, aufschreiben oder stempeln

Weitere Anregungen

• Idee für das Buchstabenheft (→ Lehrerband-Seite 22): Sätze oder einen kurzen Text zum Esel (ggf. mithilfe der Bücherwurm-Lauttabelle) schreiben

• weitere Abzählreime sammeln

Seite 32/33

Laut- und Buchstabengewinnung
Ganzworteinführung: *ist*

- *T t* aus den Schlüsselwörtern *Tim* und *toll* gewinnen
- zum Bild passende Wörter mit dem Laut *t* sammeln
- lautliche Analyse der Wörter *Tafel, Zelt, Telefon* und *Tüte* und Lokalisierung von *T t* im geschriebenen Wort
- das Lautbild zu *T t* einführen (Tasse)
- Wort-Bild-Sätze mit dem Wort *ist* lesen

Arbeiten mit Text und Bild

- Das Bild wird betrachtet. Die Kinder äußern sich zunächst frei.
- *T t* wird eingeführt: die Buchstaben an die Tafel schreiben und den Laut dazu sprechen.
- Wortaufgliederung: Die Wörter *Tim* und *toll* werden an die Tafel geschrieben. Die Kinder schwingen die Silben dazu. Analog zur Übung in der Fibel (→ Fibel-Seite 32) werden die neuen Buchstaben analysiert.
- Das Lautbild wird eingeführt.
- Die Kinder suchen im Bild nach Wörtern, die den Laut *t* enthalten und sagen, an welcher Stelle im Wort sie ihn hören (am Anfang, in der Mitte oder am Ende).
- Das Wort *ist* wird an die Tafel geschrieben und gelesen.
- Die Wort-Bild-Texte werden gelesen (Niveau 1, → Fibel-Seite 32; Niveau 2, → Fibel-Seite 33) und inhaltlich besprochen.
- Das Gedicht (Niveau 3, → Fibel-Seite 33) wird von der Lehrkraft oder lesestarken Kindern vorgelesen.

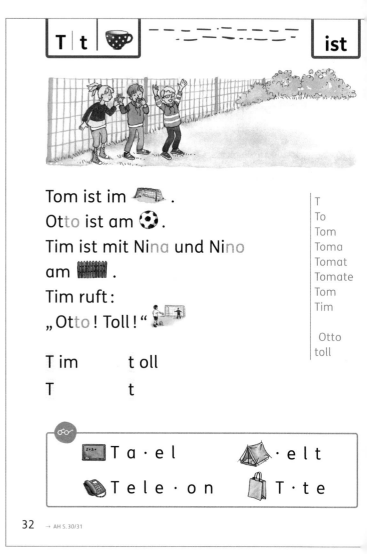

→AH S. 30/31
→KV 38: T t

44

Tom ist im  und 🥅 .
Otto ist am ⚽ und 🏃 .
Tim ist mit Nina und Nino am 🪵 .
Tim ruft: „Otto!
Toll, Otto! 🥅 !"
Nina und Nino 🚩 .
Tante Tine 🎵 .

Das Krötenlied
Abends im Sumpf spielt die Kröte
auf ihrer Lieblingsflöte .
Sie spielt für ihren Krötensohn .
Die Flöte gibt nur einen einzigen Ton :
qua – qua – qua .

Georg Bydlinski

Ente	Tante
Enten	Tanten

33

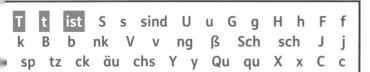

T	t	ist	S	s	sind	U	u	G	g	H	h	F	f
k	B	b	nk	V	v	ng	ß	Sch	sch	J	j
sp	tz	ck	äu	chs	Y	y	Qu	qu	X	x	C	c

Vorbereitung
• Buchstabenkarten und Muggelsteine

Tafelbild

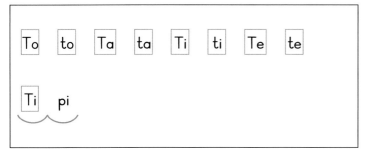

To to Ta ta Ti ti Te te

Ti pi

• Wortaufbau/-umbau: Das Wort *Tomate* wird analog zur Übung in der Fibel (→ Fibel-Seite 32) mit Buchstabenkarten aufgebaut. Dabei lesen die Kinder die entsprechenden Wortteile. Danach werden Buchstabenkarten weggenommen oder ersetzt und die neuen Wörter gelesen.
• Als Vorbereitung für das Lesen des Wort-Bild-Textes (→ Fibel-Seite 32) werden die Wörter *Otto* und *toll* mit Buchstabenkarten an die Tafel geheftet und gelesen.
• Die Wörter *Tafel, Zelt, Telefon* und *Tüte* werden zu den Illustrationen gesprochen (→ Fibel-Seite 32). Der neue Laut wird in den Wörtern lokalisiert. Danach legen die Kinder Buchstabenkarten (→ Lehrerband-Seite 22) für die bereits eingeführten Grapheme und Muggelsteine für die noch unbekannten Buchstaben.
• Die Kinder schreiben die Wörter aus dem Kasten in ihr Heft (→ Fibel-Seite 33). Zusätzlich markieren sie die neuen Buchstaben.

Differenzierung
Fördern

• an die Tafel Karten mit den Silben *To, to, Ta, ta, Ti, ti, Te* und *te* heften (siehe Tafelbild); auf die Silben zeigen und diese lesen lassen; die Silben zu sinnvollen Wörtern ergänzen (z.B. Tipi, Tomate, Tante, Telefon)
• zu bildlich dargestellten Wörtern mit *T* im Anlaut die Wörter sprechen und die Silben schwingen (z.B. Tomate, Telefon, Tor, Tafel, Tüte, Taste)

Fordern

• zu bildlich dargestellten Wörtern mit *T* im Anlaut (z.B. Tomate, Telefon, Tüte, Taste) zuerst die Wörter sprechen sowie die Silben schwingen und dann die Wörter (ggf. mithilfe der Bücherwurm-Lauttabelle) verschriften

Weitere Anregungen

• Idee für das Buchstabenheft (→ Lehrerband-Seite 22): die Wörter *Tom, Otto* und *Tim* stempeln und dazu malen
• fächerübergreifender Unterricht (Musik): Lieder:
  – Tomatensalat
  – Hab 'ne Tante aus Marokko
  – Tiggetitagg, der Tausendfüßler: Die Kinder bilden mehrere Polonaisen und laufen mit Trippelschritten. Der Kopf des Tausendfüßlers (erstes Kind) klopft an. Die anderen Kinder halten dabei eine Hand ans Ohr. Dann läuft der Tausendfüßler zum Text rückwärts, bis er am Ende umfällt (vorsichtig zur Seite fallen lassen).

Seite 34/35

Laut- und Buchstabengewinnung

Ganzworteinführung: *sind*

- *S s* aus den Schlüsselwörtern *Salami* und *Esel* gewinnen
- zum Bild passende Wörter mit dem Laut *s* sammeln
- lautliche Analyse der Wörter *Hose, Besen, Rose* und *Hase* und Lokalisierung von *S s* im geschriebenen Wort
- das Lautbild zu *S s* einführen (Sonne)
- Artikulation: auf Unterscheidung von stimmhaftem *s* (Sonne)/stimmlosem *s* (essen) achten
- Wort-Bild-Sätze mit dem Wort *sind* lesen

Arbeiten mit Text und Bild

- Das Bild wird betrachtet. Die Kinder äußern sich zunächst frei.
- *S s* wird eingeführt: die Buchstaben an die Tafel schreiben und den Laut dazu sprechen.
- Wortaufgliederung: Die Wörter *Salami* und *Esel* werden an die Tafel geschrieben. Die Kinder schwingen die Silben dazu. Analog zur Übung in der Fibel (→ Fibel-Seite 34) werden die neuen Buchstaben analysiert.
- Das Lautbild wird eingeführt.
- Die Kinder suchen im Bild nach Wörtern, die den Laut *s* enthalten und sagen, an welcher Stelle im Wort sie ihn hören (am Anfang, in der Mitte oder am Ende).
- Das Wort *sind* wird an die Tafel geschrieben und gelesen.
- Die Wort-Bild-Texte werden gelesen (Niveau 1, → Fibel-Seite 34; Niveau 2, → Fibel-Seite 35) und inhaltlich besprochen.
- Der Zungenbrecher (Niveau 3, → Fibel-Seite 35) wird von der Lehrkraft oder lesestarken Kindern vorgelesen. Danach wird der Zungenbrecher mit einem Partner gelesen. Die beiden Kinder versuchen, dabei immer schneller zu werden.

→AH S. 32/33
→KV 39: S s

Sonne, See und Esel

Emil und Lina sind am See.
Nino ruft Emil.
Nino und Emil sammeln 🍀 am See.
Lina 🤚 Esel Lilli mit Salat.
Am 🌅 sind Amseln und ☁☁ .

Elsas Esel

Elsas Esel isst Sesammus im Lesesessel.
Im Lesesessel isst Elsas Esel Sesammus.

Moni Port

Sonne	lesen	sollen	es
Nase	essen	soll	so

35

T	t	ist	S	s	sind	U	u	G	g	H	h	F	f
k	B	b	nk	V	v	ng	ß	Sch	sch	J	j		
sp	tz	ck	äu	chs	Y	y	Qu	qu	X	x	C	c	

Vorbereitung
• Buchstabenkarten und Muggelsteine

• Wortaufbau: Die Wörter *Salat* und *lesen* werden analog zur Übung in der Fibel (→ Fibel-Seite 34) mit Buchstabenkarten aufgebaut. Dabei lesen die Kinder die entsprechenden Wortteile.
• Die Wörter *Hose, Besen, Rose* und *Hase* werden zu den Illustrationen gesprochen (→ Fibel-Seite 34). Der neue Laut wird in den Wörtern lokalisiert. Danach legen die Kinder Buchstabenkarten (→ Lehrerband-Seite 22) für die bereits eingeführten Grapheme und Muggelsteine für die noch unbekannten Buchstaben.
• Die Kinder schreiben die Wörter aus dem Kasten in ihr Heft (→ Fibel-Seite 35). Zusätzlich markieren sie die neuen Buchstaben.

Differenzierung

Fördern

• das Summen einer Biene (stimmhaftes *s*) und das Zischen einer Schlange (stimmloses *s*) imitieren
• Karten mit bildlich dargestellten Wörtern mit *S s* werden ausgelegt und von den Kindern nach stimmhaftem und stimmlosem *s* geordnet. Die Karten können unter die Bildkarten *Biene* (stimmhaftes *s*) und *Schlange* (stimmloses *s*) gelegt werden.

Fordern

• weitere Sätze mit *sind* bilden und (ggf. mithilfe der Bücherwurm-Lauttabelle) verschriften

Weitere Anregungen

• Idee für das Buchstabenheft (→ Lehrerband-Seite 22): Die Kinder malen eine große Sonne, indem sie um einen Kreis viele Strahlen aus dem Buchstaben *S* zeichnen. In die Sonne können Wörter mit *S s* (ggf. mithilfe der Bücherwurm-Lauttabelle) geschrieben werden.
• Wörter mit mehr als einem *S s* sammeln (z. B. Sesam, Sessel, Singsang, sausen, säuseln, Salsa)

Seite 36/37

Laut- und Buchstabengewinnung

- *U u* aus den Schlüsselwörtern *Uma* und *unten* gewinnen
- zum Bild passende Wörter mit dem Laut *u* sammeln
- lautliche Analyse der Wörter *Ufo, Puma, Uhu* und *Kaktus* und Lokalisierung von *U u* im geschriebenen Wort
- die Lautbilder zu *U u* einführen (Langvokal: Ufo, Kurzvokal: Unterhemd)
- Artikulation: auf Unterscheidung von Lang-/Kurzvokal achten

Arbeiten mit Text und Bild

- Das Bild wird betrachtet. Die Kinder äußern sich zunächst frei.
- *U u* wird eingeführt: die Buchstaben an die Tafel schreiben und den Laut dazu sprechen.
- Wortaufgliederung: Die Wörter *Uma* und *unten* werden an die Tafel geschrieben. Die Kinder schwingen die Silben dazu. Analog zur Übung in der Fibel (→ Fibel-Seite 36) werden die neuen Buchstaben analysiert.
- Die Lautbilder werden eingeführt. Auf die lautliche Unterscheidung von Lang- und Kurzvokal achten.
- Die Kinder suchen im Bild nach Wörtern, die den Laut *u* enthalten und sagen, an welcher Stelle im Wort sie ihn hören (am Anfang, in der Mitte oder am Ende).
- Die Wort-Bild-Texte werden gelesen (Niveau 1, → Fibel-Seite 36; Niveau 2, → Fibel-Seite 37) und inhaltlich besprochen.
- Das Gedicht (Niveau 3, → Fibel-Seite 37) wird von der Lehrkraft oder lesestarken Kindern vorgelesen. Die Kinder malen ein Bild zum Gedicht.

→AH S. 34/35
→KV 40: U u

Und nun, Uma?

Uma mit Lilo und Emil 〜?

Uma um 🔺🔺🔺.

Uma summt.

Tom und Ina mit Uma.

Es ist 🕐 17:00 .

Uma muss los.

Wer geht im Paket auf Reisen?

Ute möchte Till besuchen,
leider wohnt er in Fernost.
Einen Flug kann sie nicht buchen,
also reist sie mit der Post.

Frank Smilgies

Minute	muss	unten	um
		uns	nun

37

T	t	ist	S	s	sind	U	u	G	g	H	h	F	f
k	B	b	nk	V	v	ng	ß	Sch	sch	J	j
sp	tz	ck	äu	chs	Y	y	Qu	qu	X	x	C	c

Vorbereitung
• Buchstabenkarten und Muggelsteine

• Die Wörter *Ufo, Puma, Uhu* und *Kaktus* werden zu den Illustrationen gesprochen (→ Fibel-Seite 36). Der neue Laut wird in den Wörtern lokalisiert. Danach legen die Kinder Buchstabenkarten (→ Lehrerband-Seite 22) für die bereits eingeführten Grapheme und Muggelsteine für die noch unbekannten Buchstaben.
• Die Kinder schreiben die Wörter aus dem Kasten in ihr Heft (→ Fibel-Seite 37). Zusätzlich markieren sie die neuen Buchstaben.

Differenzierung
Fördern

• Seile als *U u* auslegen und ablaufen
• in große Lineatur Girlanden (Bögen des Kleinbuchstabens *u*) eintragen; dabei auf einheitliche Größe und Form achten

Fordern

• Die Kinder verschriften (ggf. mithilfe der Bücherwurm-Lauttabelle) bildlich dargestellte lautgetreue Wörter mit *U u* (z. B. Ufo, Puma, Uhu, Kaktus).

Weitere Anregungen

• Ideen für das Buchstabenheft (→ Lehrerband-Seite 22):
  – in den Umriss eines Uhus *U u* als Federn schreiben
  – *U u* mit Fingerfarben in verschiedenen Größen und Farben schreiben
• Dinge aus dem Klassenraum nennen, die den Laut *u* enthalten
• Dinge im Klassenzimmer suchen, die eine U-Form haben

Seite 38

Erläuterung zur Strategie/Methode

- Da die Vokale (in der Fibel Könige genannt) den Kern jeder Silbe bilden, ist es wichtig, sie zu kennen.
- Die Vokale sind von der Laut-Buchstaben-Zuordnung her etwas schwierig, da sie lang oder kurz klingen können. Umso wichtiger ist ihre visuelle Festigung.
- Diese Seite bietet mit zweisilbigen Beispielwörtern eine Übersicht über die Vokale. Mit Ausnahme von *Insel* sind hier Wörter mit Langvokal in der ersten Silbe gewählt.

Anwendungsmöglichkeiten

- Die Kinder lesen die Wörter mit den Vokalen.
- Weitere Wörter mit dem jeweiligen Vokal werden gesucht.
- Auf der Bücherwurm-Lauttabelle werden die Vokale gesucht.
- Die Vokale werden gut sichtbar im Klassenzimmer angebracht.
- Zur besseren Einprägung der Vokale kann der folgende Spruch eingeführt werden: A, e, i, o, u. Der Mund geht immer weiter zu.

Differenzierung

Fördern

- Wörter mit Vokalen im Anlaut sammeln

Fordern

- Vorbereitung auf Seite 40/41: Die Kinder sammeln Wörter mit einem Vokal in der ersten Silbe und sagen, ob der Vokal lang oder kurz klingt. Zur Unterstützung können hier bereits bei lang klingenden Vokalen ein Gummi auseinandergezogen und bei kurz klingenden Vokalen ein Flummi gedotzt werden. Alternativ können die Kinder bei langen Vokalen über den Tisch streichen und bei kurzen Vokalen auf den Tisch tippen.

Weitere Anregungen

- weitere Wörter (ggf. mithilfe der Bücherwurm-Lauttabelle) verschriften (siehe Tafelbild)
- Lied: Alle Kinder lernen lesen

38   Könige/Vokale kennenlernen

M	m	A	a	O	o	und	I	i	N	n	ruft	L
R	r	D	d	Ei	ei	W	w	P	p	ch	Au	a
St	st	Z	z	Ä	ä	Ö	ö	Ü	ü	ie	Pf	pf	Eu	e

→KV 41: Könige
→Film 3 (DUA): Jede Silbe hat einen König
→Film 4 (DUA): Lang oder kurz? Wie klingt der König?

Vorbereitung
- Bücherwurm-Lauttabelle

Tafelbild

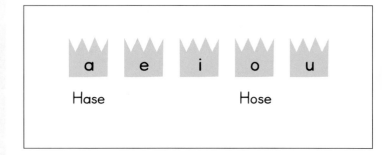

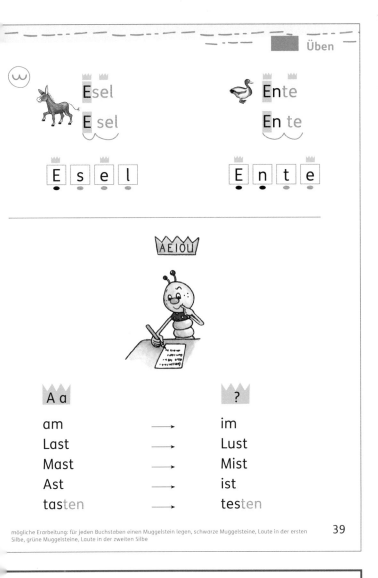

Üben

Esel — E sel
E·s·e·l

Ente — En te
E·n·t·e

AEIOU

A a		?
am	→	im
Last	→	Lust
Mast	→	Mist
Ast	→	ist
tasten	→	testen

mögliche Erarbeitung: für jeden Buchstaben einen Muggelstein legen, schwarze Muggelsteine, Laute in der ersten Silbe, grüne Muggelsteine, Laute in der zweiten Silbe

39

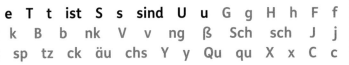

e T t ist S s sind U u G g H h F f
k B b nk V v ng ß Sch sch J j
sp tz ck äu chs Y y Qu qu X x C c

Vorbereitung
• Muggelsteine in verschiedenen Farben

Seite 39

Lernziele/Kompetenzen

Die Kinder
• gliedern Wörter in Silben und Laute,
• lesen ähnliche Wörter.

Anregungen für den Unterricht

• Aufgabe 1: Zuerst werden die Wörter *Esel* und *Ente* zu den Bildern gesprochen. Danach werden bei ihnen die Silben geschwungen. Unterstützend können Bewegungen eingesetzt werden (→ Lehrerband-Seite 23). Anschließend hören die Kinder die Wörter auf die in ihnen enthaltenen Laute hin ab und legen für jeden Laut der ersten Silbe z. B. einen schwarzen Muggelstein und für jeden Laut der zweiten Silbe z. B. einen grünen Muggelstein.
• Aufgabe 2: Die Wortpaare werden gelesen. Die Kinder nennen die Vokale, die sich unterscheiden.

Differenzierung
Fördern

• Aufgabe 1: weitere Wörter an die Tafel schreiben (z. B. Note, Name, lesen, malen), gemeinsam Silben schwingen, Silbenbögen setzen, für jeden Buchstaben einen Muggelstein anmalen (jede Silbe wird in einer anderen Farbe gemalt) und Vokale durch Kronen markieren

Fordern

• Aufgabe 1: Die Kinder schwingen bei bildlich dargestellten Wörtern die Silben und legen für jeden zu schreibenden Buchstaben einen Muggelstein (jede Silbe wird in einer anderen Farbe gelegt). Anschließend verschriften sie das Wort (ggf. mithilfe der Bücherwurm-Lauttabelle) und markieren die Vokale durch Kronen.

Weitere Anregungen

• Wörter von den vorhergehenden Seiten abschreiben, Silben schwingen, Silbenbögen setzen, Vokale durch Kronen markieren

Seite 40

Lernziele/Kompetenzen

Die Kinder
- unterscheiden lange und kurze Vokale in der ersten Silbe eines Wortes,
- kennen die Zeichen für lange und kurze Vokale.

Anregungen für den Unterricht

- Aufgabe 1: Zuerst lesen die Kinder die Wörter mit Langvokal in der ersten Silbe (Nase, Esel, Lose, Tute) und danach die Wörter mit Kurzvokal in der ersten Silbe (Mantel, Nest, Tonne, Nuss). Nun liest die Lehrkraft die Wortpaare nacheinander vor (z. B. Nase – Mantel) und fragt die Kinder, worin sich die beiden Wörter unterscheiden. Die Lehrkraft macht die Kinder auf die Markierungen (Punkt und Strich) aufmerksam. Anschließend bekommen die Kinder ein Gummi und einen Flummi. Die Wörter werden noch einmal gelesen und die Kinder dehnen das Gummi bzw. dotzen den Flummi auf den Tisch.
- Aufgabe 2: Die Kinder lesen die Wörter und überlegen, ob es sich um „Gummiwörter" oder „Flummiwörter" handelt.

Differenzierung

Fördern

- Aufgabe 1: Zunächst werden Lautübungen zum Langvokal und Kurzvokal durchgeführt. Die Vokale werden nacheinander in beiden Varianten gesprochen. Die Lehrkraft spricht vor und die Kinder sprechen chorisch nach. Im Anschluss werden die Wörter erneut gelesen. Sollte es Kindern schwerfallen, die Vokallänge akustisch wahrzunehmen, können Kontrastierungsübungen helfen: Heißt es *Maaaantel* oder *Mantel*?

Fordern

- Karten mit bildlich dargestellten zweisilbigen Wörtern werden ausgelegt. Ein Kind zieht eine Karte, spricht das Wort und die anderen zeigen mit Gummi oder Flummi an, ob es sich um einen Langvokal oder Kurzvokal handelt.

Weitere Anregungen

- Gummi und Flummi können auch durch Streichen über den Tisch oder kurzes Klopfen auf den Tisch ersetzt werden. Dies ist einfacher in der Handhabung, aber weniger anschaulich.
- Partnerarbeit: Ein Kind liest ein Wort aus Aufgabe 1. Der Partner zeigt mit Gummi oder Flummi bzw. durch Handzeichen, ob es sich um einen Lang- oder Kurzvokal handelt.

Vorbereitung
- Gummis und Flummis

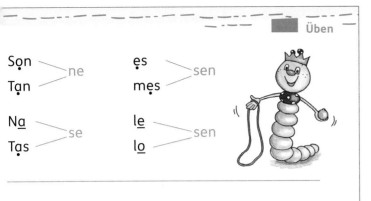

Son ⟍
　　　 ⟍ ne
Tan ⟍

es ⟍
　　 ⟍ sen
mes ⟋

Na ⟍
　　 ⟍ se
Tas ⟋

le ⟍
　　 ⟍ sen
lo ⟋

Alle summen. Alle messen. Alle essen.
Alle sollen Sonnen malen. Toll!

Lena summt.
Nun summen Lena und Lola.
Emil malt.
Nun malen Emil und Uma.
Milan .
Nun lesen Milan, Nino und Otto.
Tom und Tim sind am .
Ina ruft Tom.
Muss Tom los?

lange und kurze Vokale unterscheiden

41

e	T	t	ist	S	s	sind	U	u	G	g	H	h	F	f
k	B	b	nk	V	v	ng	ß	Sch	sch	J	j
sp	tz	ck	äu	chs	Y	y	Qu	qu	X	x	C	c

Seite 41

Lernziele/Kompetenzen

Die Kinder
• unterscheiden lange und kurze Vokale in der ersten Silbe eines Wortes,
• setzen Silben zu Wörtern zusammen,
• lesen Wörter und kurze Sätze mithilfe von Markierungen (Punkt/Strich) gut artikuliert,
• lesen in Partnerarbeit einen Text sinnverstehend und achten beim Lesen auf die richtige Artikulation der Vokallänge.

Anregungen für den Unterricht

• Aufgabe 1: Die Silben werden zu Wörtern zusammengesetzt. Beim Lesen soll insbesondere auf die durch Markierungen angezeigte Vokallänge geachtet werden.
• Aufgabe 2: Die Kinder lesen die Sätze und achten dabei auf die richtige Artikulation der Vokallänge.
• Aufgabe 3: Der Text wird im Lesetandem (→ Lehrerband-Seite 11) gelesen. Das kontrollierende Kind soll vordergründig auf die richtige Artikulation der Vokallänge achten. Anschließend beantworten die Kinder Fragen zum Text: Was tut Emil? Wen ruft Ina? Mit wem summt Lena zusammen?

Differenzierung
Fördern

• Aufgabe 1: Die Silben werden auf Karten in Puzzleform angeboten, die die Kinder zu Wörtern zusammenfügen können. Die entstehenden Wörter werden aufgeschrieben und die Vokale mit Punkt bzw. Strich versehen.

Fordern

• Aufgabe 1: Wieder werden die Silben auf Karten angeboten. Die Kinder müssen nun die Puzzleteile im Kopf zusammenfügen.

Weitere Anregungen

• Die Lehrkraft liest zweisilbige Wörter dieser Seite vor und die Kinder zeigen mit Gummi oder Flummi bzw. durch Handzeichen an (→ Lehrerband-Seite 50), ob es sich um einen Lang- oder Kurzvokal in der ersten Silbe handelt.

53

Seite 42/43

Laut- und Buchstabengewinnung

- *G g* aus den Schlüsselwörtern *Gans* und *sagen* gewinnen
- lautliche Analyse der Wörter *Gabel, Wagen, Gemüse* und *Regen* und Lokalisierung von *G g* im geschriebenen Wort
- das Lautbild zu *G g* einführen (Gabel)

Arbeiten mit Text und Bild

- Die Bilder werden betrachtet. Die Kinder überlegen, worum es im Text geht.
- *G g* wird eingeführt: die Buchstaben an die Tafel schreiben und den Laut dazu sprechen.
- Wortaufgliederung: Die Wörter *Gans* und *sagen* werden an die Tafel geschrieben. Die Kinder schwingen die Silben dazu. Analog zur Übung in der Fibel (→ Fibel-Seite 42) werden die neuen Buchstaben analysiert. Zusätzlich werden die Könige gekennzeichnet.
- Das Lautbild wird eingeführt.
- Die Texte *Gans Olga* (Niveau 1, → Fibel-Seite 42) und *Salat alle Tage* (Niveau 2, → Fibel-Seite 43) werden gelesen und inhaltlich besprochen.
- Das Gedicht (Niveau 3, → Fibel-Seite 43) wird von der Lehrkraft oder lesestarken Kindern vorgelesen.

→AH S. 38/39
→KV 42: Gg

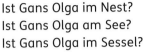

Salat alle Tage
Gans Olga mag Salat
nun am Samstag,
nun am Sonntag,
nun am Montag.
Mag Gans Olga Tomatensalat?

Ist Gans Olga im Nest?
Ist Gans Olga am See?
Ist Gans Olga im Sessel?

Guten Tag
Guten Tag,
guten Tag,
guten Tag.
Warum so oft?
Weil ich dich mag.

Georg Bydlinski

Tag	Igel	sagen	gut
Tage		sagt	gegen

43

T	t	ist	S	s	sind	U	u	G	g	H	h	F	f
k	B	b	nk	V	v	ng	ß	Sch	sch	J	j
p	sp	tz	ck	äu	chs	Y	y	Qu	qu	X	x	C	c

Vorbereitung
• Buchstabenkarten und Muggelsteine

• Wortaufbau: Die Wörter *Gans, sagen* und *Tage* werden analog zur Übung in der Fibel (→ Fibel-Seite 42) mit Buchstabenkarten aufgebaut. Dabei lesen die Kinder die entsprechenden Wortteile.
• Die Wörter *Gabel, Wagen, Gemüse* und *Regen* werden zu den Illustrationen gesprochen (→ Fibel-Seite 42). Der neue Laut wird in den Wörtern lokalisiert. Danach legen die Kinder Buchstabenkarten (→ Lehrerband-Seite 22) für die bereits eingeführten Grapheme und Muggelsteine für die noch unbekannten Buchstaben.
• Die Kinder schreiben die Wörter aus dem Kasten in ihr Heft (→ Fibel-Seite 43). Zusätzlich markieren sie die neuen Buchstaben.

Differenzierung

Fördern

• Wörter mit *G g* in Graudruck (z. B. Gans, Olga) lesen und *G g* nachspuren
• zu bildlich dargestellten Wörtern mit *G* im Anlaut die Wörter sprechen und die Silben schwingen (z. B. Gans, Gabel, Gras, Garten, Giraffe, Gardine)

Fordern

• Karten mit bildlich dargestellten zweisilbigen Wörtern mit *G* im Anlaut (z. B. Gänse, Garten, Gurke, Glocke, Gerüst, Gespenst, Gürtel) werden ausgelegt und von den Kindern nach Gummiwort und Flummiwort geordnet. Die Karten können unter die Bildkarten *Gummi* und *Flummi* gelegt werden.

Weitere Anregungen

• Idee für das Buchstabenheft (→ Lehrerband-Seite 22): in den Umriss eines Gespenstes *G g*, Wörter mit *G g* oder ganze Texte, die oft *G g* enthalten, (ggf. mithilfe der Bücherwurm-Lauttabelle) schreiben
• *G g* kneten oder aus Pfeifenputzern biegen
• eine Gruselgeschichte mit den Reizwörtern *Gespenst, Gans, grau* und *Gras* erzählen

Seite 44/45

Laut- und Buchstabengewinnung

- *H h* aus den Schlüsselwörtern *Halle* und *holen* gewinnen
- zum Bild passende Wörter mit dem Laut *h* sammeln
- Wörter mit *H h* im Anlaut (Himmel, Halle, Helm, holen, Hummel, hell, halten) und silbentrennendem *h* (gehen, sehen) lesen
- das Lautbild zu *H h* einführen (Hose)
- Artikulation: das „Hauchen" des Lautes *h* mit der Handprobe bewusst machen: den Luftstrom auf der Hand spüren

Arbeiten mit Text und Bild

- Das Bild wird betrachtet. Die Kinder äußern sich zunächst frei.
- *H h* wird eingeführt: die Buchstaben an die Tafel schreiben und den Laut dazu sprechen.
- Wortaufgliederung: Die Wörter *Halle* und *holen* werden an die Tafel geschrieben. Die Kinder schwingen die Silben dazu. Analog zur Übung in der Fibel (→ Fibel-Seite 44) werden die neuen Buchstaben analysiert. Zusätzlich werden die Könige gekennzeichnet.
- Das Lautbild wird eingeführt.
- Die Kinder suchen im Bild nach Wörtern, die den Laut *h* enthalten und sagen, an welcher Stelle im Wort sie ihn hören (am Anfang, in der Mitte oder am Ende).
- Die Wort-Bild-Texte werden gelesen (Niveau 1, → Fibel-Seite 44; Niveau 2, → Fibel-Seite 45) und inhaltlich besprochen.
- Das Gedicht (Niveau 3, → Fibel-Seite 45) wird von der Lehrkraft oder lesestarken Kindern vorgelesen und durch wiederholtes chorisches Sprechen auswendig gelernt. Schwierige Wörter aus dem Gedicht müssen ggf. geklärt werden (z.B. rupfen, hupfen, Graf).

Holen alle Matten?
„Hallo Tim", ruft Otto.
„Hallo Otto", ruft Tim.
Tim und Otto holen Matten.
Emil und Tom legen Matten hin.
Nun halten Loni und Lena ⌒ ⌒.
Nina 🏃 am ⌒.
Nino 🏃 am ⌒.
Alle 👕.

h
ho
hol
hole
holen
hole
hol
ho
h

H alle   h olen
H   h

| Himmel | Halle | Helm | holen | gehen |
| Hummel | alle | hell | halten | sehen |

M	m	A	a	O	o	und	I	i	N	n	ruft	L	l
R	r	D	d	Ei	ei	W	w	P	p	ch	Au	a
St	st	Z	z	Ä	ä	Ö	ö	Ü	ü	ie	Pf	pf	Eu	e

→AH S. 40/41
→KV 43: H h

So, nun los!

Tim und Otto holen ⬭⬭ .

Otto ruft: „Nino, halte mal!"

Tim, Otto und Nino halten ⬭⬭ .

Tom und Ali sehen Tim, Otto und Nino und gehen hin.

„Nun los, Ali! Nun los, Tom!", ruft Nino.

Ali 🚶 mit Otto, Nino und Tim.

Tom 🚶 mit Otto, Nino und Tim.

Alle 🏃 .

Selten sieht man Hennen rasen,
sehr viel öfter rennen Hasen.

Manchmal jagen Grafen Hasen,
welche nah am Hafen grasen.

Dornen an den Hosen rupfen,
wenn wir in die Rosen hupfen.

Paul Maar

Hase	hat	sehen	hell
Hose	hatte	gehen	
Himmel	holen	geht	

45

T	t	ist	S	s	sind	U	u	G	g	**H**	**h**	F	f
k	B	b	nk	V	v	ng	ß	Sch	sch	J	j		
sp	tz	ck	äu	chs	Y	y	Qu	qu	X	x	C	c	

Vorbereitung
• Buchstabenkarten

• Wortaufbau und Wortabbau: Das Wort *holen* wird analog zur Übung in der Fibel (→ Fibel-Seite 44) mit Buchstabenkarten aufgebaut und abgebaut. Dabei lesen die Kinder die entsprechenden Wortteile.
• Die Kinder lesen die Wörter aus dem Kasten (→ Fibel-Seite 44).
• Die Kinder schreiben die Wörter aus dem Kasten in ihr Heft (→ Fibel-Seite 45). Zusätzlich markieren sie die neuen Buchstaben.

Differenzierung

Fördern

• Wörter mit und ohne *H h* im Anlaut sprechen und die Handprobe durchführen

Fordern

• über die Wirkung des Gedichtes (→ Fibel-Seite 45) nachdenken (Überkreuzstellung der Anlaute der letzten beiden Wörter der Zeilen)

Weitere Anregungen

• Idee für das Buchstabenheft (→ Lehrerband-Seite 22): *H h* stempeln (auch Kartoffeldruck bietet sich hier an)
• Die Lehrkraft schreibt Leseaufträge auf Karten und verteilt sie an die Kinder.
Vorderseite:

Hole

Rückseite:

Hole einen Stift.

Die Rückseite richtet sich an lesestarke Kinder. Die Aufträge werden in Partnerarbeit erledigt. Die Karten werden mehrfach getauscht.

Seite 46/47

Auf dieser Doppelseite werden einige Kinder der Bücherwurm-Klasse im Schwimmbad dargestellt.

Lernziele/Kompetenzen

Die Kinder
- äußern sich frei zum Bild,
- beschreiben einzelne Ausschnitte des Bildes,
- setzen sich mit dem Verhalten in Schwimmbädern und mit Baderegeln auseinander,
- fühlen sich in die abgebildeten Figuren hinein (Schulung des Empathievermögens),
- nutzen die Artikelpunkte zur Verwendung der passenden Artikel.

Arbeiten mit Text und Bild

- das Bild betrachten
- die dargestellte Schwimmbadsituation beschreiben: Was tun die Kinder der Bücherwurm-Klasse und ihre Familie? Wie verhalten sie sich im Schwimmbad?
- über die abgebildeten Personen nachdenken: Wie könnten die einzelnen Personen sich fühlen (z.B. eher wild/fröhlich/ängstlich)? Was könnten die einzelnen Personen denken?
- die Wörter der Wortschatzleiste mit Artikel nennen und die Silben schwingen
- die Wörter der Wortschatzleiste im Bild auffinden; mit den Wörtern Sätze zur Lagebeschreibung bilden (z.B. Der Opa steht am Schwimmbeckenrand.)
- Suchspiele im Klassenverband oder in Partnerarbeit: Wo ist …?
- Spiel: Ich sehe was, was du nicht siehst.
- Wörter zum Bild sprechen und den enthaltenen König bzw. die enthaltenen Könige nennen
- mit dem Guckloch erzählen und schreiben (→ Lehrerband-Seite 16)

→KV 13: Eigene Wörter zur Sprachförderungsseite
→KV 44: Hörtexte: Alles Familie
→Track 16 (LWO + DUA): Alles Familie – Geräusche im Schwimmbad
→Track 17 (LWO + DUA): Alles Familie – Hörtext Niveau 1
→Track 18 (DUA): Alles Familie – Hörtext Niveau 2
→Film 1 (LWO + DUA): Mit dem Guckloch erzählen und schreiben

47

e	T	t	ist	S	s	sind	U	u	G	g	H	h	F	f
k	B	b	nk	V	v	ng	ß	Sch	sch	J	j
sp	tz	ck	äu	chs	Y	y	Qu	qu	X	x	C	c

Vorbereitung
• ggf. Guckloch

Differenzierung

Fördern
• bei weiteren Wörtern zum Bild die Silben schwingen

Fordern
• Wörter zum Bild (ggf. mit der Bücherwurm-Lauttabelle) schreiben, Silben durch Silbenbögen kennzeichnen und gemeinsam überprüfen, ob jede Silbe einen König enthält

Wortschatz
• Gebrauch der Artikel: der, die, das
• Wörter rund um das Schwimmbad
• Wörter rund um die Mitglieder einer Familie

Weitere Anregungen
• passende Bildausschnitte zur Hörsequenz finden (Track 16)
• Fragen zu den Hörtexten beantworten (Track 17, 18)
• von Schwimmbadbesuchen erzählen
• über Freizeitgestaltung sprechen
• fächerübergreifender Unterricht (Sport): Wie verhält man sich im Schwimmbad richtig? Welche Baderegeln gibt es?

Seite 48/49

Laut- und Buchstabengewinnung

- *F f* aus den Schlüsselwörtern *Fee* und *helfen* gewinnen
- zum Bild passende Wörter mit dem Laut *f* sammeln
- Wörter mit *F f* im Anlaut (Flug, Fee, Flut, Fell, Fluss, Fest, fast, fest, fett) und Inlaut (hinfallen, gefallen) sowie ff als Silbengelenk (hoffen, offen) lesen
- das Lautbild zu *F f* einführen (Feder)

Arbeiten mit Text und Bild

- Das Bild wird betrachtet. Die Kinder äußern sich zunächst frei.
- *F f* wird eingeführt: die Buchstaben an die Tafel schreiben und den Laut dazu sprechen.
- Wortaufgliederung: Die Wörter *Fee* und *helfen* werden an die Tafel geschrieben. Die Kinder schwingen die Silben dazu. Analog zur Übung in der Fibel (→ Fibel-Seite 48) werden die neuen Buchstaben analysiert. Zusätzlich werden die Könige gekennzeichnet.
- Das Lautbild wird eingeführt.
- Die Kinder suchen im Bild nach Wörtern, die den Laut *f* enthalten und sagen, an welcher Stelle im Wort sie ihn hören (am Anfang, in der Mitte oder am Ende).
- Die Texte *Gute Fee!* (Niveau 1, → Fibel-Seite 48) und *Ninos Unfall* (Niveau 2, → Fibel-Seite 49) werden gelesen und inhaltlich besprochen.
- Das Gedicht (Niveau 3, → Fibel-Seite 49) wird von der Lehrkraft oder lesestarken Kindern vorgelesen.

F f 🖋

Gute Fee!

Nina ruft: „Hilfe! Oma!
Nino ist hingefallen!"
Oma sagt: „Nino!"

Oma hilft Nino.
Nino sagt: „Oma!"
Oma sagt: „Alles gut."

helfen
helfe
helf
hel
he
h
hi
hil
hilf
hilft

F ee   hel f en
F   f

Flug	Fee	hin		hoffen	fast
Flut	Fell	hinfallen		offen	fest
Fluss	Fest	hingefallen			fett

48   → AH S. 42/43

M	m	A	a	O	o	und	I	i	N	n	ruft	L
R	r	D	d	Ei	ei	W	w	P	p	ch	Au	e
St	st	Z	z	Ä	ä	Ö	ö	Ü	ü	ie	Pf	pf	Eu	e

→ AH S. 42/43
→ KV 45: F f

Ninos Unfall

Nina, Momo und Nino sind am Fluss.
Nino ist hingefallen.
Nina ruft: „Oma! Hilfe!"
Nina holt Oma.
Oma hilft Nino.
Nun geht es Nino gut.
Nino sagt: „Toll, Oma."

Längenunterschied

„Falls ich größer wäre,
pickte ich dich in den Hals",
sprach der Igel zur Giraffe.
Die Giraffe sagte: „Falls."

James Krüss

Hilfe	fallen	helfen	elf
Hof	gefallen	hilft	
Saft		geholfen	

49

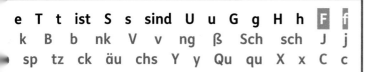

e	T	t	ist	S	s	sind	U	u	G	g	H	h	F	f
k	B	b	nk	V	v	ng	ß	Sch	sch	J	j			
sp	tz	ck	äu	chs	Y	y	Qu	qu	X	x	C	c		

Vorbereitung
• Buchstabenkarten

• Wortabbau und Wortaufbau: Das Wort *helfen* wird mit Buchstabenkarten an die Tafel geheftet. Analog zur Übung in der Fibel (→ Fibel-Seite 48) werden die Buchstabenkarten zuerst nacheinander weggenommen. Dabei lesen die Kinder die entsprechenden Wortteile. Danach wird das Wort zu *hilft* wiederaufgebaut.
• Die Kinder lesen die Wörter aus dem Kasten (→ Fibel-Seite 48).
• Die Kinder schreiben die Wörter aus dem Kasten in ihr Heft (→ Fibel-Seite 49). Zusätzlich markieren sie die neuen Buchstaben.

Differenzierung

Fördern

• den Text *Gute Fee!* (→ Fibel-Seite 48) mit verteilten Rollen lesen und ein Rollenspiel durchführen
• Wörter mit *F f* sammeln; zunächst Wörter mit *F f* im Anlaut, dann auch Wörter mit *f* im Inlaut

Fordern

• Wörter mit *F f* (ggf. mithilfe der Bücherwurm-Lauttabelle) schreiben oder stempeln
• eine Geschichte zum Thema *Gute Fee* erzählen bzw. dazu Sätze oder einen kurzen Text (ggf. mithilfe der Bücherwurm-Lauttabelle) schreiben

Weitere Anregungen

• Idee für das Buchstabenheft (→ Lehrerband-Seite 22): eine Feder anschrägen und mit Tinte *F f* schreiben; die Feder kann auch an der Fahne in Tinte/Farbe getaucht und damit die Seite verziert werden
• fächerübergreifender Unterricht (Musik): Lied: Fli-Fla-Fledermaus

Seite 50/51

Laut- und Buchstabengewinnung

- *R r* aus den Schlüsselwörtern *Rose* und *raten* gewinnen
- zum Bild passende Wörter mit dem Laut *r* sammeln
- Wörter mit *R r* im Anlaut (Regen, Roller, Rat, Rassel, regnen, rollen, raten, rasseln) lesen
- das Lautbild zu *R r* einführen (Rakete)
- Artikulation: den Artikulationsort des Reibelautes *r* durch die Auflage einer Hand am Kehlkopf erspüren

Arbeiten mit Text und Bild

- Das Bild wird betrachtet. Die Kinder äußern sich zunächst frei.
- *R r* wird eingeführt: die Buchstaben an die Tafel schreiben und den Laut dazu sprechen.
- Wortaufgliederung: Die Wörter *Rose* und *raten* werden an die Tafel geschrieben. Die Kinder schwingen die Silben dazu. Analog zur Übung in der Fibel (→ Fibel-Seite 50) werden die neuen Buchstaben analysiert. Zusätzlich werden die Könige gekennzeichnet.
- Das Lautbild wird eingeführt.
- Die Kinder suchen im Bild nach Wörtern, die den Laut *r* enthalten und sagen, an welcher Stelle im Wort sie ihn hören (am Anfang, in der Mitte oder am Ende).
- Die Texte *Rate mal!* (Niveau 1, → Fibel-Seite 50) und *Alle raten mit* (Niveau 2, → Fibel-Seite 51) werden gelesen und inhaltlich besprochen. Die kleinen Illustrationen helfen dabei, die Antworten zu finden. Die Kinder denken sich anschließend eigene Rätsel aus.
- Das Gedicht (Niveau 3, → Fibel-Seite 51) wird von der Lehrkraft oder lesestarken Kindern vorgelesen. Die Kinder sagen, was aus den Wörtern ohne bzw. mit *R* wird.

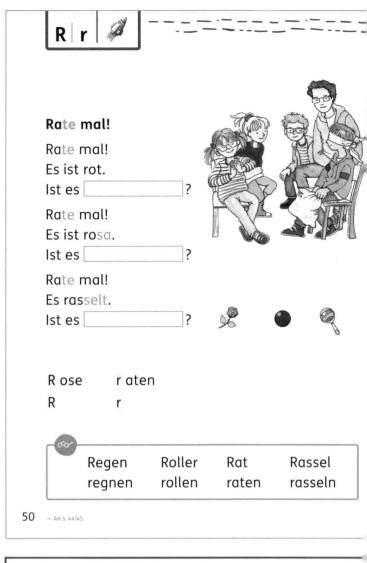

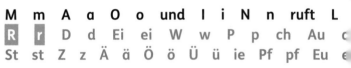

→AH S. 44/45
→KV 46: R r

Alle raten mit

Er ist rot und rollt herum. ●
Es turnt im Nest.
Er sammelt Futter.
Es rennt und rennt.
Er frisst Samen.

Alle lernen es.
Gans Olga isst es am Morgen.
Nina und Nino tun es gern.
Emil und Moni tun es gern.

Eine leckere Weintraube wird ohne R zur ...
Die Bettdecke, vorher bequem,
wird mit einem R unangenehm.

Horst Klein

rollen	rufen	lernen	rot	ihr
er rollt	er ruft	er lernt	nur	ihre

51

e	T	t	ist	S	s	sind	U	u	G	g	H	h	F	f
k	B	b	nk	V	v	ng	ß	Sch	sch	J	j
sp	tz	ck	äu	chs	Y	y	Qu	qu	X	x	C	c

Lese- und Schreibübungen

- Die Kinder lesen die Wörter aus dem Kasten (→ Fibel-Seite 50).
- Die Kinder schreiben die Wörter aus dem Kasten in ihr Heft (→ Fibel-Seite 51). Zusätzlich markieren sie die neuen Buchstaben.

Differenzierung

Fördern

- Wörter mit und ohne *R r* im Anlaut sprechen und die Kehlkopfprobe durchführen
- Wörter mit *R r* im Anlaut sprechen und verschiedene Lautvarianten zur Bewusstmachung des Lautes ausprobieren (z. B. normales *r*, rollendes *r*, gurgeln mit Wasser)

Fordern

- wie bei dem Gedicht (→ Fibel-Seite 51) bei weiteren Wörtern Buchstaben wegnehmen und überlegen, welches Wort entsteht (z. B. Schulklasse ohne zweites *l*, Kopfschmerz ohne *m*)
- bei dem Wort *Roller er* markieren und den Klang erkunden (vokalisiertes *r*, klingt wie *a*)
- Wörter mit *R r* sammeln und Wortgruppen bilden (z. B. rote Röcke, runde Räder, rastlose Räuber)

Weitere Anregungen

- Idee für das Buchstabenheft (→ Lehrerband-Seite 22): in den Hohlbuchstaben von *R* Reiskörner kleben

Seite 52/53

Laut- und Buchstabengewinnung

- *D d* aus den Schlüsselwörtern *Dose* und *du* gewinnen
- Wörter mit *D d* im Anlaut (Dose, Durst, durstig, der, den, dem, du, da, dort) und Inlaut (Limonade) sowie Wörter mit Auslautverhärtung (Hand, Hund, Mund, und, gesund) lesen
- das Lautbild zu *D d* einführen (Dusche)

Arbeiten mit Text und Bild

- Die Bilder werden betrachtet. Die Kinder äußern sich zunächst frei.
- *D d* wird eingeführt: die Buchstaben an die Tafel schreiben und den Laut dazu sprechen.
- Wortaufgliederung: Die Wörter *Dose* und *du* werden an die Tafel geschrieben. Die Kinder schwingen die Silben dazu. Analog zur Übung in der Fibel (→ Fibel-Seite 52) werden die neuen Buchstaben analysiert. Zusätzlich werden die Könige gekennzeichnet.
- Das Lautbild wird eingeführt.
- Die Texte *Dora und Fiffi* (Niveau 1, → Fibel-Seite 52) und *Tilo und Fiffi* (Niveau 2, → Fibel-Seite 53) werden unter Einbezug der Bilder gelesen und inhaltlich besprochen.
- Das Gedicht (Niveau 3, → Fibel-Seite 53) wird von der Lehrkraft oder lesestarken Kindern vorgelesen. Zusätzlich werden die Aufgaben eines Tierpflegers besprochen.

| D | d |

Dora und Fiffi

① Dora und Fiffi sind Affen. Das ist Fiffi.

② Und das ist Dora, Fiffis Mutter.

③ Fiffi nimmt Doras Hand in den Mund.

④ Dora hat Fiffi im Arm.

D ose   d u
D   d

Dose	Durst	Hand	der	du
Rose	durstig	Hund	den	da
		Mund	dem	dort
Limo		und		
Limonade	gesund			

M	m	A	a	O	o	und	I	i	N	n	ruft	L
R	r	D	d	Ei	ei	W	w	P	p	ch	Au	
St	st	Z	z	Ä	ä	Ö	ö	Ü	ü	ie	Pf	pf	Eu	

→AH S. 46/47
→KV 47: D d

64

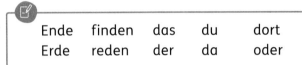

Tilo und Fiffi

Das ist Tilo.

Und das ist Tilos Limonade.

Fiffi hat Durst.
Er nimmt Tilos Limonade –
und fort ist er!

Von Giraffen und Affen

Ein Freund von mir redet mit Giraffen
und mit kleinen frechen Affen.
Na ja, er ist Direktor in einem Zoo.
Das macht man da so.

Ich habe keinen Zoo.
Dafür einen Kater mit eigenem Klo.

Heinz Janisch

Ende	finden	das	du	dort
Erde	reden	der	da	oder

53

e	T	t	ist	S	s	sind	U	u	G	g	H	h	F	f
k	B	b	nk	V	v	ng	ß		Sch	sch	J	j		
o	sp	tz	ck	äu	chs	Y	y	Qu	qu	X	x	C	c	

Lese- und Schreibübungen

- Die Kinder lesen die Wörter aus dem Kasten (→ Fibel-Seite 52). Zusätzlich werden bei den Wörtern *Hand, Hund* und *Mund* der Plural und bei *gesund* eine Verlängerungsform gebildet, um das *d* „hörbar" zu machen.
- Die Kinder schreiben die Wörter aus dem Kasten in ihr Heft (→ Fibel-Seite 53). Zusätzlich markieren sie die neuen Buchstaben.

Differenzierung
Fördern

- mit den Wörtern *das, der, den, du, da, dann, dort* und *oder* Sätze bilden

Fordern

- eine Dose mit Wörtern mit *D d* füllen: Jedes Kind schreibt so viele Wörter mit *D d* im Anlaut auf kleine Zettel, wie ihm einfallen, und wirft sie in eine Dose. Alle Wörter werden anschließend gelesen und gezählt.
- zu den Fotos (→ Fibel-Seite 52) einen eigenen Text (ggf. mithilfe der Bücherwurm-Lauttabelle) schreiben

Weitere Anregungen

- Idee für das Buchstabenheft (→ Lehrerband-Seite 22): *D d* aus Pappe ausschneiden und dazu Wörter mit *D d* im Anlaut malen und (ggf. mithilfe der Bücherwurm-Lauttabelle) schreiben
- den Text *Dora und Fiffi* (→ Fibel-Seite 52) als Laufdiktat schreiben
- die Geschichte *Tilo und Fiffi* (→ Fibel-Seite 53) weitererzählen: Was passiert, wenn Tilo merkt, dass seine Limonade weg ist?
- fächerübergreifender Unterricht (Musik): Lied: Die Affen rasen durch den Wald

Seite 54/55

Laut- und Buchstabengewinnung

- *Ei ei* aus den Schlüsselwörtern *Eis* und *teilen* gewinnen
- zum Bild passende Wörter mit dem Laut *ei* sammeln
- Wörter mit *Ei ei* im Anlaut (Ei, Eis) und Inlaut (Reis, Leiter, Reiter, heiter, teilen, heilen, reisen, rein, nein, mein) lesen
- das Lautbild zu *Ei ei* einführen (Eis)

Arbeiten mit Text und Bild

- Das Bild wird betrachtet. Die Kinder äußern sich zunächst frei.
- *Ei ei* wird eingeführt: die Buchstabenverbindung an die Tafel schreiben, den Laut dazu sprechen und mit Krone kennzeichnen.
- Wortaufgliederung: Die Wörter *Eis* und *teilen* werden an die Tafel geschrieben. Die Kinder schwingen die Silben dazu. Analog zur Übung in der Fibel (→ Fibel-Seite 54) wird die neue Buchstabenverbindung analysiert. Zusätzlich werden die Könige gekennzeichnet.
- Das Lautbild wird eingeführt.
- Die Kinder suchen im Bild nach Wörtern, die den Laut *ei* enthalten und sagen, an welcher Stelle im Wort sie ihn hören (am Anfang, in der Mitte oder am Ende).
- Die Texte *Nino teilt gern* (Niveau 1, → Fibel-Seite 54) und *Teilt Nina?* (Niveau 2, → Fibel-Seite 55) werden gelesen und inhaltlich besprochen.
- Das Gedicht (Niveau 3, → Fibel-Seite 55) wird von der Lehrkraft oder lesestarken Kindern vorgelesen und besprochen: Was bedeutet brüderlich teilen? Wird hier brüderlich geteilt?

→AH S. 48/49
→KV 48: Ei ei

Teilt Nina?

Nina hat eine Mandarine,
eine Mandarine allein.
Nina sagt: „Mmmh. Das ist gut.“
Nino mag Mandarinen.
Teilt Nina mit Nino?
Nina teilt gern mit Nino!
Nino findet das fein.
Er sagt: „Toll, Nina!“

Komm, wir teilen brüderlich
den Apfel in der Mitte.
Zwei der Hälften esse ich,
und du bekommst die dritte.

Frantz Wittkamp

| Ei | ein | sein | mein | drei |
| Eier | eine | seine | meine | fein |

55

e	T	t	ist	S	s	sind	U	u	G	g	H	h	F	f
k	B	b	nk	V	v	ng	ß	Sch	sch	J	j
sp	tz	ck	äu	chs	Y	y	Qu	qu	X	x	C	c

Lese- und Schreibübungen

- Die Kinder lesen die Wörter aus dem Kasten (→ Fibel-Seite 54).
- Die Kinder schreiben die Wörter aus dem Kasten in ihr Heft (→ Fibel-Seite 55). Zusätzlich markieren sie die neue Buchstabenverbindung.

Differenzierung

Fördern

- in einem Text *Ei ei* markieren
- die Silben von langen Wörtern aus den beiden Wort-Bild-Texten (→ Fibel-Seite 54/55) schwingen und zählen

Fordern

- Eissorten sammeln und nach Silbenanzahl ordnen

Weitere Anregungen

- Idee für das Buchstabenheft (→ Lehrerband-Seite 22): Die Kinder malen ein großes Ei oder eine Eiswaffel mit Kugeln. Aus der Zeitung werden Wörter mit *Ei ei* ausgeschnitten und in das Ei bzw. die Eiskugeln geklebt.
- Die Kinder denken sich Reime mit Wörtern aus dem Kasten aus (→ Fibel-Seite 54).
- über das Teilen sprechen: Hast du schon einmal geteilt? Teilst du gerne? Hat schon einmal jemand etwas mit dir geteilt, worüber du dich gefreut hast? Was teilst du gerne und was nicht?

Seite 56

Erläuterung zur Strategie/Methode

• Um Wörter gut betont lesen zu können, ist die Beachtung der Silbeneinheiten wichtig. Bei zweisilbigen Wörtern liegt die Betonung stets auf der ersten Silbe. Die zweite Silbe enthält oftmals ein Reduktions-e, das kaum hörbar ist (→ Lehrerband-Seite 4). Wird diese Regularität an der Schrift beobachtet bzw. wie auf dieser Seite explizit darauf hingewiesen, so kann dies später auf das orthografische Schreiben übertragen werden.

Anwendungsmöglichkeiten

• Zunächst müssen mit den Kindern das Crescendo- sowie Decrescendo-Zeichen (musikalisches Zeichen für allmählich lauter bzw. leiser werdend) und die Zeichen für Kurzvokal (Punkt unter dem König) sowie Langvokal (Strich unter dem König) geklärt werden.
• Aufgabe 1: Beim ersten Lesen der Wörter muss insbesondere auf die richtige Artikulation (Lang-/Kurzvokal) geachtet werden. Beim wiederholten Lesen sollte zusätzlich die Betonung der ersten Silbe berücksichtigt werden.
• Aufgabe 2: Die Kinder werden bei diesen Wörtern auf das e in der zweiten Silbe aufmerksam gemacht: Schau dir die Wörter genau an und überlege, welcher Vokal sich hinter den grünen Punkten versteckt.

Differenzierung

Fördern

• Die Wörter von Fibel-Seite 40 werden erneut und mit richtiger Betonung gelesen. Anschließend werden sie in den Silbenfarben (schwarz/grün) abgeschrieben. Das e in der zweiten Silbe wird markiert.

Fordern

• auf den vorhergehenden Seiten weitere zweisilbige Wörter suchen, die ebenfalls ein e in der zweiten Silbe enthalten

Weitere Anregungen

• Wortkarten mit zweisilbigen Verben oder Substantiven nach Lang- und Kurzvokal in der ersten Silbe sortieren

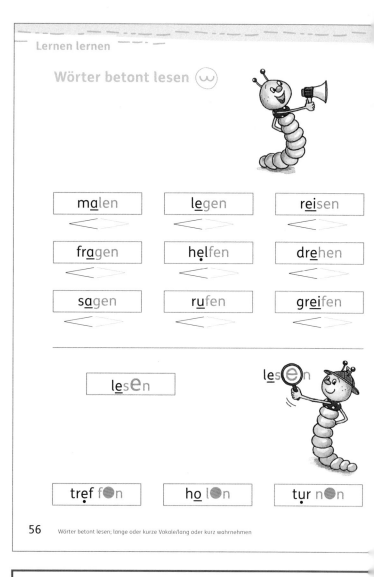

→KV 49: Wörter betont lesen

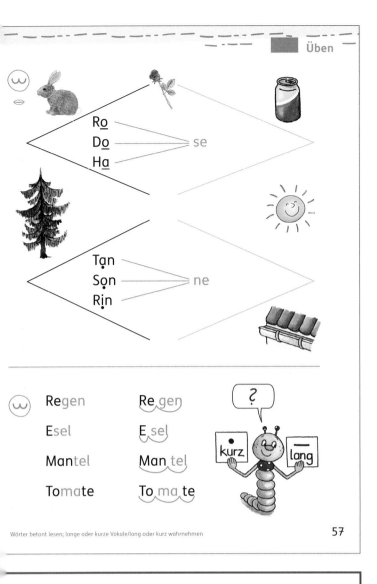

Lernziele/Kompetenzen

Die Kinder
- unterscheiden lange und kurze Vokale in der ersten Silbe eines Wortes,
- setzen Silben zu Wörtern zusammen,
- betonen beim Lesen zweisilbiger Wörter die erste Silbe.

Anregungen für den Unterricht

- Aufgabe 1: Die Wörter werden zu den Bildern gesprochen und die passenden Silben gesucht. Die Kinder sollen beim Lesen sowohl auf die Betonung der ersten Silbe (Crescendo-Zeichen) achten als auch auf die Vokallänge.
- Aufgabe 2: Die Wörter *Regen, Esel, Mantel* und *Tomate* werden gelesen. Für jeden Buchstaben legen die Kinder einen Muggelstein vor sich auf den Tisch. Danach lesen sie die Wörter mit den gesetzten Silbenbögen noch einmal und schwingen unter den ausliegenden Muggelsteinen die Silbenbögen auf den Tisch. Anschließend werden die Kinder auf das *e* in der letzten Silbe aufmerksam gemacht (z. B. Was haben die hinteren Silben der Wörter auf dieser Seite gemeinsam?). Die Lehrkraft erklärt, dass das *e* in der letzten Silbe nicht hörbar ist, wenn man in normaler Geschwindigkeit spricht.

Differenzierung

Fördern

- Die Kinder schwingen bei bildlich dargestellten zweisilbigen Wörtern die Silben. Anschließend verschriften sie die Wörter (ggf. mithilfe der Bücherwurm-Lauttabelle) und markieren den Vokal der ersten Silbe durch das entsprechende Zeichen (Strich/Punkt).

Fordern

- Aufgabe 1: weitere zweisilbige Wörter mit den Endsilben -se und -ne sammeln, (ggf. mithilfe der Bücherwurm-Lauttabelle) verschriften, Silbenbögen setzen und vorlesen (dabei auf die richtige Betonung achten)

Weitere Anregungen

- Die Lehrkraft verteilt Wortlisten mit zweisilbigen Wörtern. Die Kinder setzen die Silbenbögen und lesen die Wörter. Beim Lesen achten sie auf die Betonung der ersten Silbe.

Vorbereitung
- Muggelsteine

Seite 58

Lernziele/Kompetenzen

Die Kinder

- lesen Wörter mit einem Langvokal in der ersten Silbe und erkennen Reimpaare,
- betonen beim Lesen zweisilbiger Wörter die erste Silbe,
- erkennen die sich wiederholenden Wörter beim Lesen eines Treppensatzes und können diesen dadurch flüssig lesen,
- lesen in Partnerarbeit einen Text sinnverstehend und achten beim Lesen auf die richtige Betonung der Silben.

Anregungen für den Unterricht

- Aufgabe 1: Die Reimpaare werden wiederholt gelesen. Dabei werden die Silben geschwungen. Unterstützend können Bewegungen eingesetzt werden (→ Lehrerband-Seite 23). Außerdem wird beim Lesen auf die Betonung der ersten Silbe und die deutliche Artikulation des Langvokals geachtet.
- Aufgabe 2: Der Treppensatz wird gelesen. Der Lesepfeil kann helfen, auf die richtige Zeile zu fokussieren (→ Lehrerband-Seite 140). Die Kinder sollten zu einem flüssigen Lesen ermutigt werden (ggf. auf dieselbe Satzstruktur hinweisen). Beim Wort *holen* wird erneut auf das Reduktions-e aufmerksam gemacht.
- Aufgabe 3: Der Text wird im Lesetandem (→ Lehrerband-Seite 11) gelesen. Das kontrollierende Kind soll vordergründig auf die Betonung der Silben achten. Anschließend beantworten die Kinder Fragen zum Text: Welcher Wochentag ist es? Mit wem teilt Ali sein Eis? Treffen sich Anna und Ali?

Differenzierung

Fördern

- Aufgabe 1: bei bildlich dargestellten zweisilbigen Reimpaaren die Silben schwingen

Fordern

- Aufgabe 2: Die Kinder überlegen sich allein/in Partnerarbeit einen eigenen Treppensatz.

Weitere Anregungen

- Die Lehrkraft diktiert weitere zweisilbige Wörter mit Reduktions-e. Die Kinder schreiben die Wörter (ggf. mithilfe der Bücherwurm-Lauttabelle) auf, setzen die Silbenbögen und kennzeichnen die Vokale.
- Weitere Treppensätze werden zeilenweise an die Tafel geschrieben. Die Kinder vermuten, wie der Satz weitergeht. Beispiele finden sich bei Bartnitzky, Horst: Grammatikunterricht in der Grundschule. Berlin 2017, S. 150.

Üben

⬦ Reime!

| Hase | Hose | Leiter | drehen | fegen |
| Nase | Rose | Reiter | gehen | legen |

In der Turnhalle

Tim
Tim und
Tim und Otto
Tim und Otto holen
Tim und Otto holen Seile
Tim und Otto holen Seile und
Tim und Otto holen Seile und Matten.

⧄ Anna und Ali

Es ist Sonntag.
Ali ruft Anna an.
Ali fragt: „Magst du Eis essen, Anna?"
Ali hat ein Eis.
Er teilt sein Eis mit Anna.
Ali mag Anna.

58   Wörter betont lesen; Blickfeld erweitern – unbetontes „e" erkennen; mit einem Partner lesen

M	m	A	a	O	o	und	I	i	N	n	ruft	L
R	r	D	d	Ei	ei	W	w	P	p	ch	Au	
St	st	Z	z	Ä	ä	Ö	ö	Ü	ü	ie	Pf	pf	Eu

Vorbereitung

- ggf. Lesepfeil

mei …			Frei …	
dei …	… ne		Sams …	
sei …			Sonn …	… tag
ho …	… fen		Mon …	
hel …	… den			
re …	… len			

holen

Has e

Hase Ole

Hase Ole mag

Hase Ole mag Salat

Hase Ole mag Salat und

Hase Ole mag Salat und eine  .

Anna und Ali

Es ist Sonntag.

„Hallo", ruft Ali ins Telefon.

„Guten Tag, Anna. Geht es dir gut?"

Anna sagt: „Mir geht es gut."

Ali fragt: „Magst du Eis

essen gehen, Anna?"

Ali trifft Anna am Eisladen.

Er teilt sein Eis mit Anna.

Mag Ali Anna?

betonte und unbetonte Silben verbinden; Blick erweitern – unbetontes „e" erkennen; mit einem Partner lesen   59

---

e	T	t	ist	S	s	sind	U	u	G	g	H	h	F	f
k	B	b	nk	V	v	ng	ß	Sch		sch	J	j		
p	sp	tz	ck	äu	chs	Y	y	Qu	qu	X	x	C	c	

Vorbereitung
• ggf. Lesepfeil

Seite 59

Lernziele/Kompetenzen

Die Kinder
• setzen Silben zu Wörtern zusammen,
• erkennen die sich wiederholenden Wörter beim Lesen eines Treppensatzes und können diesen dadurch flüssig lesen,
• lesen in Partnerarbeit einen Text sinnverstehend und achten beim Lesen auf die richtige Betonung der Silben.

Anregungen für den Unterricht

• Aufgabe 1: Die Kinder bilden aus den Silben Wörter und lesen diese vor. Anschließend schreiben sie die Wörter in ihr Heft.
• Aufgabe 2: Der Treppensatz wird gelesen. Der Lesepfeil kann helfen, auf die richtige Zeile zu fokussieren (→ Lehrerband-Seite 140). Die Kinder sollten zu einem flüssigen Lesen ermutigt werden (ggf. auf dieselbe Satzstruktur hinweisen). Beim Wort *Hase* wird erneut auf das Reduktions-e aufmerksam gemacht.
• Aufgabe 3: Der Text wird im Lesetandem (→ Lehrerband-Seite 11) gelesen. Das kontrollierende Kind soll vordergründig auf die Betonung der Silben achten. Anschließend beantworten die Kinder Fragen zum Text: Wie begrüßt Ali Anna am Telefon? Wie geht es Anna? Wo treffen sich die beiden?

Differenzierung
Fördern

• Aufgabe 1: Die Silben werden auf Karten in Puzzleform angeboten, die die Kinder zu Wörtern zusammenfügen können. Die entstehenden Wörter werden aufgeschrieben und die Silbenbögen gesetzt.

Fordern

• Aufgabe 2: Ausgehend vom Anfang des Treppensatzes *Hase …* führen die Kinder diesen eigenständig fort und lesen die fertigen Sätze vor.

Weitere Anregungen

• Aufgabe 3: Rollenspiel: das Telefonat von Ali und Nina anhand der Textvorlage nachspielen und frei ausschmücken

Seite 60/61

Laut- und Buchstabengewinnung

- *W w* aus den Schlüsselwörtern *Wetter* und *windig* gewinnen
- zum Bild passende Wörter mit dem Laut *w* sammeln
- Wörter mit *W w* im Anlaut (Wind, windig, was, Wasser, wann, wenn, wo, wer) und zusammengesetzte Substantive/Komposita mit dem Bestimmungswort *Wind* und dem Grundwort *Wasser* lesen
- das Lautbild zu *W w* einführen (Wolke)

Arbeiten mit Text und Bild

- Das Bild wird betrachtet. Die Kinder äußern sich zunächst frei.
- *W w* wird eingeführt: die Buchstaben an die Tafel schreiben und den Laut dazu sprechen.
- Wortaufgliederung: Die Wörter *Wetter* und *windig* werden an die Tafel geschrieben. Die Kinder schwingen die Silben dazu. Analog zur Übung in der Fibel (→ Fibel-Seite 60) werden die neuen Buchstaben analysiert. Zusätzlich werden die Vokallänge in der ersten Silbe durch Punkt/Strich und – falls vorhanden – das *e* in der zweiten Silbe gekennzeichnet.
- Das Lautbild wird eingeführt.
- Die Kinder suchen im Bild nach Wörtern, die den Laut *w* enthalten und sagen, an welcher Stelle im Wort sie ihn hören (am Anfang, in der Mitte oder am Ende).
- Der Text *Was tust du ...?* (Niveau 1, → Fibel-Seite 60) wird gelesen. Zusätzlich wird besprochen: Was tust du bei den verschiedenen Wetterlagen?
- Die Wörter unter *Allerlei Wetter* (Niveau 2, → Fibel-Seite 61) werden nach dem vorgegebenen Beispiel zusammengesetzt. Die zusammengesetzten Substantive/Komposita werden an die Tafel geschrieben und die einzelnen Substantive farbig markiert.
- Das Gedicht (Niveau 3, → Fibel-Seite 61) wird von der Lehrkraft oder lesestarken Kindern vorgelesen.

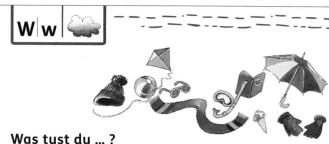

W | w 🌧

Was tust du ... ?

Was tust du, wenn es regnet?
Was tust du, wenn es windig ist?
Was tust du, wenn es warm ist?
Was tust du, wenn es heiter ist?
Was tust du, wenn es hagelt?
Was tust du, wenn es eisig ist?
Was tust du, wenn es Winter wird?
Was tust du, wenn es Sommer wird?

Wir lesen, wenn es regnet. Und du?

W etter   w indig
W   w

Wind	was	wann
Seewind	Wasser	wenn
Nordwind	Wassereis	wo
windig	Wassermelone	wer

→ AH S. 52/53

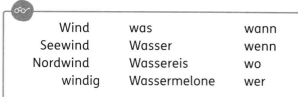

M	m	A	a	O	o	und	I	i	N	n	ruft	L
R	r	D	d	Ei	ei	**W**	**w**	P	p	ch	Au	a
St	st	Z	z	Ä	ä	Ö	ö	Ü	ü	ie	Pf	pf	Eu	e

→AH S. 52/53
→KV 50: W w

Allerlei Wetter

| HAHN | WINTER | WANDERN | HUNDE |

WETTER

| SOMMER | REGEN | FAHNE | REISE |

So geht es: Winter + Wetter = Winterwetter

Zeitvertreib
Was wollen wir machen?
Auf dem Kopf stehen und lachen!
Was wollen wir spielen?
Auf dem Kopf stehen und schielen!

| Winter | werden | wollen | was |
| Wetter | wird | warten | wir |

61

e	T	t	ist	S	s	sind	U	u	G	g	H	h	F	f
k	B	b	nk	V	v	ng	ß	Sch	sch	J	j
sp	tz	ck	äu	chs	Y	y	Qu	qu	X	x	C	c

Lese- und Schreibübungen

- Die Kinder lesen die Wörter aus dem Kasten (→ Fibel-Seite 60). Zusätzlich werden die zusammengesetzten Substantive/Komposita *Seewind*, *Nordwind*, *Wassereis* und *Wassermelone* an die Tafel geschrieben und die einzelnen Substantive farbig markiert.
- Die Kinder schreiben die Wörter aus dem Kasten in ihr Heft (→ Fibel-Seite 61). Zusätzlich markieren sie die neuen Buchstaben.

Differenzierung

Fördern

- sich gegenseitig Fragen stellen (Was tust du, wenn ...?); sich eigene Fragen ausdenken und (ggf. mithilfe der Bücherwurm-Lauttabelle) verschriften
- Die Kinder denken sich weitere zusammengesetzte Substantive/Komposita mit *Wind/Wasser* wie im Kasten aus (→ Fibel-Seite 60).

Fordern

- Die Kinder kennzeichnen die von ihnen abgeschriebenen zweisilbigen Wörter aus dem Kasten (→ Fibel-Seite 61) mit Crescendo-/Decrescendo-Zeichen, markieren das *e* in der zweiten Silbe und sprechen die Wörter betont.

Weitere Anregungen

- Idee für das Buchstabenheft (→ Lehrerband-Seite 22): an dem Umriss eines Wals oder einer Wolke *W w* entlangschreiben und in den Umriss Wörter mit *W w* (ggf. mithilfe der Bücherwurm-Lauttabelle) schreiben oder stempeln
- Spiel: *Ich sehe was, was du nicht siehst* in der Variante: Ich sehe was, was du nicht siehst, und das hat den Laut *w* am Wortanfang.
- Die Lehrkraft erzählt eine Geschichte und stellt dazu W-Fragen: Wer ...? Wann ...? Wo ...? Was ... (passiert)?

Seite 62/63

Laut- und Buchstabengewinnung

- *P p* aus den Schlüsselwörtern *Papa* und *Opa* gewinnen
- Wörter mit *P p* im Anlaut (Papa, Papi, poltern, pusten, prima) und Inlaut (Papa, Papi, Opa, Opi, hupen, super) lesen
- das Lautbild zu *P p* einführen (Pinsel)

Arbeiten mit Text und Bild

- Das Bild wird betrachtet. Die Kinder äußern sich zunächst frei.
- *P p* wird eingeführt: die Buchstaben an die Tafel schreiben und den Laut dazu sprechen.
- Wortaufgliederung: Die Wörter *Papa* und *Opa* werden an die Tafel geschrieben. Die Kinder schwingen die Silben dazu. Analog zur Übung in der Fibel (→ Fibel-Seite 62) werden die neuen Buchstaben analysiert. Zusätzlich wird die Vokallänge in der ersten Silbe durch Punkt/Strich gekennzeichnet.
- Das Lautbild wird eingeführt.
- Die Texte *Ein Sonntag* (Niveau 1, → Fibel-Seite 62) und *Das Fernsehprogramm* (Niveau 2, → Fibel-Seite 63) werden gelesen und die Fragen dazu beantwortet.
- Die Kinder entnehmen dem Fernsehprogramm, zu welcher Uhrzeit die Sendungen *Grusel im Piratenpalast* und *Pluto, der Papagei* laufen.
- Das Gedicht (Niveau 3, → Fibel-Seite 63) wird von der Lehrkraft oder lesestarken Kindern vorgelesen und durch wiederholtes chorisches Sprechen auswendig gelernt.

P | p

Ein Sonntag

Opa, Nina und Nino lesen.
Papa ruft: „Nudelsuppe!"
Nina antwortet: „Nudelsuppe!
Super, Papi!"
Nino poltert mit den Tellern.
Opa sagt:
„So eine Pleite!
Pute ist feiner!"
Papagei Lori plappert: „So eine Pleite!"

1 Was isst Nina gern?

2 Warum sagt Opa „So eine Pleite"?

Papa	Opa
P p	p

Papa
Pap
Pa
P
Pa
Pap
Papa
Papag
Papagei

Papa	Opa	poltern	hupen	pusten
Papi	Opi	er poltert	super	prima

62   → AH S. 54/55

M	m	A	a	O	o	und	I	i	N	n	ruft	L
R	r	D	d	Ei	ei	W	w	**P**	**p**	ch	Au	
St	st	Z	z	Ä	ä	Ö	ö	Ü	ü	ie	Pf	pf	Eu	

→AH S. 54/55
→KV 51: P p

Das Fernsehprogramm

☺	Programm
15:00 - 15:30 Uhr	Hase Hoppel
15:30 - 17:00 Uhr	Pluto, der Papagei
17:00 - 17:15 Uhr	Grusel im Piratenpalast

Es regnet und regnet.
Papa fragt: „Was wollen wir tun?"
Nino sagt: „Fernsehen, Papa."
Opa ruft hinter dem Laptop: „Prima Idee!"
Papa fragt: „Was wollen wir sehen?"
Nina und Nino lesen das Programm.
Nino antwortet: „Pluto, der Papagei."
Nina antwortet: „Grusel im Piratenpalast."
Da fragt Opa: „Wollen wir losen?"

1 Warum lesen Nina und Nino das Programm?

2 Warum will Opa losen?

Auf den sieben Robbenklippen
sitzen sieben Robbensippen,
die sich in die Rippen stippen,
bis sie von den Klippen kippen.

Ampel	Suppe	April	Papa	Opa
	Puppe		Papi	Opi

63

e	T	t	ist	S	s	sind	U	u	G	g	H	h	F	f
k	B	b	nk	V	v	ng	ß	Sch	sch	J	j			
sp	tz	ck	äu	chs	Y	y	Qu	qu	X	x	C	c		

Vorbereitung
• Buchstabenkarten

• Wortabbau und Wortaufbau: Das Wort *Papa* wird mit Buchstabenkarten an die Tafel geheftet. Analog zur Übung in der Fibel (→ Fibel-Seite 62) werden die Buchstabenkarten zuerst nacheinander weggenommen. Dabei lesen die Kinder die entsprechenden Wortteile. Danach wird das Wort zu *Papagei* wiederaufgebaut.
• Die Kinder lesen die Wörter aus dem Kasten (→ Fibel-Seite 62).
• Die Kinder schreiben die Wörter aus dem Kasten in ihr Heft (→ Fibel-Seite 63). Zusätzlich markieren sie die neuen Buchstaben.

Differenzierung
Fördern

• weitere Wörter mit den bereits eingeführten Buchstaben und *P p* sammeln

Fordern

• Die Wörter *Suppe* und *Puppe* werden an die Tafel geschrieben, die Silbenbögen gesetzt und der Kurzvokal in der ersten Silbe durch einen Punkt gekennzeichnet. Die Kinder schwingen die Silben der beiden Wörter. Dadurch „hören" sie den Doppelkonsonanten.

Weitere Anregungen

• Idee für das Buchstabenheft (→ Lehrerband-Seite 22): in den Umriss eines Papageis *P p* schreiben; eine Sprechblase an den Papagei setzen und einen kurzen Satz (ggf. mithilfe der Bücherwurm-Lauttabelle) hineinschreiben
• über das eigene Fernsehverhalten sprechen
• das aktuelle Fernsehprogramm anschauen und über Sendungen sprechen

Seite 64/65

Laut- und Buchstabengewinnung

- *ch* aus den Schlüsselwörtern *ich/Licht* und *Nacht* gewinnen
- Wörter mit ich-Laut (Licht, Wicht, ich, mich, richtig, wichtig) und ach-Laut (Dach, Sachen, lachen, wachen, nach, wach) lesen
- die Lautbilder zu *ch* einführen (ich-Laut: Teppich, ach-Laut: Buch)
- Artikulation: auf Unterscheidung von verschiedenen Varianten des ch-Lauts achten

Arbeiten mit Text und Bild

- Das Bild wird betrachtet. Die Kinder überlegen, worum es im Text geht.
- *ch* wird eingeführt: die Buchstabenverbindung an die Tafel schreiben und die Lautvarianten dazu sprechen.
- Wortaufgliederung: Die Wörter *Licht* und *Nacht* werden an die Tafel geschrieben. Die Kinder schwingen die Silben dazu. Analog zur Übung in der Fibel (→ Fibel-Seite 64) wird die neue Buchstabenverbindung analysiert. Zusätzlich wird über die verschiedenen Varianten des ch-Lauts gesprochen. Außerdem wird die Vokallänge durch Punkt/Strich gekennzeichnet.
- Die Lautbilder werden eingeführt. Auf die Unterscheidung von verschiedenen Varianten des ch-Lauts achten.
- Die Texte *In der Nacht* (Niveau 1, → Fibel-Seite 64) und *Futtersuche* (Niveau 2, → Fibel-Seite 65) werden gelesen und die Fragen dazu beantwortet.
- Das Gedicht (Niveau 3, → Fibel-Seite 65) wird von der Lehrkraft oder lesestarken Kindern vorgelesen. Die Redewendung *nicht dicht sein* wird besprochen.

In der Nacht

In der Nacht werde ich wach.
Was ist los?
Ist da ein Monster?
Ich grusele mich.
Ich mache Licht.
Ich sehe das Flattern
der Gardine im Wind.
Ein Monster war es also nicht.
Ich lache erleichtert.

1 Wer gruselt sich?

2 Was war in der Nacht los?

i ch
Li ch t
ch

a ch
Na ch t
ch

| Licht | ich | richtig | Dach | lachen | nach |
| Wicht | mich | wichtig | Sachen | wachen | wach |

64   → AH S. 56/57

M	m	A	a	O	o	und	I	i	N	n	ruft	L
R	r	D	d	Ei	ei	W	w	P	p	ch	Au	a
St	st	Z	z	Ä	ä	Ö	ö	Ü	ü	ie	Pf	pf	Eu	e

→AH S. 56/57
→KV 52: ch

Futtersuche

Nicht nur Ratten und Feldhamster
suchen nachts nach Futter.
Der  , der Marder und der Uhu
suchen ihr Futter in der Nacht.
Der 🦊 rennt nachts hin und her.
Er holt sich oft Essensreste
und manchmal eine Gans.
Der Igel frisst sich nachts satt.
Und was macht der Wolf?

Wer sucht nachts noch sein Futter?

Ich nicht.

1 Wann suchen der Uhu und der Marder Futter?

2 Wer frisst sich in der Nacht satt?

Ein Pudel
spricht zur Nudel:
Ich mag dich nicht.
Die Nudel
spricht zum Pudel:
Du bist nicht dicht.

Peter Härtling

Licht	ich	acht	machen
nicht	mich	Nacht	nach

65

e	T	t	ist	S	s	sind	U	u	G	g	H	h	F	f
k	B	b	nk	V	v	ng	ß	Sch	sch	J	j			
sp	tz	ck	äu	chs	Y	y	Qu	qu	X	x	C	c		

Lese- und Schreibübungen

- Die Kinder lesen die Wörter aus dem Kasten (→ Fibel-Seite 64). Zusätzlich ordnen sie die Wörter nach ich- und ach-Laut.
- Die Kinder schreiben die Wörter aus dem Kasten in ihr Heft (→ Fibel-Seite 65). Zusätzlich markieren sie die neue Buchstabenverbindung.

Differenzierung

Fördern

- Wort-Bild-Karten mit Wörtern mit *ch* werden ausgelegt und von den Kindern nach ich- und ach-Laut geordnet. Die Karten können unter die Wort-Bild-Karten *Licht* (ich-Laut) und *Nacht* (ach-Laut) gelegt werden.

Fordern

- Die Kinder sammeln Reimpaare mit *ch* und ordnen sie nach ich- und ach-Laut.

Weitere Anregungen

- Idee für das Buchstabenheft (→ Lehrerband-Seite 22): Die Kinder gestalten die eine Hälfte des Blattes hell als „Licht-Seite" und die andere Hälfte dunkel als „Nacht-Seite (z.B. mit Wachsmalstiften). Auf die helle Seite können (ggf. mithilfe der Bücherwurm-Lauttabelle) Wörter mit ich-Laut geschrieben und in die dunkle Seite Wörter mit ach-Laut in das Wachs gekratzt werden.
- über das Alleinsein im Bett sprechen oder (ggf. mithilfe der Bücherwurm-Lauttabelle) schreiben: Wie geht es dir abends im Bett? Was geht dir durch den Kopf? Wie schläfst du ein? Hattest du schon einmal Angst? Was hast du dagegen unternommen?
- fächerübergreifender Unterricht (Sachunterricht): über nachtaktive Tiere recherchieren und eine kleine Geschichte (ggf. mithilfe der Bücherwurm-Lauttabelle) schreiben oder in Kleingruppen Informationsbücher/Plakate anfertigen

Seite 66/67

Laut- und Buchstabengewinnung

- *Au au* aus den Schlüsselwörtern *Auto* und *sausen* gewinnen
- Wörter mit *au* im Inlaut (Traum, Raum, Dauer, Mauer, Lauer, Maul, faul, Frau, grau, traurig, sausen, sauer) lesen
- das Lautbild zu *Au au* einführen (Auto)

Arbeiten mit Text und Bild

- Das Bild wird betrachtet. Die Kinder äußern sich zunächst frei.
- *Au au* wird eingeführt: die Buchstabenverbindung an die Tafel schreiben, den Laut dazu sprechen und mit Krone kennzeichnen.
- Wortaufgliederung: Die Wörter *Auto* und *sausen* werden an die Tafel geschrieben. Die Kinder schwingen die Silben dazu. Analog zur Übung in der Fibel (→ Fibel-Seite 66) wird die neue Buchstabenverbindung analysiert. Zusätzlich wird – falls vorhanden – das *e* in der zweiten Silbe gekennzeichnet.
- Das Lautbild wird eingeführt.
- Die Texte *Ninos Traum* (Niveau 1, → Fibel-Seite 66) und *Autos* (Niveau 2, → Fibel-Seite 67) werden gelesen und die Fragen dazu beantwortet. Zusätzlich wird besprochen: Wann fährst du mit dem Auto? Womit könnte man noch fahren? Welche Autos sind wichtig und welche nicht?
- Das Rätsel (Niveau 3, → Fibel-Seite 67) wird von der Lehrkraft oder lesestarken Kindern vorgelesen. Alle erraten die Lösung.

Au | au

Ninos Traum

Nino ist in einem Auto.
Er saust im Traum
mit dem Auto aus dem Raum.
Das Auto saust aus dem Haus.
Das Auto saust um den Turm.
Das Auto saust an eine Mauer.
Aus ist der Traum!

1 Was macht Nino im Traum?

2 Warum ist Ninos Traum aus?

Male deinen Traum!

Au to	s au sen
Au	au

Traum	Dauer	Maul	Frau	sausen
Raum	Mauer	faul	grau	er saust
	Lauer		traurig	sauer

66   → AH S. 58/59

M	m	A	a	O	o	und	I	i	N	n	ruft	L
R	r	D	d	Ei	ei	W	w	P	p	ch	Au	
St	st	Z	z	Ä	ä	Ö	ö	Ü	ü	ie	Pf	pf	Eu

→AH S. 58/59
→KV 53: Au au

Autos

Autos rasen ohne Pause
hin und her – immer mehr.
Autos sind laut und hupen.
Oft wissen wir nicht,
wohin mit ihnen.
Und was machen Autos
mit unserer Umwelt?
Ich frage dich:
Welche Autos sind wichtig und welche nicht?

1 Was ist gut an Autos?

2 Was ist nicht gut an Autos?

Was ist es?
In kleinen Trauben hängt es am Strauch,
ist rot wie Blut und gut schmeckt es auch.

Marga Arndt, Waltraut Singer   Johannisbeere

Maus	Auto	Raupe	laufen	auf
Haus	Auge	Pause	laut	aus
Haut	August			auch

67

e	T	t	ist	S	s	sind	U	u	G	g	H	h	F	f
k	B	b	nk	V	v	ng	ß	Sch	sch	J	j
sp	tz	ck	äu	chs	Y	y	Qu	qu	X	x	C	c

• Die Kinder lesen die Wörter aus dem Kasten (→ Fibel-Seite 66).
• Die Kinder schreiben die Wörter aus dem Kasten in ihr Heft (→ Fibel-Seite 67). Zusätzlich markieren sie die neue Buchstabenverbindung.

Differenzierung

Fördern

• in einem Text *Au au* markieren

Fordern

• Die Kinder kennzeichnen die von ihnen abgeschriebenen zweisilbigen Wörter aus dem Kasten (→ Fibel-Seite 67) mit Crescendo-/Decrescendo-Zeichen, markieren das *e* in der zweiten Silbe und sprechen die Wörter betont (Auge, Raupe, Pause, laufen).
• die Wörter aus dem Kasten (→ Fibel-Seite 66) in Geheimschrift umwandeln: für Großbuchstaben/ Kleinbuchstaben mit Oberlängen einen langen Strich (|), für Kleinbuchstaben einen kurzen Strich (I) und für Kleinbuchstaben mit Unterlängen einen langen Strich bis nach unten (|), für *au* einen Kreis (O)

Weitere Anregungen

• Idee für das Buchstabenheft (→ Lehrerband-Seite 22): in den Umriss eines Auges Wörter mit *Au au* (ggf. mithilfe der Bücherwurm-Lauttabelle) schreiben
• einen eigenen Traum malen (siehe Bücherwurm-Hinweis, → Fibel-Seite 66) und dazu erzählen
• über Tagträume sprechen
• fächerübergreifender Unterricht (Musik): Lakomy, Reinhard/Ehrhardt, Monika: Der Traumzauberbaum

Seite 68/69

Laut- und Buchstabengewinnung

- *K k* aus den Schlüsselwörtern *Klasse* und *Musik* gewinnen
- Wörter mit *K k* im Anlaut (Kiste, Kekse, Kette, Krone, Krokodil, Klasse, kneten, kosten, kauen, kalt, klein, kein) und Inlaut (Kekse, Krokodil) lesen
- das Lautbild zu *K k* einführen (Käfer)

Arbeiten mit Text und Bild

- Das Plakat wird betrachtet. Die Kinder äußern sich zunächst frei.
- *K k* wird eingeführt: die Buchstaben an die Tafel schreiben und den Laut dazu sprechen.
- Wortaufgliederung: Die Wörter *Klasse* und *Musik* werden an die Tafel geschrieben. Die Kinder schwingen die Silben dazu. Analog zur Übung in der Fibel (→ Fibel-Seite 68) werden die neuen Buchstaben analysiert. Zusätzlich werden die Vokallänge in der ersten Silbe durch Punkt/Strich und – falls vorhanden – das e in der zweiten Silbe gekennzeichnet.
- Das Lautbild wird eingeführt.
- Die Überschrift *Das Klassenfest* wird gelesen und Ideen werden gesammelt, wie ein Klassenfest gestaltet werden kann.
- Der Text *Das Klassenfest* (Niveau 1, → Fibel-Seite 68) wird gelesen und die Frage dazu beantwortet.
- Die Kinder überlegen, was auf dem Klassenfest alles gemacht werden soll.
- Der Text *Kannst du es erraten?* (Niveau 2, → Fibel-Seite 69) wird gelesen und die Rätsel werden gelöst (Kamel, Katze, König, Keller). Die Kinder erfinden eine eigene Rateaufgabe.
- Der Zungenbrecher (Niveau 3, → Fibel-Seite 69) wird von der Lehrkraft oder lesestarken Kindern vorgelesen. Dabei wird das *K* betont. Danach wird der Zungenbrecher mit einem Partner gelesen. Die beiden Kinder versuchen, dabei immer schneller zu werden.

K | k

Das Klassenfest

Klara und Nino rufen in der Pause:
„Kinder, kommt alle her!
Lasst uns ein Fest feiern!
Kommt im Kleid mit Krone, als Ritter
im Kettenhemd oder als Krokodil gekleidet!"
Lena ruft: „Toll! Wer macht Musik?"
Klara sagt: „Wir und unser Musiklehrer!"
Nino und Lena rufen:
„Wir machen Kuchen und Kekse
und kochen Kakao."

1 Warum rufen Klara und Nino nach den Kindern?

K lasse	Musi k
K	k

Kiste	Krone	kneten	kalt
Kekse	Krokodil	kosten	klein
Kette	Klasse	kauen	kein

68

→ AH S. 60/61

M	m	A	a	O	o	und	I	i	N	n	ruft	L
R	r	D	d	Ei	ei	W	w	P	p	ch	Au	
St	st	Z	z	Ä	ä	Ö	ö	Ü	ü	ie	Pf	pf	Eu

→ AH S. 60/61
→ KV 54: K k

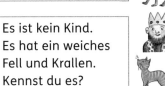

Kannst du es erraten?

Es kommt aus Afrika. Es kommt mit wenig Wasser aus. Kennst du es?	Der Mann hat feine Kleider und eine Krone. Kennst du ihn?
Es ist kein Kind. Es hat ein weiches Fell und Krallen. Kennst du es?	Der Raum ist unten im Haus. Dort ist es meist duster. Kennst du ihn?

1 Kannst du das auch? Es ist ...

Klaus Knopf

Klaus Knopf liebt Knödel,
Klöße und Klöpse.
Klöpse, Klöße und Knödel
liebt Klaus Knopf.

Klasse	Kalender	kaufen	klein
Kleid	Kuchen	kommen	kalt
Kinder		kann	

69

e	T	t	ist	S	s	sind	U	u	G	g	H	h	F	f
k	B	b	nk	V	v	ng	ß	Sch	sch	J	j			
sp	tz	ck	äu	chs	Y	y	Qu	qu	X	x	C	c		

- Die Kinder lesen die Wörter aus dem Kasten (→ Fibel-Seite 68).
- Die Kinder schreiben die Wörter aus dem Kasten in ihr Heft (→ Fibel-Seite 69). Zusätzlich markieren sie die neuen Buchstaben.

Differenzierung

Fördern

- den Text *Das Klassenfest* (→ Fibel-Seite 68) mit verteilten Rollen lesen

Fordern

- besprechen, welche Informationen auf einer Einladung enthalten sein müssen, und eine eigene Einladung zu einem Klassenfest oder einer ausgedachten Feier gestalten

Weitere Anregungen

- Idee für das Buchstabenheft (→ Lehrerband-Seite 22): eine Käferfamilie mit Fingerabdrücken gestalten und darum Wörter mit *K k* (ggf. mithilfe der Bücherwurm-Lauttabelle) schreiben
- ein eigenes Klassen- oder Buchstabenfest planen, Aufgaben untereinander verteilen und das Fest vorbereiten
- analog zum Zungenbrecher (→ Fibel-Seite 69) Sätze mit möglichst vielen Wörtern mit *K k* bilden
- fächerübergreifender Unterricht (Musik): Lied: Erst kommt der Sonnenkäferpapa (verschiedene Sing- und Spielvarianten unter: www.liederlexikon.de)

Seite 70/71

Laut- und Buchstabengewinnung

- *B b* aus den Schlüsselwörtern *Banane* und *haben* gewinnen
- zum Bild passende Wörter mit dem Laut *b* sammeln
- Wörter mit *B b* im Anlaut (Becher, Brett, Baum, bauen, Bitte, bitten, Bad, baden) und Inlaut (Gabel, Leben, leben) sowie Wörter mit kombinatorischer Verhärtung (lebt) lesen
- das Lautbild zu *B b* einführen (Banane)

Arbeiten mit Text und Bild

- Die Zubereitungsanleitung wird betrachtet. Die Kinder äußern sich zunächst frei.
- *B b* wird eingeführt: die Buchstaben an die Tafel schreiben und den Laut dazu sprechen.
- Wortaufgliederung: Die Wörter *Banane* und *haben* werden an die Tafel geschrieben. Die Kinder schwingen die Silben dazu. Analog zur Übung in der Fibel (→ Fibel-Seite 70) werden die neuen Buchstaben analysiert. Zusätzlich werden die Vokallänge in der ersten Silbe durch Punkt/Strich und das *e* in der letzten Silbe gekennzeichnet.
- Das Lautbild wird eingeführt.
- Die Kinder suchen im Bild nach Wörtern, die den Laut *b* enthalten und sagen, an welcher Stelle im Wort sie ihn hören (am Anfang, in der Mitte oder am Ende).
- Die Überschrift *Bananenmilch* wird gelesen. Anhand der Bilder wird erzählt, wie Bananenmilch zubereitet wird.
- Der Text *Bananenmilch* (Niveau 1, → Fibel-Seite 70) wird gelesen und die Frage dazu beantwortet.
- Die Kinder überlegen, was man aus Erdbeeren, Honig und Milch machen könnte.
- Der Text *Eis, Brot, Butter und Bananen* (Niveau 2, → Fibel-Seite 71) wird gelesen und die Fragen dazu werden beantwortet. Der Text kann mit verteilten Rollen gelesen werden.
- Der Zungenbrecher (Niveau 3, → Fibel-Seite 71) wird von der Lehrkraft oder lesestarken Kindern vorgelesen. Danach wird der Zungenbrecher mit einem Partner gelesen. Die beiden Kinder versuchen, dabei immer schneller zu werden.

Bananenmilch

Bananenmilch ist gesund.
Das brauchst du:
Bananen, Milch und Honig.
Das brauchst du auch:
Messer, Gabel, Brett und Becher.
Und so wird Bananenmilch gemacht:

Wir haben noch Erdbeeren, Honig und Milch. Was wollen wir tun?

1 Was kannst du aus Bananen machen?

B anane	ha b en
B	b

Becher	Baum	Bitte	Bad	Leben
Brett	bauen	bitten	baden	leben
Gabel	er baut	er bittet	er badet	es lebt

70   → AH S. 62/63

M	m	A	a	O	o	und	I	i	N	n	ruft	L
R	r	D	d	Ei	ei	W	w	P	p	ch	Au	a
St	st	Z	z	Ä	ä	Ö	ö	Ü	ü	ie	Pf	pf	Eu	e

→ AH S. 62/63
→ KV 55: B b

Eis, Brot, Butter und Bananen

Opa: „Nino, ich brauche Hilfe.
Kaufe bitte Eis!"

Nino: „Prima! Eis!"

Opa: „Und ein Brot."

Nino: „Eis und ein Brot."

Opa: „Und Butter."

Nino: „Eis, ein Brot und Butter."

Opa: „Und Bananen."

Nino: „Brauchst du noch etwas, Opa?"

Opa: „Ich glaube, es ist besser, wir gehen
gemeinsam einkaufen."
„Du hilfst mir tragen."

1 Was wollen Nino und Opa kaufen?

2 Warum gehen beide einkaufen?

Bürsten mit schwarzen Borsten bürsten besser
als Bürsten mit weißen Borsten.

| Boden | baden | haben | bunt | bis |
| Blume | bauen | leben | braun | bei |

71

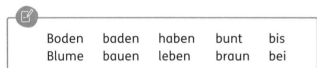

e	T	t	ist	S	s	sind	U	u	G	g	H	h	F	f
k	B	b	nk	V	v	ng	ß	Sch	sch	J	j
sp	tz	ck	äu	chs	Y	y	Qu	qu	X	x	C	c

• Die Kinder lesen die Wörter aus dem Kasten (→ Fibel-Seite 70).
• Die Kinder schreiben die Wörter aus dem Kasten in ihr Heft (→ Fibel-Seite 71). Zusätzlich markieren sie die neuen Buchstaben.

Differenzierung
Fördern

• einen Einkaufszettel (ggf. mithilfe der Bücherwurm-Lauttabelle) schreiben

Fordern

• ein eigenes Rezept (ggf. mithilfe der Bücherwurm-Lauttabelle) schreiben, dazu Bilder zeichnen oder fotografieren (evtl. als Hausaufgabe)

Weitere Anregungen

• Idee für das Buchstabenheft (→ Lehrerband-Seite 22): Eine Banane aus gelber Pappe ausschneiden und dazu Wörter mit *B b* im Anlaut malen und (ggf. mithilfe der Bücherwurm-Lauttabelle) schreiben oder das Rezept (→ Fibel-Seite 70) malen und (ggf. mithilfe der Bücherwurm-Lauttabelle) schreiben
• Bananenmilch anhand des Rezeptes (→ Fibel-Seite 70) zubereiten
• einkaufen spielen

Seite 72/73

Laut- und Buchstabengewinnung

- *nk* aus dem Schlüsselwort *Onkel* gewinnen
- zum Bild passende Wörter mit dem Laut *nk* sammeln
- Wörter mit *nk* im Inlaut (links) und Auslaut (flink) sowie als Silbengelenk (Anker, Lenker, denken, lenken, trinken, winken) lesen
- das Lautbild zu *nk* einführen (Bank)

Arbeiten mit Text und Bild

- Das Bild wird betrachtet. Die Kinder überlegen, worum es im Text geht.
- *nk* wird eingeführt: die Buchstabenverbindung an die Tafel schreiben und den Laut dazu sprechen.
- Wortaufgliederung: Das Wort *Onkel* wird an die Tafel geschrieben. Die Kinder schwingen die Silben dazu. Analog zur Übung in der Fibel (→ Fibel-Seite 72) wird die neue Buchstabenverbindung analysiert. Zusätzlich werden die Vokallänge in der ersten Silbe durch Punkt/Strich und das *e* in der zweiten Silbe gekennzeichnet.
- Das Lautbild wird eingeführt.
- Die Kinder suchen im Bild nach Wörtern, die den Laut *nk* enthalten und sagen, an welcher Stelle im Wort sie ihn hören (in der Mitte oder am Ende).
- Die Texte *O weh, Klara!* (Niveau 1, → Fibel-Seite 72) und *Klara fehlt* (Niveau 2, → Fibel-Seite 73) werden gelesen und die Fragen dazu beantwortet. Die Kinder malen und schreiben Klara eine Karte.
- Das Gedicht (Niveau 3, → Fibel-Seite 73) wird mit einem Partner gelesen. Das „versteckte" Wort wird herausgefunden (BITTE).

---

nk

O weh, Klara!

Beim Turnen kippt eine Bank um.
Klara und Ali fallen herunter.
Klaras 👧 tut weh.
Ihr linkes Bein tut auch weh.
Klara weint und winkt hilflos.
Ali ruft: „Klara braucht Hilfe!"
Klara sagt: „Danke, Ali!"

Der Lehrer ruft Klaras Eltern an.
Beide sind bei der Arbeit.
Nun holt der Onkel Klara ab.
Klara und ihr Onkel fahren ins Krankenhaus.

- ❶ Was tut Klara weh?
- ❷ Wer hilft Klara?

O nk el

nk

| Anker | denken | trinken | flink |
| Lenker | lenken | winken | links |

72   → AH S. 64/65

M	m	A	a	O	o	und	I	i	N	n	ruft	L
R	r	D	d	Ei	ei	W	w	P	p	ch	Au	a
St	st	Z	z	Ä	ä	Ö	ö	Ü	ü	ie	Pf	pf	Eu	e

→AH S. 64/65
→KV 56: nk

84

Klara fehlt

Seit ein paar Tagen fehlt ein Kind in der Klasse.
Klara hatte beim Turnen einen Unfall
und muss im Krankenhaus bleiben.
Klara muss ruhen.
Ihr linkes Bein tut auch noch weh.
Ihre Klasse denkt an Klara.
Alle Kinder malen ihr eine Karte.
Nina und Nino tragen Blumen und Karte
ins Krankenhaus.
Klara lacht und sagt: „Danke, beste Klasse 1!"

Male Klara eine Karte!

1 Warum fehlt Klara?

2 Wer denkt an Klara?

Klasse 1a

An
Klara Kummer
Kinderkrankenhaus
Kuchengasse 6
12345 Gesundhausen

```
DANKE DANKE DANKE DANKE DANKE DANKE
DANKE DANKE BITTE DANKE DANKE DANKE
DANKE DANKE DANKE DANKE DANKE DANKE
```

Onkel	danken	dunkel
Bank	denken	krank

73

Lese- und Schreibübungen

- Die Kinder lesen die Wörter aus dem Kasten (→ Fibel-Seite 72).
- Die Kinder schreiben die Wörter aus dem Kasten in ihr Heft (→ Fibel-Seite 73). Zusätzlich markieren sie die neue Buchstabenverbindung.

Differenzierung
Fördern

- Wörter mit *nk* aus den Kästen (→ Fibel-Seite 72/73) nach der Silbenanzahl ordnen

Fordern

- Die Kinder schreiben (ggf. mithilfe der Bücherwurm-Lauttabelle) Klara eine Karte. Dafür werden vorweg gemeinsam Ideen zum Inhalt gesammelt und der Aufbau einer Karte besprochen (mögliche Eingangs- und Grußformeln an die Tafel schreiben).

Weitere Anregungen

- Idee für das Buchstabenheft (→ Lehrerband-Seite 22): das Gedicht (→ Fibel-Seite 73) abschreiben (z. B. auch in den Umriss eines Herzens)
- über Freundlichkeiten und Höflichkeiten und in diesem Kontext auch über Höflichkeitsformeln sprechen: Könnte ich bitte ...? Würdest du ...? Ich freue mich über ... Herzlichen Dank
- ein Rollenspiel durchführen: Besuch bei Klara im Krankenhaus

e	T	t	ist	S	s	sind	U	u	G	g	H	h	F	f
k	B	b	nk	V	v	ng	ß		Sch	sch	J	j		
sp	tz	ck	äu	chs	Y	y	Qu	qu	X	x	C	c		

Erläuterung zur Strategie/Methode

- Wortbausteine (Morpheme) sind für das Lesen und vor allem auch für das orthografische Schreiben wichtig (→ Lehrerband-Seite 4 und 6). Es handelt sich dabei um eine andere Gliederung von Wörtern als die bereits eingeführte Gliederung in Silben.
- Die Wortbausteine sind als Puzzleteile dargestellt: gelb die Präfixe, rot die Wortstämme und blau die Suffixe.

Anwendungsmöglichkeiten

- Die Kinder lesen die Wörter und überlegen, was durch die Markierungen angezeigt wird (gleiche Teile am Anfang, in der Mitte oder am Ende der Wörter).
- Sie nennen die gleichen Teile in den Wörtern.
- Die Wörter der oberen zwei Wortreihen werden ohne Präfix gelesen (z. B. sehen, rufen, halten).
- Die Wörter werden an die Tafel geschrieben (siehe Tafelbild).

Differenzierung

Fördern

- Partnerarbeit: Die Kinder schreiben die Wörter auf einzelne Wortkarten und färben die Wortbausteine wie vorgegeben (z. B. ansehen, einladen, Ente). Danach zerschneiden sie die Wörter in Wortbausteine und setzen diese wieder zusammen.

Fordern

- Die Kinder überlegen, wie die markierten Wortbausteine ersetzt werden können (z. B. ansehen – umsehen).
- Die Kinder zerschneiden Wortkarten mit anderen Wörtern als auf dieser Seite in Wortbausteine und setzen diese wieder zusammen.

Weitere Anregungen

- Die Kinder sammeln möglichst viele Wörter zu bestimmten Wortbausteinen (z. B. ver-, ent-, auf-). Dies kann auch von zwei Mannschaften als Wettbewerb gespielt werden. Die Mannschaften nennen abwechselnd weitere Wörter, bis einer Mannschaft kein passendes Wort mehr einfällt.
- ein Wörterpuzzle gestalten: Die Kinder kennzeichnen auf Wortkarten mit Bleistift die Morphemgrenzen. Nachdem die Lehrkraft kontrolliert hat, schneiden sie die Wortbausteine auseinander. Nun können immer neue Wörter gepuzzelt werden.

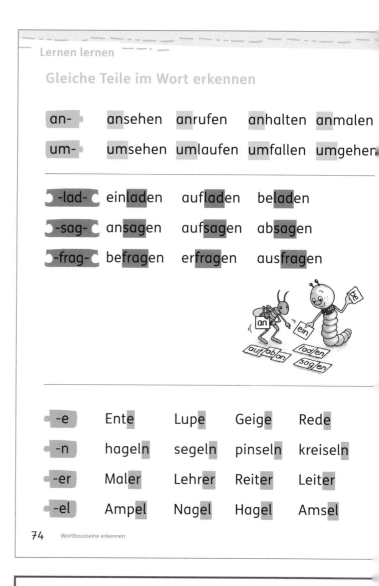

→KV 57: Gleiche Teile im Wort erkennen

Tafelbild

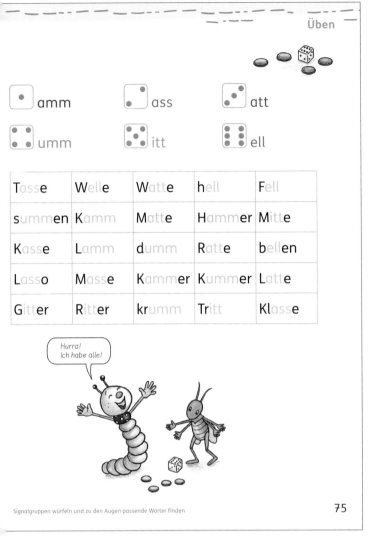

⚀ amm		⚁ ass		⚂ att
⚃ umm		⚄ itt		⚅ ell

Tasse	Welle	Watte	hell	Fell
summen	Kamm	Matte	Hammer	Mitte
Kasse	Lamm	dumm	Ratte	bellen
Lasso	Masse	Kammer	Kummer	Latte
Gitter	Ritter	krumm	Tritt	Klasse

Hurra!
Ich habe alle!

Signalgruppen würfeln und zu den Augen passende Wörter finden

75

e	T	t	ist	S	s	sind	U	u	G	g	H	h	F	f
k	B	b	nk	V	v	ng	ß	Sch	sch	J	j
sp	tz	ck	äu	chs	Y	y	Qu	qu	X	x	C	c

Vorbereitung
• Würfel, farbige Muggelsteine/Plättchen

Seite 75

Lernziele/Kompetenzen

Die Kinder
• erkennen gleiche Teile (Buchstabenverbindungen in Form von Signalgruppen) in Wörtern,
• halten sich an Spielregeln und spielen mit einem Partner.

Anregungen für den Unterricht

• Die Spielregel wird gemeinsam besprochen: Ein Kind beginnt und legt einen Muggelstein bzw. ein Plättchen auf ein Wort mit der von ihm gewürfelten Signalgruppe (bei einer 1 z.B. auf eines der Wörter, die die Signalgruppe *amm* enthalten). Danach würfelt der Partner. Am Ende wird gezählt, wer die meisten Muggelsteine bzw. Plättchen legen konnte.

Differenzierung

Fordern

• weitere Wörter sammeln, die die ausgewiesenen Signalgruppen enthalten

Weitere Anregungen

• Spielvariante ohne Muggelsteine bzw. Plättchen: Die Kinder würfeln abwechselnd und nennen jeweils ein Wort, das die entsprechende Signalgruppe enthält.

Seite 76

Lernziele/Kompetenzen

Die Kinder

- lesen zusammengesetzte Substantive/Komposita und erkennen, dass sich der Artikel nach dem letzten Wort (Bestimmungswort) richtet,
- erkennen die sich wiederholenden Wörter beim Lesen von Treppensätzen und können diese dadurch flüssig lesen.

Anregungen für den Unterricht

- Aufgabe 1: Die Bilder (Wasser und Hahn, Nuss und Baum) werden betrachtet. Die Kinder lesen dazu die darunter stehenden Substantive und das zusammengesetzte Substantiv/Kompositum. Danach lesen sie die einzelnen Substantive erneut und ergänzen die Artikel. Sie stellen Vermutungen an, warum das zweite Substantiv jeweils mit dem Artikelpunkt gekennzeichnet ist. Ggf. betont die Lehrkraft, dass es **das** Wasser, **der** Hahn und **der** Wasserhahn heißt. Anschließend nennen die Kinder die entstehenden zusammengesetzten Substantive/Komposita mit Artikel (das Brotmesser, die Fensterbank) und verschriften diese (ggf. mithilfe der Bücherwurm-Lauttabelle) in ihrem Heft.
- Aufgabe 2: Die Treppensätze werden gelesen. Der Lesepfeil kann helfen, auf die richtige Zeile zu fokussieren (→ Lehrerband-Seite 140). Die Kinder sollten zu einem flüssigen Lesen ermutigt werden (ggf. auf dieselbe Satzstruktur hinweisen).

Differenzierung

Fördern

- Aufgabe 1: Die Kinder bilden mit weiteren bildlich dargestellten Substantiven zusammengesetzte Substantive/Komposita und nennen sie mit Artikel (z. B. Nudelsalat, Reiterhose, Gartenbank, Autoreifen).

Fordern

- Aufgabe 1: in Partnerarbeit weitere zusammengesetzte Substantive/Komposita sammeln und (ggf. mithilfe der Bücherwurm-Lauttabelle) verschriften

Weitere Anregungen

- ein Paarspiel erstellen: Die Kinder zerlegen zusammengesetzte Substantive/Komposita und fertigen je zwei Bildkarten an. Diese können dann mit einem Partner oder in der Kleingruppe gemischt, ausgelegt und als Paarspiel gespielt werden.

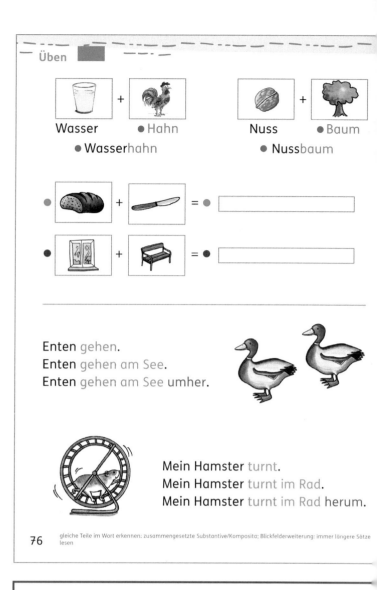

Vorbereitung
- ggf. Bücherwurm-Lauttabelle
- ggf. Lesepfeil

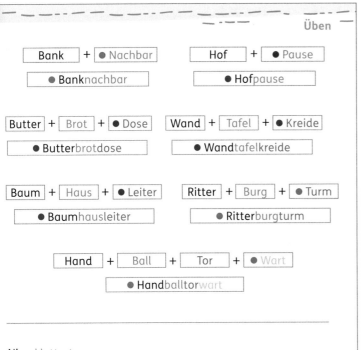

Bank	+	● Nachbar

● **Bank**nachbar

Hof	+	● Pause

● **Hof**pause

Butter	+	Brot	+	● Dose

● **Butter**brotdose

Wand	+	Tafel	+	● Kreide

● **Wand**tafelkreide

Baum	+	Haus	+	● Leiter

● **Baum**hausleiter

Ritter	+	Burg	+	● Turm

● **Ritter**burgturm

Hand	+	Ball	+	Tor	+	● Wart

● **Hand**balltorwart

Nino klettert.
Nino klettert auf der Leiter.
Nino klettert auf der Leiter in sein Baumhaus.
Nino klettert auf der Leiter in sein Baumhaus hinauf.

Nina sucht Nino.
Nina sucht Nino im Garten.
Nina sucht Nino im Garten und im Baumhaus.
Nina sucht Nino im Garten und im Baumhaus auch.

gleiche Teile im Wort erkennen: zusammengesetzte Substantive/Komposita; Blickfelderweiterung: immer längere Sätze lesen

77

e	T	t	ist	S	s	sind	U	u	G	g	H	h	F	f
k	B	b	nk	V	v	ng	ß	Sch	sch	J	j
sp	tz	ck	äu	chs	Y	y	Qu	qu	X	x	C	c

Vorbereitung
• ggf. Lesepfeil

Lernziele/Kompetenzen

Die Kinder
• lesen zusammengesetzte Substantive/Komposita und erkennen, dass sich der Artikel nach dem letzten Wort (Bestimmungswort) richtet,
• erkennen die sich wiederholenden Wörter beim Lesen von Treppensätzen und können diese dadurch flüssig lesen.

Anregungen für den Unterricht

• Aufgabe 1: Die Kinder lesen die einzelnen Substantive und das zusammengesetzte Substantiv/Kompositum. Danach lesen die Kinder die einzelnen Substantive und das zusammengesetzte Substantiv/Kompositum erneut und ergänzen die Artikel.
• Aufgabe 2: Die Treppensätze werden gelesen. Der Lesepfeil kann helfen, auf die richtige Zeile zu fokussieren (→ Lehrerband-Seite 140). Die Kinder sollten zu einem flüssigen Lesen ermutigt werden (ggf. auf dieselbe Satzstruktur hinweisen).

Differenzierung
Fordern

• Aufgabe 1: zusammengesetzte Substantive/Komposita an die Tafel schreiben und von den Kindern zerlegen lassen (z. B. Sofakissen, Grashalm, Kindergarten, Elternabend)

Weitere Anregungen

• Aufgabe 1: Die Kinder finden möglichst lange zusammengesetzte Substantive/Komposita (auch im Wettbewerb: Wer findet das längste zusammengesetzte Wort? Wer findet das lustigste zusammengesetzte Wort?).
• Aufgabe 2: die Treppensätze verlängern: Wie könnte der Satz noch weitergehen?

Seite 78/79

Laut- und Buchstabengewinnung

- *V v* aus den Schlüsselwörtern *Vogel, Vase* und *brav* gewinnen
- Wörter mit *V v* im Anlaut (Vater, Verein, Vers, vorlesen, vortragen, vorrechnen, vertrauen, vergessen, vermuten, verloren, voll, vorhin, vorher, Vase, Vulkan) lesen
- das Lautbild zu *V v* einführen (stimmlos: Vogel, stimmhaft: Vase)
- Artikulation: auf Unterscheidung von stimmhaftem *v*/stimmlosem *v* achten

Arbeiten mit Text und Bild

- Die Bilder werden betrachtet. Die Kinder äußern sich zunächst frei.
- *V v* wird eingeführt: die Buchstaben an die Tafel schreiben und die Lautvarianten dazu sprechen.
- Wortaufgliederung: Die Wörter *Vogel, Vase* und *brav* werden an die Tafel geschrieben. Die Kinder schwingen die Silben dazu. Analog zur Übung in der Fibel (→ Fibel-Seite 78) werden die neuen Buchstaben analysiert. Zusätzlich wird über die verschiedenen Varianten des v-Lauts gesprochen. Außerdem werden die Vokallänge in der ersten Silbe durch Punkt/Strich und – falls vorhanden – das *e* in der zweiten Silbe gekennzeichnet.
- Die Lautbilder werden eingeführt. Auf die Unterscheidung von verschiedenen Varianten des v-Lauts achten.
- Die Überschrift *Verloren und vergessen* wird gelesen. Die Kinder überlegen, ob sie schon einmal etwas irgendwo liegen gelassen haben.
- Die Texte *Verloren und vergessen* (Niveau 1, → Fibel-Seite 78) und *Vertrauen* (Niveau 2, → Fibel-Seite 79) werden gelesen und die Fragen dazu beantwortet. Zusätzlich wird besprochen: Wem vertraust du? Wen fragst du um Rat?
- Das Gedicht (Niveau 3, → Fibel-Seite 79) wird von der Lehrkraft oder lesestarken Kindern vorgelesen.

V | v

Verloren und vergessen

In der Turnhalle ist
mein Turnhemd nicht.
Beim Hausmeister ist es nicht.
Daheim ist es auch nicht.
Ich habe mein Turnhemd verloren!
Ich vermute, es ist im Verein.

Abends kommt Vater nach Hause,
ohne seinen Mantel.
„Wo ist dein Mantel?", frage ich.
„Mein Mantel?
Oha! Den habe ich vergessen."

1 Wo sucht Otto sein Turnhemd?

2 Was ist mit dem Mantel des Vaters?

V ogel	V ase	bra v
V	V	v

Vater	vorlesen	vergessen	voll	Vase
Verein	vortragen	vermuten	vorhin	Vulkan
Vers	vorrechnen	verloren	vorher	
	vertrauen			

78   → AH S. 68

M	m	A	a	O	o	und	I	i	N	n	ruft	L
R	r	D	d	Ei	ei	W	w	P	p	ch	Au	c
St	st	Z	z	Ä	ä	Ö	ö	Ü	ü	ie	Pf	pf	Eu	e

→AH S. 68
→KV 58: V v

Vertrauen

Manchmal mache ich etwas verkehrt.
Dann frage ich Emil um Rat.
Ihm kann ich vertrauen.
Einmal hatte ich mein Turnhemd verloren.
Ich fragte also Emil um Rat.
Emil sagte: „Wir waren beim Turnen im Verein!
Dort wird dein Turnhemd sein."
In der Umkleidekabine des Vereins fanden wir es.

Vorhin hatte ich mich verrechnet.
Emil gab mir einen Tipp:
„Du hast nur etwas verdreht.
Versuche es so!"
„Danke, Emil!"

1 Wen fragt Nino um Rat?

2 Was macht Emil?

Violetta Vogelsang
ist vor Vulkanen ziemlich bang.
Hingegen Viktor Woll
findet sie toll!

Bettina Rinderle

| Vater | versuchen | von |
| Vogel | verrechnen | vom |

79

e	T	t	ist	S	s	sind	U	u	G	g	H	h	F	f
k	B	b	nk	**V**	**v**	ng	ß	Sch	sch	J	j
sp	tz	ck	äu	chs	Y	y	Qu	qu	X	x	C	c

Lese- und Schreibübungen

- Die Kinder lesen die Wörter aus dem Kasten (→ Fibel-Seite 78). Zusätzlich ordnen sie die Wörter nach den beiden Varianten des v-Lauts.
- Die Kinder schreiben die Wörter aus dem Kasten in ihr Heft (→ Fibel-Seite 79). Zusätzlich markieren sie die neuen Buchstaben.

Differenzierung
Fördern

- ein Leporello mit vorgegebenen Wörtern mit *V v* anfertigen
- Wort-Bild-Karten mit Wörtern mit *V v* werden ausgelegt und von den Kindern nach den beiden Varianten des v-Lauts geordnet. Die Karten können unter die Wort-Bild-Karten *Vogel* (stimmloses *v*) und *Vase* (stimmhaftes *v*) gelegt werden.
- eine Kartei mit Wörtern mit *V v* anlegen und die Wörter als Eigendiktat schreiben (Karteikarte kurz anschauen, umdrehen und das Wort schreiben, vergleichen)

Fordern

- Die Kinder markieren bei den von ihnen abgeschriebenen Wörtern mit *ver-* aus dem Kasten (→ Fibel-Seite 79) die Präfixe.
- eine Kartei mit Wörtern mit *V v* anlegen und sich die Wörter mit einem Partner gegenseitig diktieren

Weitere Anregungen

- Idee für das Buchstabenheft (→ Lehrerband-Seite 22): Die Kinder malen eine Vase mit Blumen und schreiben (ggf. mithilfe der Bücherwurm-Lauttabelle) in jede Blüte Wörter mit *V v*.
- über Merkhilfen gegen Vergessen sprechen (z. B. Knoten ins Taschentuch, Notizzettel)

Seite 80/81

Laut- und Buchstabengewinnung

- *ng* aus dem Schlüsselwort *singen* gewinnen
- Wörter mit *ng* im Inlaut (Angler, hungrig) und Auslaut (Ring, Ding) sowie als Silbengelenk (Finger, Angel, angeln, Wangen, fangen, Hunger, hungern, klingen, bringen) lesen
- das Lautbild zu *ng* einführen (Ring)

Arbeiten mit Text und Bild

- Das Bild wird betrachtet. Die Kinder äußern sich zunächst frei.
- *ng* wird eingeführt: die Buchstabenverbindung an die Tafel schreiben und den Laut dazu sprechen.
- Wortaufgliederung: Das Wort *singen* wird an die Tafel geschrieben. Die Kinder schwingen die Silben dazu. Analog zur Übung in der Fibel (→ Fibel-Seite 80) wird die neue Buchstabenverbindung analysiert. Zusätzlich werden die Vokallänge in der ersten Silbe durch Punkt/Strich und das *e* in der zweiten Silbe gekennzeichnet.
- Das Lautbild wird eingeführt.
- Der Text *Singen mit meinem Vater* (Niveau 1, → Fibel-Seite 80) wird gelesen und die Fragen dazu werden beantwortet. Analog zu den abgebildeten Zetteln an der Pinnwand schreibt jedes Kind auf einen Zettel ein bis zwei Sätze über seinen Vater.
- Der Text *Angeln mit meinem Vater* (Niveau 2, → Fibel-Seite 81) wird gelesen und die Fragen dazu werden beantwortet.
- Das Gedicht (Niveau 3, → Fibel-Seite 81) wird von der Lehrkraft oder lesestarken Kindern vorgelesen und besprochen: Welche weiteren Reimmöglichkeiten findest du?

---

ng

Singen mit meinem Vater

Ich besuche einmal in der Woche
meinen Vater. Mit der Gitarre
singt er mir lange vor.
Oft singen wir auch beide miteinander.
„Das nennt man Duett", sagt mein Vater.
Unser gemeinsames Singen klingt so gut,
dass wir es aufnehmen.
Unsere Aufnahme nehme ich mit nach Hause.
So habe ich den Gesang mit meinem Vater
immer bei mir.

❶ Wann besucht das Kind seinen Vater?

❷ Was ist am Vater besonders?

si ng en

ng

Mein Vater

Mein Vater war lange krank. Tom

Sonntag gehen wir ins Kino. Nina

Mein Vater wohnt nicht mehr bei uns. Milan

Mein Vater ist lustig, aber er hat vorne keine Haare mehr. Klara

Mein Vater ist nicht streng. Wir toben immer in der Wohnung rum. Emil

Ring	Angel	Wangen	Hunger	klingen
Ding	Angler	fangen	hungern	bringen
Finger	angeln		hungrig	

80   → AH S. 69

M	m	A	a	O	o	und	I	i	N	n	ruft	L	
R	r	D	d	Ei	ei	W	w	P	p	ch	Au		
St	st	Z	z	Ä	ä	Ö	ö	Ü	ü	ie	Pf	pf	Eu	

→AH S. 69
→KV 59: ng

Angeln mit meinem Vater

Vater und ich gehen gern gemeinsam angeln.
Es ist noch fast Nacht.
Denn nur bei Sonnenaufgang fangen wir Heringe.
Mit kalten Wangen und Nasen warten wir am Wasser.
Mit unseren eiskalten Fingern halten wir unsere Angeln fest.
Doch lange warten wir nicht.
Was ist das? Eine Bewegung?
Ein Leng! Wir fangen einen Leng.
Vater ruft begeistert:
„So ein Fang!
Aber womit bringen wir
den Leng nach Hause?
Hast du eine Idee?"

Das ist ein Leng.

Das ist ein Hering.

1 Was angeln der Vater und sein Kind?

2 Was ruft der Vater begeistert?

Was sind das für Sachen?
Vögel, die nicht singen
Glocken, die nicht klingen
Pferde, die nicht springen
Kinder, die nicht lachen
Was sind das für Sachen?

singen	bringen	fangen
er singt	ihr bringt	wir fangen

81

e	T	t	ist	S	s	sind	U	u	G	g	H	h	F	f
k	B	b	nk	V	v	**ng**	ß	Sch	sch	J	j			
sp	tz	ck	äu	chs	Y	y	Qu	qu	X	x	C	c		

Lese- und Schreibübungen

- Die Kinder lesen die Wörter aus dem Kasten (→ Fibel-Seite 80).
- Die Kinder schreiben die Wörter aus dem Kasten in ihr Heft (→ Fibel-Seite 81). Zusätzlich markieren sie die neue Buchstabenverbindung.

Differenzierung

Fördern

- Sätze mit möglichst vielen Wörtern mit *ng* bilden

Fordern

- Wörter mit *ng* in dem Text *Singen mit meinem Vater* (→ Fibel-Seite 80) suchen, einem Partner diktieren, überprüfen und die Rolle wechseln

Weitere Anregungen

- Idee für das Buchstabenheft (→ Lehrerband-Seite 22): an dem Umriss eines Rings *ng* entlangschreiben und in den Umriss Wörter mit *ng* (ggf. mithilfe der Bücherwurm-Lauttabelle) schreiben oder stempeln
- Sätze oder einen kurzen Text über Erlebnisse mit dem eigenen Vater (ggf. mithilfe der Bücherwurm-Lauttabelle) schreiben

Seite 82/83

Laut- und Buchstabengewinnung

- ß aus dem Schlüsselwort *groß* gewinnen
- Wörter (außen, draußen), Wortgruppen (ich heiße, du heißt) und Sätze (ich weiß es, du weißt es) mit ß lesen
- das Lautbild zu ß einführen (Fuß)

Arbeiten mit Text und Bild

- ß wird eingeführt: den Buchstaben an die Tafel schreiben und den Laut dazu sprechen.
- Wortaufgliederung: Das Wort *groß* wird an die Tafel geschrieben. Die Kinder schwingen die Silben dazu. Analog zur Übung in der Fibel (→ Fibel-Seite 82) wird der neue Buchstabe analysiert. Zusätzlich wird die Vokallänge durch Punkt/Strich gekennzeichnet.
- Das Lautbild wird eingeführt.
- Der Text *Paul haut Tim* (Niveau 1, → Fibel-Seite 82) wird gelesen und die Frage dazu beantwortet. Zusätzlich wird besprochen: Was macht Ling auf dem Bild? Hast du schon einmal einen Streit geschlichtet? Was kannst du bei einem Streit tun/sagen?
- Die Texte *Das wollen Nina und Nino nicht/Das finden Nina und Nino gut* (Niveau 2, → Fibel-Seite 83) werden gelesen und die Fragen dazu beantwortet. Die Ideen werden in Kleingruppen zusammengetragen.
- Das Gedicht (Niveau 3, → Fibel-Seite 83) wird von der Lehrkraft oder lesestarken Kindern vorgelesen.

Paul haut Tim

Im Film haut ein Mann
einen anderen Mann.
Einmal und noch einmal.
Warum macht er das?
Ich weiß es nicht.
Weißt du es?

In der Pause draußen auf dem Hof
haut der große Paul
den kleinen Tim.
Warum macht er das?
Ich weiß es nicht.
Weißt du es?
Da kommt Ling.

1 Was ist in der Pause los?

gro ß

ß

| ich weiß es | ich heiße | außen |
| du weißt es | du heißt | draußen |

82   → AH S. 70/71

M	m	A	a	O	o	und	I	i	N	n	ruft	L
R	r	D	d	Ei	ei	W	w	P	p	ch	Au	c
St	st	Z	z	Ä	ä	Ö	ö	Ü	ü	ie	Pf	pf	Eu	e

→AH S. 70/71
→KV 60: ß

Das wollen Nina und Nino nicht:

| andere mit dem Fuß treten | andere beißen | andere hauen | Sachen anderer kaputtmachen |

| anderen drohen |

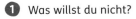 **Das finden Nina und Nino gut:**

| sich vertragen | aufeinander achten | sagen, wenn man etwas kaputt gemacht hat |

| große Kinder helfen kleinen Kindern | einen netten Gruß senden |

Weißt du was?
Weißt du was?
Wenn's regnet, wird's nass,
wenn's schneit, wird's weiß,
du bist ein alter Naseweiß.

Wir helfen einander.

1 Was willst du nicht?

2 Was findest du gut?

Fuß	heißen	groß
Gruß	beißen	heiß
	reißen	weiß

83

e T t ist S s sind U u G g H h F f
k B b nk V v ng ß Sch sch J j
sp tz ck äu chs Y y Qu qu X x C c

Lese- und Schreibübungen

- Die Kinder lesen die Wörter aus dem Kasten (→ Fibel-Seite 82).
- Die Kinder schreiben die Wörter aus dem Kasten in ihr Heft (→ Fibel-Seite 83). Zusätzlich markieren sie den neuen Buchstaben.

Differenzierung

Fördern

- eine Kartei mit Wörtern mit ß anlegen und die Wörter als Eigendiktat schreiben (Karteikarte kurz anschauen, umdrehen und das Wort schreiben, vergleichen)

Fordern

- eine Kartei mit Wörtern mit ß anlegen und sich die Wörter mit einem Partner gegenseitig diktieren

Weitere Anregungen

- Idee für das Buchstabenheft (→ Lehrerband-Seite 22): einen Fußabdruck mit Wasser-/Fingerfarbe anfertigen und ß sowie das Datum hineinschreiben
- über den Umgang miteinander in der Klasse sprechen und ein Klassen-Plakat gestalten: Das finden wir gut!
- fächerübergreifender Unterricht (Sachunterricht): über das Thema *Streit* sprechen: Wie entsteht Streit? Wie fühlst du dich bei Streit? Wie kann man mit Streit umgehen?

Seite 84/85

Laut- und Buchstabengewinnung

- *Sch sch* aus den Schlüsselwörtern *Schule* und *kuscheln* gewinnen
- Wörter mit *Sch sch* im Anlaut (Schaf, Schiff, Schlange, schenken, schmusen, schwindeln, schnattern, schlank, schwer, schade) und Inlaut (Geschenk, geschenkt) lesen
- das Lautbild zu *Sch sch* einführen (Schere)

Arbeiten mit Text und Bild

- *Sch sch* wird eingeführt: die Buchstabenverbindung an die Tafel schreiben und den Laut dazu sprechen.
- Wortaufgliederung: Die Wörter *Schule* und *kuscheln* werden an die Tafel geschrieben. Die Kinder schwingen die Silben dazu. Analog zur Übung in der Fibel (→ Fibel-Seite 84) wird die neue Buchstabenverbindung analysiert. Zusätzlich werden die Vokallänge in der ersten Silbe durch Punkt/Strich und das e in der zweiten Silbe gekennzeichnet.
- Das Lautbild wird eingeführt.
- Die Kinder lesen zuerst die Kopfzeile der Tabelle (Niveau 1, → Fibel-Seite 84) und überlegen, was macht schlechte Tage aus und was macht gute Tage aus. Danach lesen sie die restliche Tabelle und beantworten die Frage.
- Der Text *Ich mag* (Niveau 2, → Fibel-Seite 85) wird gelesen und die Fragen dazu werden beantwortet. Die Kinder schreiben (ggf. mithilfe der Bücherwurm-Lauttabelle) einen eigenen Text zur Überschrift *Ich mag*.
- Das Gedicht (Niveau 3, → Fibel-Seite 85) wird von der Lehrkraft oder lesestarken Kindern vorgelesen.

Sch | sch

Gute und schlechte Tage

Schlechte Tage:	Gute Tage:
– Knatsch in der Schule haben	– in der Schule schnattern
– bei schlechtem Wetter Regenschirm vergessen	– im Sonnenschein Roller fahren
– am Abend schnell ins Bett gehen	– ein Eis schlemmen
– ohne Gutenachtgeschichte einschlafen	– ein Geschenk bekommen
	– mit Mama kuscheln

❶ Wann geht es dem Kind gut?

Sch ule   ku sch eln

Sch   sch

Schaf	schenken	schmusen	schlank
Schiff	Geschenk	schwindeln	schwer
Schlange	geschenkt	schnattern	schade

84   → AH S. 72/73

M	m	A	a	O	o	und	I	i	N	n	ruft	L	
R	r	D	d	Ei	ei	W	w	P	p	ch	Au		
St	st	Z	z	Ä	ä	Ö	ö	Ü	ü	ie	Pf	pf	Eu

→ AH S. 72/73
→ KV 61: Sch sch

Ich mag

Nina schreibt:
Ich mag Schimpansen.
Der Schimpanse ist ein Menschenaffe.
Er ist schlau.
Er kann rasch lernen und Dinge erforschen.
Klettern kann er besonders gut.
Sein Fuß ist eine weitere Hand.

Nino schreibt:
Ich mag Schafe.
Das Schaf hat ein weiches, flauschiges Fell.
Im Sommer wird das Fell des Schafes geschoren.
Aus dem Fell wird Wolle gemacht.

Schakal
Schmetterling
Schneeleopard

❶ Was kann der Schimpanse besonders gut?

❷ Welches Lebewesen mag Nino?

Fischwunder
Ich geh zu Tisch,
spricht der Fisch.
Seltsam ist er anzusehen:
Selten können Fische gehen.

Max Kruse

Schule	schlafen	schon	Tasche
Schere	schlagen	schnell	Tisch
Schnee	schreiben		

85

e	T	t	ist	S	s	sind	U	u	G	g	H	h	F	f
k	B	b	nk	V	v	ng	ß	Sch	sch	J	j
sp	tz	ck	äu	chs	Y	y	Qu	qu	X	x	C	c

Lese- und Schreibübungen

- Die Kinder lesen die Wörter aus dem Kasten (→ Fibel-Seite 84).
- Die Kinder schreiben die Wörter aus dem Kasten in ihr Heft (→ Fibel-Seite 85). Zusätzlich markieren sie die neue Buchstabenverbindung.

Differenzierung

Fördern

- Knickdiktat: Ein liniertes DIN-A4-Blatt wird in der Mitte gefaltet. Die Wörter mit *Sch sch* aus den Kästen (→ Fibel-Seite 84/85) werden auf die linke Seite geschrieben. Danach werden die Wörter weggeknickt, auf die rechte Seite in die Zeilen geschrieben und überprüft. Es ist wichtig, dass vor dem Wegknicken geprüft wird, ob die Wörter richtig aufgeschrieben wurden.

Fordern

- ein Paarspiel anfertigen: Die Kinder schreiben (ggf. mithilfe der Bücherwurm-Lauttabelle) auf die eine Karte ein Wort mit *Sch sch* und malen dazu auf die andere Karte oder schreiben dazu ein verwandtes Wort (z. B. Geschenk – schenken).

Weitere Anregungen

- Idee für das Buchstabenheft (→ Lehrerband-Seite 22): in den Umriss eines Schmetterlings *Sch sch*, Wörter mit *Sch sch* oder Texte, die oft *Sch sch* enthalten, (ggf. mithilfe der Büchewurm-Lauttabelle) schreiben
- Plakate zu guten und schlechten Tagen gestalten: Zunächst überlegt jeder für sich oder mit einem Partner, dann werden die Überlegungen in der Kleingruppe zusammengetragen und mithilfe des Plakates der Klasse vorgestellt.
- in der Schule eine Umfrage zum Thema *Ich mag ...* durchführen

Seite 86/87

Laut- und Buchstabengewinnung

- *J j* aus den Schlüsselwörtern *Jahr* und *jemand* gewinnen
- Wörter mit *J j* im Anlaut (Jahr, Jaguar, Jo-Jo, Joghurt, Johann, Johannisbeere, Johannisbeersaft, jagen, jammern, jubeln, jodeln, jede, jeder, jedem, jemand) und Inlaut (Jo-Jo) lesen
- das Lautbild zu *J j* einführen (Jacke)

Arbeiten mit Text und Bild

- *J j* wird eingeführt: die Buchstaben an die Tafel schreiben und den Laut dazu sprechen.
- Wortaufgliederung: Die Wörter *Jahr* und *jemand* werden an die Tafel geschrieben. Die Kinder schwingen die Silben dazu. Analog zur Übung in der Fibel (→ Fibel-Seite 86) werden die neuen Buchstaben analysiert. Zusätzlich wird die Vokallänge in der ersten Silbe durch Punkt/Strich gekennzeichnet.
- Das Lautbild wird eingeführt.
- Der Text *Ein besonderer Tag* (Niveau 1, → Fibel-Seite 86) wird gelesen und die Fragen dazu werden beantwortet. Zusätzlich wird das Bild besprochen: Was macht die Bücherwurm-Klasse, wenn ein Kind Geburtstag hat? Welche Bräuche gibt es in unserer Klasse, wenn ein Kind Geburtstag hat?
- Der Text *Klaras Geburtstag* (Niveau 2, → Fibel-Seite 87) wird gelesen und die Fragen dazu werden beantwortet. Zusätzlich wird besprochen: Worüber freust du dich bei deiner Geburtstagsfeier besonders?
- Der Zungenbrecher (Niveau 3, → Fibel-Seite 87) wird von der Lehrkraft oder lesestarken Kindern vorgelesen. Danach wird der Zungenbrecher mit einem Partner gelesen. Die beiden Kinder versuchen, dabei immer schneller zu werden.

J | j

Ein besonderer Tag

Ihn gibt es nur einmal
in jedem Jahr:
den Geburtstag.

Es ist der Tag,
an dem jemand geboren wurde.

Emil wurde schon im Januar geboren.
Klara wurde im Juni geboren
und Nino und Nina sogar erst im Juli.

❶ Welchen Tag gibt es nur einmal im Jahr?

❷ Sind alle Kinder im Sommer geboren?

„Geburtstagskind,
Geburtstagskind,
tritt in unsern Kreis
geschwind!"

J ahr   j emand
J   j

Jahr	Johann	jagen	jede
Jaguar	Johannisbeere	jammern	jeder
Jo-Jo	Johannisbeersaft	jubeln	jedem
Joghurt		jodeln	jemand

86   → AH S. 74

M	m	A	a	O	o	und	I	i	N	n	ruft	L	
R	r	D	d	Ei	ei	W	w	P	p	ch	Au	c	
St	st	Z	z	Ä	ä	Ö	ö	Ü	ü	ie	Pf	pf	Eu	e

→AH S. 74
→KV 62: J j

Klaras Geburtstag

Klara hat im Juni Geburtstag.
Klara feiert ihren Geburtstag mit Otto, Ali, Anna,
Nino und Nina.
Otto schenkt Klara ein Jo-Jo. Klara jubelt.
Alle essen Joghurttorte.
Alle trinken Johannisbeersaft.
Ali pustet einen Luftballon auf.
Otto, Klara, Nino und Nina machen
einen Eierlauf.
Otto jammert.
Er hat sein Ei verloren.
Am Abend sind alle Kinder geschafft.

1 Was bekommt Klara geschenkt?

2 Warum sind alle Kinder abends geschafft?

Junge jodelnde Jodlerjungen
jodeln jaulende Jodeljauchzer.
Jaulende Jodeljauchzer jodeln
junge jodelnde Jodlerjungen.

Wir basteln Einladungskarten!

jung	Januar
Junge	Juni
Jungen	Juli

87

e	T	t	ist	S	s	sind	U	u	G	g	H	h	F	f
k	B	b	nk	V	v	ng	ß	Sch	sch	**J**	**j**			
sp	tz	ck	äu	chs	Y	y	Qu	qu	X	x	C	c		

Lese- und Schreibübungen

• Die Kinder lesen die Wörter aus dem Kasten (→ Fibel-Seite 86).
• Die Kinder schreiben die Wörter aus dem Kasten in ihr Heft (→ Fibel-Seite 87). Zusätzlich markieren sie die neuen Buchstaben.

Differenzierung

Fördern

• mit den Wörtern *jede, jeder, jedem* und *jemand* Sätze bilden

Fordern

• mit den Wörtern aus dem Kasten (→ Fibel-Seite 87) Sätze bilden und (ggf. mithilfe der Bücherwurm-Lauttabelle) aufschreiben
• Wörter mit *J j* (ggf. mithilfe der Bücherwurm-Lauttabelle) schreiben oder stempeln

Weitere Anregungen

• Idee für das Buchstabenheft (→ Lehrerband-Seite 22): ein Jo-Jo zeichnen (den Kreis z.B. als Umrisszeichnung eines Bechers), daran einen Faden kleben und dazu (ggf. mithilfe der Bücherwurm-Lauttabelle) schreiben
• ein Ja-Nein-Spiel durchführen: Ein Kind denkt sich einen Gegenstand, einen Beruf oder ein Tier aus. Die anderen Kinder stellen Fragen, die nur mit *nein* oder ausweichenden Antworten zu beantworten sind (z.B. eher nicht, kaum, das kann ich mir nicht vorstellen). Gewonnen hat, wer am längsten antwortet, ohne das Wort *ja* zu verwenden.
• eine „Ja-Geschichte" erzählen: Ein Kind beginnt mit einem Satz (z.B. Heute ist schönes Wetter.). Das nächste Kind knüpft daran an und muss den Satz mit *Ja* beginnen und die Idee fortführen (z.B. Ja, und deshalb gehen wir baden.). So entsteht eine „konstruktive" Geschichte.
• Bezug zum Jahreskreis: Das Jahr wird zwölf Monate alt (→ Fibel-Seite 129)

Seite 88/89

Laut- und Buchstabengewinnung

- *St st* aus den Schlüsselwörtern *Straße* und *staunen* gewinnen
- Wörter mit *St st* im Anlaut (Stein, Stelle, Streit, Strand, stoßen, staunen, stechen, stark, steil, streng) lesen
- das Lautbild zu *St st* einführen (Stern)

Arbeiten mit Text und Bild

- Das Bild wird betrachtet. Die Kinder äußern sich zunächst frei.
- *St st* wird eingeführt: die Buchstabenverbindung an die Tafel schreiben und den Laut dazu sprechen.
- Wortaufgliederung: Die Wörter *Stralsund* und *staunen* werden an die Tafel geschrieben. Die Kinder schwingen die Silben dazu. Analog zur Übung in der Fibel (→ Fibel-Seite 88) wird die neue Buchstabenverbindung analysiert. Zusätzlich werden die Vokallänge in der ersten Silbe durch Punkt/Strich und das e in der zweiten Silbe gekennzeichnet. Außerdem wird der Bücherwurm-Hinweis gelesen.
- Das Lautbild wird eingeführt.
- Der Text *Auf nach Stralsund* (Niveau 1, → Fibel-Seite 88) wird gelesen und die Fragen dazu werden beantwortet. Zusätzlich wird Stralsund auf einer Karte gezeigt und besprochen: Wie fühlt Emil sich in seiner Situation?
- Der Text *Ein besonderer Stein* (Niveau 2, → Fibel-Seite 89) wird gelesen und die Fragen dazu werden beantwortet.
- Das Rätsel (Niveau 3, → Fibel-Seite 89) wird von der Lehrkraft oder lesestarken Kindern vorgelesen. Alle erraten die Lösung.

Auf nach Stralsund

Emil und Nino wohnen in derselben Straße.
Eines Tages ist Emil traurig.
Nino fragt: „Was ist los?"
Emil antwortet:
„Ich werde bald in Stralsund leben.
Das ist weit weg von dir.
Mein Vater bekommt dort eine andere Arbeitsstelle."
Nino muntert Emil auf:
„Aber in Stralsund gibt es tolle Sachen,
das Meer und das Meeresmuseum."
Emil staunt.

❶ Warum ist Emil traurig?

❷ Was muntert Emil auf?

*Scht? Nein!
Du schreibst
St oder st.*

St raße   st aunen

St   st

Stein	Strand	staunen	stark
Stelle	stoßen	stechen	steil
Streit			streng

88   → AH S. 75

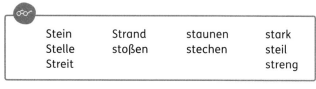

→ AH S. 75
→ KV 63: St st

Ein besonderer Stein

Emil und Nino sind Banknachbarn.
Aber bald wird Emil in Stralsund leben.
Emil nimmt seinen Stift und schreibt seine Adresse
auf ein Blatt.
Still reicht er das Blatt an Nino weiter.
Dann schenkt Nino Emil einen bemalten Stein.
Emil staunt und lacht.
Nino wird Emil in Stralsund besuchen.
Bestimmt wird Emil mit Nino in das Meeresmuseum gehen.
Beide wollen auch an den Strand und im Meer baden.

1 Was schreibt Emil auf?

2 Was ist an dem Stein besonders?

?
hab zwei Arme die sich strecken
eine Glocke dich zu wecken
Zahlen stehen auf mir stumm
eins bis zwölf im Kreis herum

Walther Petri

Stift	stehen	still
Stange	er steht	
Stunde		

89

e	T	t	ist	S	s	sind	U	u	G	g	H	h	F	f
k	B	b	nk	V	v	ng	ß	Sch	sch	J	j			
sp	tz	ck	äu	chs	Y	y	Qu	qu	X	x	C	c		

Lese- und Schreibübungen

• Die Kinder lesen die Wörter aus dem Kasten (→ Fibel-Seite 88).
• Die Kinder schreiben die Wörter aus dem Kasten in ihr Heft (→ Fibel-Seite 89). Zusätzlich markieren sie die neue Buchstabenverbindung.

Differenzierung

Fördern

• Wörter mit *St st* sammeln, an die Tafel schreiben und *St st* markieren (noch nicht eingeführte Buchstaben ggf. durch einen Muggelstein kennzeichnen)

Fordern

• Wörter mit *St st* diktieren; dabei insbesondere auf die Schreibung der Buchstabenverbindung *St st* achten

Weitere Anregungen

• Idee für das Buchstabenheft (→ Lehrerband-Seite 22): Die Kinder malen einen Stern. Aus der Zeitung werden Wörter mit *St st* ausgeschnitten und in den Stern geklebt.
• Wörter mit *St st* von den beiden Fibel-Seiten (→ Fibel-Seite 88/89) auf (selbst gesammelte) Steine schreiben und daraus einen Stern legen
• eine Geschichte zu einem Strandtag in Stralsund (ggf. mithilfe der Bücherwurm-Lauttabelle) schreiben: Was erleben Emil und Nino gemeinsam am Strand?

Seite 90/91

Laut- und Buchstabengewinnung

- *Z z* aus den Schlüsselwörtern *Zahn* und *zerren* gewinnen
- Wörter mit *Z z* im Anlaut (Zahn, Zahnarzt, Zahnpasta, Zitrone, Zwerg, Zug, zog, zerren), Inlaut (Zahnarzt, Kerze, gezogen) und Auslaut (Herz, Holz) lesen
- das Lautbild zu *Z z* einführen (Zahn)

Arbeiten mit Text und Bild

- Das Bild wird betrachtet. Die Kinder äußern sich zunächst frei.
- *Z z* wird eingeführt: die Buchstaben an die Tafel schreiben und den Laut dazu sprechen.
- Wortaufgliederung: Die Wörter *Zahn* und *zerren* werden an die Tafel geschrieben. Die Kinder schwingen die Silben dazu. Analog zur Übung in der Fibel (→ Fibel-Seite 90) werden die neuen Buchstaben analysiert. Zusätzlich werden die Vokallänge in der ersten Silbe durch Punkt/Strich und – falls vorhanden – das e in der zweiten Silbe gekennzeichnet.
- Das Lautbild wird eingeführt.
- Der Text *Mein Opa als Zahnarzt* (Niveau 1, → Fibel-Seite 90) wird gelesen und die Fragen dazu werden beantwortet. Zusätzlich wird besprochen: Wie klingen die Wörter *Zoo*, *Zwerg* und *Zitrone* ohne Schneidezahn?
- Der Text *Beim Zahnarzt* (Niveau 2, → Fibel-Seite 91) wird gelesen und die Fragen dazu werden beantwortet. Zusätzlich werden eigene Erfahrungen beim Zahnarzt besprochen.
- Der Zungenbrecher (Niveau 3, → Fibel-Seite 91) wird von der Lehrkraft oder lesestarken Kindern vorgelesen. Danach wird der Zungenbrecher mit einem Partner gelesen. Die beiden Kinder versuchen, dabei immer schneller zu werden.

Mein Opa als Zahnarzt

Mein Schneidezahn ist lose.
„Das ist gar nicht schlimm",
sagt mein Opa. „Es ist ein Milchzahn.
Er wird nun gezogen.
Schon bald wird ein anderer Zahn nachkommen."
Opa holt einen Faden und
bindet ihn um meinen Zahn.
Er zerrt kurz daran und
schon baumelt mein Zahn am Faden.
Nun kann ich erst einmal nicht so richtig Zoo,
Zwerg oder Zitrone sagen.

❶ Welcher Zahn ist lose?

❷ Wozu braucht Opa einen Faden?

Z ahn   z erren

Z   z

Zahn	Zitrone	Herz	er zog
Zahnarzt	Zwerg	Kerze	gezogen
Zahnpasta	Zug	Holz	zerren

90   → AH S. 76/77

M	m	A	a	O	o	und	I	i	N	n	ruft	L	
R	r	D	d	Ei	ei	W	w	P	p	ch	Au	a	
St	st	Z	z	Ä	ä	Ö	ö	Ü	ü	ie	Pf	pf	Eu	e

→AH S. 76/77
→KV 64: Z z

102

Beim Zahnarzt

Mama und ich gehen zum Zahnarzt.
Wir sind im Wartezimmer.
Ich werde aufgerufen.
Ich lege mich auf den Zahnarztstuhl.
Mir ist ein bisschen mulmig zu Mute.
Aber der Zahnarzt ist nett.
Ich muss meinen Mund ganz weit aufmachen.
Der Zahnarzt untersucht Zahn um Zahn.
Er lobt mich: „Sehr sauber. Gut gemacht!"
Ich bin froh, denn er hat nicht gebohrt.

Alles sauber?

1 Was macht der Zahnarzt?

2 Warum lobt der Zahnarzt das Kind?

Zweiundzwanzig zierliche Zwerge zwicken
zwei zweckige, zwackige, zappelige Zwickelkrebse.

Zahn	Zug	zeigen	zehn
Zahl	Zeit	er zeigt	zwei
Zehe	Zimmer		zum

91

e	T	t	ist	S	s	sind	U	u	G	g	H	h	F	f
k	B	b	nk	V	v	ng	ß	Sch	sch	J	j			
sp	tz	ck	äu	chs	Y	y	Qu	qu	X	x	C	c		

Lese- und Schreibübungen

- Die Kinder lesen die Wörter aus dem Kasten (→ Fibel-Seite 90).
- Die Kinder schreiben die Wörter aus dem Kasten in ihr Heft (→ Fibel-Seite 91). Zusätzlich markieren sie die neuen Buchstaben.

Differenzierung

Fördern

- Die Kinder denken sich weitere zusammengesetzte Substantive/Komposita mit *Zahn* wie im Kasten aus (→ Fibel-Seite 90).

Fordern

- Die Lehrkraft schreibt Verben mit den bereits eingeführten Buchstaben sowie *z* auf Karten und die Personalpronomen *ich, du, er, sie, es, wir, ihr* auf einen Würfel. Die Kinder ziehen eine Karte und bilden die entsprechende Personalform. *Sie* kann dabei im Singular oder Plural verwendet werden.
- auf das *h* nach dem langen *a* bei *Zahn* aufmerksam machen

Weitere Anregungen

- Idee für das Buchstabenheft (→ Lehrerband-Seite 22): Die Kinder malen einen Zug und schreiben (ggf. mithilfe der Bücherwurm-Lauttabelle) in jeden Waggon Wörter mit *Z z*.
- ein Rollenspiel durchführen: beim Zahnarzt

Seite 92/93

Laut- und Buchstabengewinnung

- *Ä ä, Ö ö, Ü ü* aus den Schlüsselwörtern *Ärger, ärgern, Öl, lösen, Übung, üben* gewinnen
- Substantive mit Umlautung (Mann – Männlein, Wort – Wörter, Buch – Bücher) und Verben mit Umlaut (schälen, stören, schütteln) lesen
- die Lautbilder zu *Ä ä* (Langvokal: Käse, Kurzvokal: Äpfel), *Ö ö* (Langvokal: Löwe, Kurzvokal: Öffner) und *Ü ü* (Langvokal: Ü-Ei, Kurzvokal: Mütze) einführen
- Artikulation: auf Unterscheidung von Lang-/Kurzvokal achten
- Hinweis: Da *Ä ä* in der Regel denselben Klang hat wie *E e*, sollte bewusst mit Ableitungsformen gearbeitet werden.

Arbeiten mit Text und Bild

- Das Bild wird betrachtet. Die Kinder äußern sich zunächst frei.
- *Ä ä, Ö ö, Ü ü* werden eingeführt: die Buchstaben an die Tafel schreiben, die Laute dazu sprechen und mit Kronen kennzeichnen.
- Wortaufgliederung: Die Wörter *Ärger, ärgern, Öl, lösen, Übung* und *üben* werden an die Tafel geschrieben. Die Kinder schwingen die Silben dazu. Analog zur Übung in der Fibel (→ Fibel-Seite 92) werden die neuen Buchstaben analysiert. Zusätzlich werden die Vokallänge in der ersten Silbe durch Punkt/Strich und – falls vorhanden – das *e* in der zweiten Silbe gekennzeichnet.
- Die Lautbilder werden eingeführt. Auf die lautliche Unterscheidung von Lang- und Kurzvokal achten.
- Der Text *Krimi* (Niveau 1, → Fibel-Seite 92) wird gelesen und die Fragen dazu werden beantwortet. Zusätzlich wird besprochen: Wie kann Otto beweisen, dass er das Lesezeichen nicht hat?
- Der Text *Märchenbücher – ratet mit!* (Niveau 2, → Fibel-Seite 93) wird gelesen, die Rätsel werden gelöst und die Fragen zum Text beantwortet. Die Kinder malen ein Bild zu dem Märchen, das ihnen am besten gefällt.
- Der Text *Märchen* (Niveau 3, → Fibel-Seite 93) wird von der Lehrkraft oder lesestarken Kindern vorgelesen.

Krimi

Otto hatte sich von Anna ein Buch geborgt.
Als er ihr das Buch nach einigen Tagen brachte, fragte Anna:
„Wo hast du mein schönes
Lesezeichen gelassen?
Es lag zwischen den Seiten 17 und 18!"

Otto ärgerte sich über ihre Behauptung.
Er sagte: „Das kann nicht sein, Anna.
Ich werde es beweisen.
Um den Fall zu lösen,
brauche ich keine fünf Minuten!"

❶ Worüber ärgert sich Otto?

❷ Otto hat den Fall gelöst. Du auch?

Ä rger	ä rgern	Ö l	l ö sen	Ü bung	ü ben
Ä	ä	Ö	ö	Ü	ü

Mann	Wort	Buch	schälen
Männlein	Wörter	Bücher	stören
			schütteln

92   → AH S. 78/79

→ AH S. 78/79
→ KV 65: Ä ä, Ö ö, Ü ü

Märchenbücher – ratet mit!

1. Eine Prinzessin ärgert sich und
   will den Frosch nicht küssen.
2. Ein Männlein tanzt um Flammen herum.
3. Eine böse Fee wird nicht eingeladen.
   Nun müssen alle sehr lange schlafen.
4. Ein Müller hat drei Söhne. Der jüngste
   von ihnen erbt einen besonderen Kater.
5. Ein Mädchen ist völlig mit Gold überschüttet
   und ein anderes Mädchen mit Pech.

❶ In welchem Märchen erbt ein Sohn einen Kater?

❷ Welches der Märchen gefällt dir am besten?
Male ein Bild dazu.

Märchen
Der goldene Sonnenball
ist in den Brunnen gefallen.
Am Morgen holt ihn der Froschkönig wieder herauf.
Da keine Prinzessin ihn ruft,
wirft er den Ball in den Himmel.

Wolfgang Bächler

| Mädchen | fährt | können | böse | Frühling | fünf |
| Wärme | fällt | hören | schön | Flügel | grün |

93

e T t ist S s sind U u G g H h F f
k B b nk V v ng ß Sch sch J j
ı Sp sp tz ck äu chs Y y Qu qu X x C c

Lese- und Schreibübungen

- Die Kinder lesen die Wörter aus dem Kasten (→ Fibel-Seite 92). Zusätzlich werden die Wörter an die Tafel geschrieben und die Umlaute gekennzeichnet.
- Die Kinder schreiben die Wörter aus dem Kasten in ihr Heft (→ Fibel-Seite 93). Zusätzlich markieren sie die neuen Buchstaben.

Differenzierung
Fördern

- Die Lehrkraft schreibt Wörter mit den bereits eingeführten Buchstaben sowie *a*, *o* und *u*, die in der Mehrzahl umlauten, an die Tafel. Die Kinder bilden die Mehrzahl und die Lehrkraft ergänzt diese an der Tafel (z.B. Rad – Räder, Zahn – Zähne, Ton – Töne, Dorf – Dörfer, Turm – Türme, Wurm – Würmer).
- Wörter mit *Ö ö* sammeln, an die Tafel schreiben und abschreiben lassen

Fordern

- märchenhaft klingende Wörter mit *ä*, *ö* und *ü* in der Verkleinerungsform sammeln und dazu ein eigenes Märchen erzählen (z.B. [Dorn-]Röschen, Käppchen, Männlein, Äpfelchen)

Weitere Anregungen

- Idee für das Buchstabenheft (→ Lehrerband-Seite 22): Die Kinder gestalten eine Königs-Seite mit den Vokalen *a*, *o* und *u* und den Umlauten rechts daneben. In die Mitte kann z.B. der Bücherwurm mit Königsmantel und Krone gemalt werden.
- fächerübergreifender Unterricht (Musik): Lied: Dornröschen war ein schönes Kind

Seite 94/95

Laut- und Buchstabengewinnung

- *ie* aus dem Schlüsselwort *Biene* gewinnen
- Wörter mit *ie* im Inlaut (Tier, Stier, Biene, Papier, Klavier, fliegen, siegen, wiegen, hier, vier) und Auslaut (die) lesen
- das Lautbild zu *ie* einführen (Biene)
- Hinweis: Da *ie* das Basisgraphem für das lange *i* ist, sollte bewusst mit weiteren Beispielen gearbeitet werden.

Arbeiten mit Text und Bild

- Das Bild wird betrachtet. Die Kinder äußern sich zunächst frei.
- *ie* wird eingeführt: die Buchstabenverbindung an die Tafel schreiben, den Laut dazu sprechen und mit Krone kennzeichnen.
- Wortaufgliederung: Das Wort *Biene* wird an die Tafel geschrieben. Die Kinder schwingen die Silben dazu. Analog zur Übung in der Fibel (→ Fibel-Seite 94) wird die neue Buchstabenverbindung analysiert. Zusätzlich werden die Vokallänge in der ersten Silbe durch Punkt/Strich und das e in der zweiten Silbe gekennzeichnet.
- Das Lautbild wird eingeführt.
- Die Texte *Tiere machen Musik* (Niveau 1, → Fibel-Seite 94) und *Wenn Riesen niesen* (Niveau 2, → Fibel-Seite 95) werden gelesen und die Fragen dazu beantwortet.
- Das Gedicht (Niveau 3, → Fibel-Seite 95) wird von der Lehrkraft oder lesestarken Kindern vorgelesen.

ie

Tiere machen Musik

Ein Stier am Klavier.

Eine Biene mit der Violine.

Das Nashorn
kann kein Instrument,
deshalb ist es Dirigent.

Nino denkt nach:
Mit der Trommel kann man trommeln.
Mit der Geige kann man geigen.
Mit der Trompete kann man trompeten.

Aber mit dem Klavier kann man nicht klavieren,
und mit der Violine kann man nicht violinen.

- ❶ Warum ist das Nashorn Dirigent?
- ❷ Worüber denkt Nino nach?

B ie ne

ie

Tier	Papier	fliegen	die
Stier	Klavier	siegen	hier
Biene		wiegen	vier

94   → AH S. 80/81

M	m	A	a	O	o	und	I	i	N	n	ruft	L
R	r	D	d	Ei	ei	W	w	P	p	ch	Au	a
St	st	Z	z	Ä	ä	Ö	ö	Ü	ü	**ie**	Pf	pf	Eu	e

→AH S. 80/81
→KV 66: ie

Wenn Riesen niesen

Sieben Riesen,
die mit bloßen Füßen
über nasse Wiesen liefen,
niesten mit ihren Riesennasen so laut,
dass von diesem Riesenniesen
sieben Wieselkinder,
die in tiefen Zimmern schliefen,
aufwachten und „G'sundheit!" riefen.

Josef Guggenmos

1 Wie viele Riesen müssen mit ihren Riesennasen niesen?

2 Warum wachen die Wieselkinder auf?

Das Wiesel

Ein Wiesel
saß auf einem Kiesel
inmitten Bachgeriesel.
Wisst ihr,
weshalb?

Das Mondkalb
verriet es mir
im Stillen:
Das raffinierte Tier
tat's um des Reimes willen.

Christian Morgenstern

Tier	Wiese	liegen	vier	sie
Papier	Biene	lieben	sieben	wie
				die

95

e T t ist S s sind U u G g H h F f
k B b nk V v ng ß Sch sch J j
sp tz ck äu chs Y y Qu qu X x C c

Lese- und Schreibübungen

- Die Kinder lesen die Wörter aus dem Kasten (→ Fibel-Seite 94).
- Die Kinder schreiben die Wörter aus dem Kasten in ihr Heft (→ Fibel-Seite 95). Zusätzlich markieren sie die neue Buchstabenverbindung.

Differenzierung

Fördern

- Wort-Bild-Karten mit Wörtern mit kurzem *i* und *ie* werden ausgelegt und von den Kindern nach Gummiwort und Flummiwort geordnet. Die Karten können unter *i* und *ie* in Kronenumrissen gelegt werden.
- in einem Text *ie* markieren

Fordern

- Die Kinder denken sich Reime mit Wörtern aus den Kästen aus (→ Fibel-Seite 94/95).

Weitere Anregungen

- Ideen für das Buchstabenheft (→ Lehrerband-Seite 22):
  - eine Biene malen, daneben das Wort *Biene* schreiben und *ie* markieren (ggf. weitere Wörter mit *ie* oder einen kleinen Text, ggf. mithilfe der Bücherwurm-Lauttabelle, schreiben)
  - in den Umriss einer Biene *ie*, Wörter mit *ie* oder ganze Texte, die oft *ie* enthalten, (ggf. mithilfe der Bücherwurm-Lauttabelle) schreiben

Seite 96/97

Laut- und Buchstabengewinnung

- *Pf pf* aus den Schlüsselwörtern *Pflanze* und *pflegen* gewinnen
- Wörter mit *Pf pf* im Anlaut (Pflanzen, Pflaster, Pfote, pfeifen, pflegen), Inlaut (klopfen, tropfen, hüpfen) und Auslaut (Zopf, Topf, Knopf) lesen
- das Lautbild zu *Pf pf* einführen (Pferd)

Arbeiten mit Text und Bild

- Die Bilder werden betrachtet. Die Kinder äußern sich zunächst frei.
- *Pf pf* wird eingeführt: die Buchstabenverbindung an die Tafel schreiben und den Laut dazu sprechen.
- Wortaufgliederung: Die Wörter *Pflanze* und *pflegen* werden an die Tafel geschrieben. Die Kinder schwingen die Silben dazu. Analog zur Übung in der Fibel (→ Fibel-Seite 96) wird die neue Buchstabenverbindung analysiert. Zusätzlich werden die Vokallänge in der ersten Silbe durch Punkt/Strich und das e in der zweiten Silbe gekennzeichnet.
- Das Lautbild wird eingeführt.
- Die Texte *Die besondere Wasserpflanze* (Niveau 1, → Fibel-Seite 96) und *Besondere Pflanzen* (Niveau 2, → Fibel-Seite 97) werden gelesen und die Fragen dazu beantwortet. Zusätzlich suchen die Kinder Bilder von fleischfressenden Pflanzen in Büchern oder im Internet.
- Das Gedicht (Niveau 3, → Fibel-Seite 97) wird von der Lehrkraft oder lesestarken Kindern vorgelesen. Zu *Regen, Regen, tropf, tropf, tropf, Kopf, Kopf, Kopf, Hand, Hand, Hand* und *Land, Land, Land* können mit den Fingern Geräusche von Regentropfen imitiert werden.

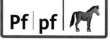

Die besondere Wasserpflanze

Eines Tages brachte Papa
eine Topfpflanze mit nach Hause.

Am anderen Tag sah die Pflanze
ein wenig welk aus.
Mama dachte, Pflanzen muss man pflegen.
Sie gab der Topfpflanze Wasser.
Bald kam Nina. Sie dachte,
Pflanzen muss man pflegen.
Sie gab der Pflanze auch Wasser.

Am Abend kam Papa nach Hause.
Er sagte: „Unsere Pflanze ist wohl
eine Wasserpflanze."

1 Wer gießt die Pflanze?

2 Warum sagt Papa „Wasserpflanze"?

Pf lanze	pf legen
Pf	pf

Pflanzen	Zopf	pfeifen	klopfen
Pflaster	Topf	pflegen	tropfen
Pfote	Knopf		hüpfen

96 → AH S. 82

M	m	A	a	O	o	und	I	i	N	n	ruft	L
R	r	D	d	Ei	ei	W	w	P	p	ch	Au	a
St	st	Z	z	Ä	ä	Ö	ö	Ü	ü	ie	Pf	pf	Eu	e

→AH S. 82
→KV 67: Pf pf

Besondere Pflanzen

Uma schaut auf eine Topfpflanze.
Dabei bemerkt sie eine Fliege.
Die Fliege hüpft auf der Pflanze hin und her.
Die Pflanze heißt Schlauchpflanze.
Sie hat lange, röhrenartige Blätter.
Die Röhren sind grün. Der Rand ist lila.
Die Fliege schlüpft in die Röhre
und kommt nicht mehr heraus.
Denn die Schlauchpflanze frisst kleine Fliegen.
Uma hat noch eine Venusfliegenfalle.
Diese Pflanze frisst ebenfalls Fliegen.
Sie sieht aber ganz anders aus.

❶ Welche Pflanzen hat Uma?

❷ Was ist an der Schlauchpflanze besonders?

Regen, Regen, tropf, tropf, tropf,
fall auf meinen Kopf, Kopf, Kopf,
fall auf meine Hand, Hand, Hand,
fall aufs ganze Land, Land, Land!
Regen, Regen.

Annette Huber, Nina Kuhn

Pferd	Apfel	pflanzen	pflegen
Pferde	Kopf	sie pflanzt	sie pflegt

97

e T t ist S s sind U u G g H h F f
k B b nk V v ng ß Sch sch J j
sp tz ck äu chs Y y Qu qu X x C c

Lese- und Schreibübungen

- Die Kinder lesen die Wörter aus dem Kasten (→ Fibel-Seite 96).
- Die Kinder schreiben die Wörter aus dem Kasten in ihr Heft (→ Fibel-Seite 97). Zusätzlich markieren sie die neue Buchstabenverbindung.

Differenzierung

Fördern

- Die Lehrkraft erzählt eine Geschichte mit möglichst vielen Wörtern mit *Pf pf*. Die Kinder klatschen (oder führen eine andere Bewegung aus), wenn sie den Laut hören.

Fordern

- eine Kartei mit Wörtern mit *Pf pf* anlegen und sich die Wörter mit einem Partner gegenseitig diktieren

Weitere Anregungen

- Ideen für das Buchstabenheft (→ Lehrerband-Seite 22):
  - Die Kinder malen ein Pferd und bilden daneben aus einem grünen Faden als Wiese das Wort *Pferd*.
  - das Gedicht *Apfellied* (→ Fibel-Seite 131) abschreiben (z. B. auch in den Umriss eines Apfels)
- Sätze mit möglichst vielen Wörtern mit *Pf pf* bilden (z. B. Pipi Langstrumpf klopft auf den Topf.)

Seite 98/99

Laut- und Buchstabengewinnung

- *Eu eu* aus den Schlüsselwörtern *Eule* und *Freunde* gewinnen
- Wörter mit *Eu eu* im Anlaut (Eule, euch, euer), Inlaut (Beule, Feuer, Freund, freundlich, anfreunden) und Auslaut (treu, scheu) lesen
- das Lautbild zu *Eu eu* einführen (Euro)

Arbeiten mit Text und Bild

- Das Bild wird betrachtet. Die Kinder äußern sich zunächst frei.
- *Eu eu* wird eingeführt: die Buchstabenverbindung an die Tafel schreiben, den Laut dazu sprechen und mit Krone kennzeichnen.
- Wortaufgliederung: Die Wörter *Eule* und *Freunde* werden an die Tafel geschrieben. Die Kinder schwingen die Silben dazu. Analog zur Übung in der Fibel (→ Fibel-Seite 98) wird die neue Buchstabenverbindung analysiert. Zusätzlich wird das e in der zweiten Silbe gekennzeichnet.
- Das Lautbild wird eingeführt.
- Die Texte *Moni* (Niveau 1, → Fibel-Seite 98) und *Ninas beste Freundin* (Niveau 2, → Fibel-Seite 99) werden gelesen und die Fragen dazu beantwortet. Zusätzlich wird besprochen: Hast du Freunde, die etwas „anders" sind? Empfindest du dich als „anders"? Was macht das Anderssein aus?
- Das Gedicht (Niveau 3, → Fibel-Seite 99) wird von der Lehrkraft oder lesestarken Kindern vorgelesen.

Moni

Ich möchte euch Moni vorstellen.
Moni ist anders.
Du siehst es an ihren Augen.
Sie stehen ein bisschen auseinander.
Moni lernt gern.
Moni kann auch alles lernen.
Nur braucht sie mehr Zeit als andere Kinder.
Moni malt mit sehr viel Freude.
Deshalb hat sie heute eine Eule für mich gemalt.
Ich habe mich mit Moni angefreundet.
Sie ist immer so freundlich.

1 Was macht Moni viel Freude?

Eu le   Fr eu nde
Eu   eu

Eule	Freund	treu	euch
Beule	freundlich	scheu	euer
Feuer	anfreunden		

M	m	A	a	O	o	und	I	i	N	n	ruft	L
R	r	D	d	Ei	ei	W	w	P	p	ch	Au	
St	st	Z	z	Ä	ä	Ö	ö	Ü	ü	ie	Pf	pf	Eu	

→AH S. 83
→KV 68: Eu eu

Ninas beste Freundin

Moni ist meine beste Freundin.
Wir freuen uns, wenn wir zusammen
Zeit verbringen können.
Heute lese ich ihr eine neue Geschichte
über Eulen vor.
Darüber freut sie sich und lacht.
Dabei leuchten ihre Augen ganz hell.
Moni weiß sehr viel über das Leben der Eulen.
Das finde ich toll.
Zusammen fliegen wir wie Eulen durch das Kinderzimmer.
Die Freundschaft mit Moni bedeutet mir sehr viel.

1 Worüber freut sich Moni?

2 Warum bewundert Nina Moni?

Lieb
Auf einem
Gemäuer
saß ein   und sagte
Geheuer   nicht piep
sagte   Das Geheuer war
nicht wau   ungeheuer lieb

Jürgen Spohn

Eule	Freund	freuen	Leute	neu
Euro	Freundin	Freude	heute	neun

99

Lese- und Schreibübungen

- Die Kinder lesen die Wörter aus dem Kasten (→ Fibel-Seite 98).
- Die Kinder schreiben die Wörter aus dem Kasten in ihr Heft (→ Fibel-Seite 99). Zusätzlich markieren sie die neue Buchstabenverbindung.

Differenzierung

Fördern

- Wörter mit *Eu eu* aus der Zeitung ausschneiden und als Collage aufkleben

Fordern

- eine Geschichte über Freundschaft (ggf. mithilfe der Bücherwurm-Lauttabelle) schreiben: Mein bester Freund/Meine beste Freundin

Weitere Anregungen

- Idee für das Buchstabenheft (→ Lehrerband-Seite 22): mit Bleistift Abdrücke von Euro-Stücken rubbeln und darum Wörter mit *Eu eu* (ggf. mithilfe der Bücherwurm-Lauttabelle) schreiben
- den Text *Moni* (→ Fibel-Seite 98) als Laufdiktat schreiben
- über Freundschaft sprechen: Wie wählst du Freunde aus? Was unternimmst du mit deinen Freunden?
- einen Brief an den besten Freund/die beste Freundin (ggf. mithilfe der Bücherwurm-Lauttabelle) schreiben
- Literaturtipp: McKee, David: Elmar. Stuttgart: Thienemann 2011.

e	T	t	ist	S	s	sind	U	u	G	g	H	h	F	f
k	B	b	nk	V	v	ng	ß	Sch	sch	J	j			
sp	tz	ck	äu	chs	Y	y	Qu	qu	X	x	C	c		

Seite 100

Erläuterung zur Strategie/Methode

• Auf dieser Seite werden die Um- und Zwielaute sowie das Mehrgraphem *ie*, das in der Regel für das lange *i* geschrieben wird, systematisch an Beispielwörtern aufgeführt.

Anwendungsmöglichkeiten

• Zunächst sollten die Vokale wiederholt werden (→ Fibel-Seite 38).
• Die Kinder lesen die Wörter mit den Umlauten, den Zwielauten und *ie*.
• Weitere Wörter mit dem jeweiligen Umlaut, dem Zwielaut oder *ie* werden gesucht.
• Auf der Bücherwurm-Lauttabelle werden die Umlaute, die Zwielaute und *ie* gesucht.
• Die Umlaute, die Zwielaute und *ie* werden neben den bereits eingeführten Vokalen gut sichtbar im Klassenzimmer angebracht.
• Die Vokale, die Umlaute, die Zwielaute und *ie* werden geordnet an die Tafel geschrieben (siehe Tafelbild).

Differenzierung

Fördern

• weitere Wörter mit Umlaut, Zwielaut oder *ie* sammeln

Fordern

• weitere Wörter mit Umlaut, Zwielaut oder *ie* sammeln, Silben schwingen, die Wörter (ggf. mithilfe der Bücherwurm-Lauttabelle) verschriften und Könige durch Kronen markieren

Weitere Anregungen

• Reimwörter zu Wörtern mit Umlauten, Zwielauten oder *ie* finden (z. B. Löwe – Möwe, Lücke – Mücke)

Das sind auch Könige:

Käse   Löwe   Hügel   Wiesel

Taube   Geige   Teufel

100   weitere Könige/Vokale – Umlaute und Zwielaute kennenlernen

M	m	A	a	O	o	und	I	i	N	n	ruft	L	
R	r	D	d	Ei	ei	W	w	P	p	ch	Au		
St	st	Z	z	Ä	ä	Ö	ö	Ü	ü	ie	Pf	pf	Eu

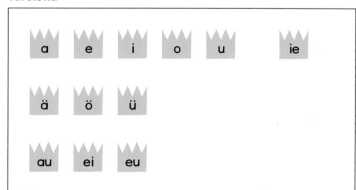

→ KV 69: Weitere Könige – Umlaute
→ KV 70: Weitere Könige – Zwielaute

Vorbereitung
• Bücherwurm-Lauttabelle

Tafelbild

a	e	i	o	u		ie
ä	ö	ü				
au	ei	eu				

Üben

Suche alle Wörter mit ä, ö und ü.
Schreibe sie auf.

Bär, Säge, König, Löffel, Löwe, Tür, Tüte

Welches Wort passt nicht?

Rad schade an
sägen Zahn am

Ruder bunt über
Hund und Wunder

loben toben Zöpfe
Topf Hort Ort

Seil Ei Geige nein
scheinen weinen kein
Biene Zeit weit reiten

Leute Feuer heute
Beute leise Teufel
Scheune Keule Eule

101

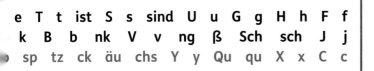

e	T	t	ist	S	s	sind	U	u	G	g	H	h	F	f
k	B	b	nk	V	v	ng	ß	Sch	sch	J	j
sp	tz	ck	äu	chs	Y	y	Qu	qu	X	x	C	c

Tafelbild

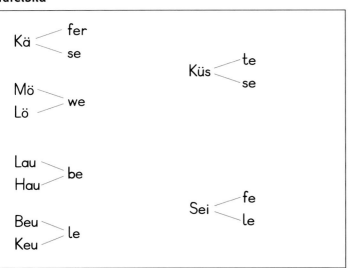

Kä — fer / se

Mö — we
Lö

Küs — te / se

Lau — be
Hau

Beu — le
Keu

Sei — fe / le

Seite 101

Lernziele/Kompetenzen

Die Kinder
- identifizieren Umlaute in Wörtern,
- schreiben Wörter mit Umlauten,
- finden in Wortgruppen das formal nicht passende Wort heraus.

Anregungen für den Unterricht

- Aufgabe 1: Die Kinder suchen Wörter mit *ä, ö* und *ü* und schreiben sie auf.
- Aufgabe 2: Die Kinder suchen in den Häusern jeweils das Wort heraus, das formal nicht passt (1. sägen, 2. über, 3. Zöpfe, 4. Biene, 5. leise).

Differenzierung

Fördern

- Wörter mit Umlauten und Zwielauten sammeln, Silben schwingen, die Wörter (ggf. mithilfe der Bücherwurm-Lauttabelle) verschriften, Silbenbögen setzen und Umlaute sowie Zwielaute durch Kronen markieren

Fordern

- Aufgabe 2: Die Kinder stellen weitere Wortgruppen zusammen, in denen sich ein nicht passendes Wort versteckt. Dabei sollen Wörter mit Umlauten und Zwielauten verwendet werden.
- Wortpaare finden: Die Kinder ordnen von der Lehrkraft vorbereitete Wortkarten. Auf einer Karte steht ein Substantiv in der Grundform und auf der dazugehörigen anderen Karte die entsprechende Ableitung mit Umlaut (z. B. Hase – Häschen, Horn – Hörnchen, Apfel – Äpfel). Die Kinder können das Spiel um weitere Wortpaare ergänzen.

Weitere Anregungen

- Silben an die Tafel schreiben und von den Kindern Wörter bilden lassen (siehe Tafelbild)
- Galgenmännchen mit den gesammelten Wörtern mit Umlauten und Zwielauten spielen

Seite 102

Lernziele/Kompetenzen

Die Kinder
- identifizieren Zwielaute in Wörtern,
- schreiben Wörter mit *au, eu* und *ei,*
- finden in Wortgruppen das inhaltlich nicht passende Wort heraus.

Anregungen für den Unterricht

- Aufgabe 1: Die Kinder suchen Wörter mit *au, eu* und *ei* und schreiben sie in ihr Heft.
- Aufgabe 2: Die Kinder suchen in den Häusern jeweils das Wort heraus, das inhaltlich nicht passt (1. Träne [nicht essbar], 2. Käse [kein Tier], 3. Schraube [nicht essbar], 4. Geister [kein Tier]).

Differenzierung

Fördern

- Wörter mit Umlauten und Zwielauten sammeln, Silben schwingen, die Wörter (ggf. mithilfe der Bücherwurm-Lauttabelle) verschriften, Silbenbögen setzen und Umlaute und Zwielaute durch Kronen markieren

Fordern

- Aufgabe 2: Die Kinder stellen weitere Wortgruppen zusammen, in denen sich ein nicht passendes Wort versteckt. Dabei sollen Wörter mit Umlauten und Zwielauten verwendet werden.

Weitere Anregungen

- Die Lehrkraft verteilt Wortlisten mit Wörtern mit Umlauten und Zwielauten. Die Kinder setzen die Silbenbögen, markieren die Könige und lesen die Wörter.
- die Umlaute und Zwielaute in Fantasiewörtern tauschen, sodass richtige Wörter entstehen (z. B. Köse – Käse, Kräte – Kröte, Nösse – Nüsse, Aule – Eule, Meus – Maus, Leuter – Leiter)
- Reimwörter zu Wörtern mit Umlauten und Zwielauten finden (z. B. Flöte - Kröte, Nüsse – Küsse, Bauer – sauer, Feuer – teuer, Leute – heute, Keule – Eule, Schwein – mein, Eier – Geier)

Mein liebes Kind,

ich schreibe dir aus meinem Urlaub einen kleinen Brief.
Ich grüße dich herzlich. Gestern bin ich mit dem Flugzeug
über das weite Meer geflogen.
Nun gönne ich mir etwas Ruhe am Strand.
Die Leute sind sehr freundlich. Heute scheint die Sonne.
Ich befürchte, dass die schöne Zeit hier allzu schnell
vorbei sein wird.
Ich freue mich schon, dich wiederzusehen.
Küsschen, Deine Oma

PS: Die Sonne hat einige Buchstaben ausgeblichen.
Ich hoffe, du kannst alles lesen!

Finde fünf Wörter: Freund, Biene, Meise, Bauer, grün

O	G	R	Ü	N	G	K
B	A	U	E	R	E	P
S	M	E	I	S	E	R
O	B	I	E	N	E	G
F	R	E	U	N	D	M

Ich habe noch „EI" und „BAU" gefunden.

Ich habe noch „UND", „ER" und „EIS" gefunden.

103

e	T	t	ist	S	s	sind	U	u	G	g	H	h	F	f
k	B	b	nk	V	v	ng	ß	Sch	sch	J	j
sp	tz	ck	äu	chs	Y	y	Qu	qu	X	x	C	c

Vorbereitung
• ggf. Lesepfeil

Seite 103

Lernziele/Kompetenzen

Die Kinder
• lesen einen Text mit schwach gedruckten Umlauten und Zwielauten sinnverstehend,
• finden in einem Suchsel Wörter mit Umlauten und Zwielauten.

Anregungen für den Unterricht

• Aufgabe 1: Die Kinder lesen den Brief der Oma (ggf. unter Zuhilfenahme des Lesepfeils) und beantworten Fragen zum Text (z.B. Womit ist die Oma verreist? Fühlt sich die Oma im Urlaub wohl? Wo könnte die Oma sein? Weshalb sind einige Buchstaben ausgeblichen?). Danach sollen die Kinder überlegen, was den ausgeblichenen Buchstaben gemeinsam ist (es sind alles Könige).
• Aufgabe 2: Die Kinder suchen im Suchsel Wörter (erste Zeile: grün, zweite Zeile: Bauer, dritte Zeile: Meise, vierte Zeile: Biene, fünfte Zeile: Freund). In diesen Wörtern sind wiederum weitere Wörter enthalten (Eis, er, und, Ei, Bau).

Differenzierung
Fördern

• Aufgabe 1: Die Kinder schreiben die Wörter mit den ausgeblichenen Buchstaben auf, setzen die Silbenbögen und markieren die Könige durch Kronen.

Fordern

• Aufgabe 2: ein eigenes Suchsel erstellen, in dem drei Wörter mit Umlaut bzw. Zwielaut versteckt sind

Weitere Anregungen

• Aufgabe 1: eine Antwortkarte an die Oma schreiben
• Aufgabe 1: Gespräch: Erzähle über einen spannenden Urlaubstag der Oma.

Seite 104/105

Laut- und Buchstabengewinnung

- *Sp sp* aus den Schlüsselwörtern *Spinne* und *springen* gewinnen
- Wörter mit *Sp sp* im Anlaut (Spinne, Spiegel, Spaghetti, Spaß, springen, spotten, spannend, spät) lesen
- das Lautbild zu *Sp sp* einführen (Spinne)

Arbeiten mit Text und Bild

- Das Foto wird betrachtet. Die Kinder äußern sich zunächst frei.
- *Sp sp* wird eingeführt: die Buchstabenverbindung an die Tafel schreiben und den Laut dazu sprechen.
- Wortaufgliederung: Die Wörter *Spinne* und *springen* werden an die Tafel geschrieben. Die Kinder schwingen die Silben dazu. Analog zur Übung in der Fibel (→ Fibel-Seite 104) wird die neue Buchstabenverbindung analysiert. Zusätzlich werden die Vokallänge in der ersten Silbe durch Punkt/Strich und das e in der zweiten Silbe gekennzeichnet. Außerdem wird der Bücherwurm-Hinweis gelesen.
- Das Lautbild wird eingeführt.
- Der Text *Angst vor Spinnen?* (Niveau 1, → Fibel-Seite 104) wird gelesen und die Fragen dazu werden beantwortet. Der Text kann mit verteilten Rollen gelesen werden.
- Der Text *Spinnen* (Niveau 2, → Fibel-Seite 105) wird gelesen und die Fragen dazu werden beantwortet. Zusätzlich wird die eigene Einstellung zu Spinnen besprochen.
- Das Gedicht (Niveau 3, → Fibel-Seite 105) wird von der Lehrkraft oder lesestarken Kindern vorgelesen.

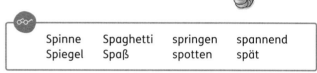

Angst vor Spinnen?

Beim Spielen sieht Nino eine kleine Spinne.
Nino springt sofort weg. Spinnen mag er nicht.
„Hast du Angst vor Spinnen?", fragt Ali.
„Ja", sagt Nino leise.
Ali muntert ihn auf:
„In Deutschland gibt es nur wenige giftige Spinnen.
Sie sind auch nur für andere Tiere giftig
und nicht für uns Menschen.
Wenn du Lust hast, komm mich heute Nachmittag
besuchen.
Ich habe ein neues Buch über Spinnen.
Darin können wir viel Interessantes über Spinnen
lesen."

❶ Warum springt Nino weg?

❷ Wie muntert Ali Nino auf?

Du hörst schp. Aber du schreibst Sp oder sp.

Sp inne   sp ringen

Sp   sp

Spinne	Spaghetti	springen	spannend
Spiegel	Spaß	spotten	spät

104   → AH S. 86

M	m	A	a	O	o	und	I	i	N	n	ruft	L
R	r	D	d	Ei	ei	W	w	P	p	ch	Au	a
St	st	Z	z	Ä	ä	Ö	ö	Ü	ü	ie	Pf	pf	Eu	e

→AH S. 86
→KV 71: Sp sp

Spinnen

Ali findet Spinnen mit ihren acht Beinen spannend.
Nino findet Spinnen mit ihren acht Beinen gruselig.
Es gibt verschiedene Spinnenarten.
Einige spinnen Seidenfäden zu einem .
Darin fangen sie ihre Beute.
Die Hausspinne kennt Ali besonders gut.
Sie hat eine Spannweite von bis zu acht Zentimetern.
Die Kreuzspinne erkennt Ali an ihrem Kreuz.
Sie kann sieben verschiedene Fäden spinnen.
Die Krabbenspinne tarnt sich.
Sie verändert ihre Farbe und passt sich
den Blütenfarben an.
Ali kennt noch mehr Spinnen. Du auch?

Welche Spinnen gehen auf die Jagd? Forsche nach.

1 Woran erkennt Ali die Kreuzspinne?

2 Warum fürchten sich manche Kinder vor Spinnen?

Die Regenspinnen

In den Regenrinnen
wohnen Regenspinnen,
tanzen auf den Tropfen

und tun Socken stopfen,
denn in Regensocken
bleiben Spinnen trocken.

Georg Bydlinski

| Spiel | Spinne | spielen | spannend |
| Sport | Spaß | sparen | |

105

---

e	T	t	ist	S	s	sind	U	u	G	g	H	h	F	f
k	B	b	nk	V	v	ng	ß	Sch	sch	J	j			
p	**sp**	tz	ck	äu	chs	Y	y	Qu	qu	X	x	C	c	

- Die Kinder lesen die Wörter aus dem Kasten (→ Fibel-Seite 104).
- Die Kinder schreiben die Wörter aus dem Kasten in ihr Heft (→ Fibel-Seite 105). Zusätzlich markieren sie die neue Buchstabenverbindung.

Differenzierung

Fördern

- Die Lehrkraft schreibt Wörter mit den bereits eingeführten Buchstaben sowie *Sp sp* an die Tafel. Die Kinder schreiben die Wörter auf Karten und führen damit ein Eigendiktat durch (Karte kurz anschauen, umdrehen und das Wort schreiben, vergleichen).

Weitere Anregungen

- Idee für das Buchstabenheft (→ Lehrerband-Seite 22): eine Spinne malen, verschiedene Spinnenarten (ggf. mithilfe der Bücherwurm-Lauttabelle) aufschreiben und *Sp sp* markieren
- fächerübergreifender Unterricht (Sachunterricht): über Spinnen recherchieren (siehe Bücherwurm-Hinweis, → Fibel-Seite 105) und in Kleingruppen Informationsbücher/Plakate anfertigen
- fächerübergreifender Unterricht (Kunst): eine Spinne basteln: aus schwarzer Wolle einen Pompon als Körper herstellen und aus Pfeifenputzern die Beine biegen
- fächerübergreifender Unterricht (Musik): Lied: Itsy Bitsy Spider (als Fingerspiel oder Squaredance)

Seite 106/107

Laut- und Buchstabengewinnung

- *tz* aus dem Schlüsselwort *Katze* gewinnen
- zum Bild passende Wörter mit dem Laut *tz* sammeln
- Wörter mit *tz* im Inlaut (jetzt, plötzlich) und Auslaut (spitz, Spatz) sowie als Silbengelenk (Katze, Pfütze, flitzen, sitzen, blitzen, schmutzig, trotzig) lesen
- das Lautbild zu *tz* einführen (Katze)

Arbeiten mit Text und Bild

- Das Bild wird betrachtet. Die Kinder äußern sich zunächst frei.
- *tz* wird eingeführt: die Buchstabenverbindung an die Tafel schreiben und den Laut dazu sprechen.
- Wortaufgliederung: Das Wort *Katze* wird an die Tafel geschrieben. Die Kinder schwingen die Silben dazu. Analog zur Übung in der Fibel (→ Fibel-Seite 106) wird die neue Buchstabenverbindung analysiert. Zusätzlich werden die Vokallänge in der ersten Silbe durch Punkt/Strich und das *e* in der zweiten Silbe gekennzeichnet.
- Das Lautbild wird eingeführt.
- Die Kinder suchen im Bild nach Wörtern, die den Laut *tz* enthalten und sagen, an welcher Stelle im Wort sie ihn hören (in der Mitte oder am Ende).
- Der Text *Eine Flitzekatze* (Niveau 1, → Fibel-Seite 106) wird gelesen und die Fragen dazu werden beantwortet. Zusätzlich wird besprochen: Warum öffnet Nina der Katze das Fenster?
- Das Gedicht *Ratz batz schmatz* (Niveau 2, → Fibel-Seite 107) wird gelesen und die Fragen dazu werden beantwortet. Die Kinder erfinden eine eigene Strophe.
- Der Zungenbrecher (Niveau 3, → Fibel-Seite 107) wird von der Lehrkraft oder lesestarken Kindern vorgelesen. Danach wird der Zungenbrecher mit einem Partner gelesen. Die beiden Kinder versuchen, dabei immer schneller zu werden.

tz

Eine Flitzekatze

Nina sitzt am Fenster.
Gerade hat es noch geregnet und geblitzt.
Plötzlich sieht Nina draußen ihre kleine Katze.
Das Kätzchen flitzt durch den Garten.
Dabei springt es in eine Pfütze.
Jetzt hat die Katze schmutzige Pfötchen.

Auf dem Baum sitzt ein Spatz.
Mit einem Satz springt die Katze auf den Baum.
Fort ist der Spatz.
Die kleine Katze flitzt zum Haus.
Nina lacht und öffnet ihr das Fenster.

1 Was erfährst du über die Flitzekatze?

2 Warum springt die Katze auf den Baum?

Ka tz e

    tz

Katze	flitzen	schmutzig	jetzt
Spatz	sitzen	spitz	plötzlich
Pfütze	blitzen	trotzig	

106   → AH S. 87

M	m	A	a	O	o	und	I	i	N	n	ruft	L
R	r	D	d	Ei	ei	W	w	P	p	ch	Au	a
St	st	Z	z	Ä	ä	Ö	ö	Ü	ü	ie	Pf	pf	Eu	e

→AH S. 87
→KV 72: tz

Ratz batz schmatz

. Ratz batz schmatz
Ich bin die Schmatze-Katz.

. Ich schmatze mit der Zunge,
hab klitzekleine Junge,
und sag's in einem Satz:
Ratz batz schmatz,
ich bin die Schmatze-Katz.

. Ich kratze mit den Krallen,
mag Fischsalat vor allem
und sag's in einem Satz:
Ratz batz schmatz,
ich bin die Schmatze-Katz.

4. Ich fauche wie ein Fratz,
schlaf' viel an meinem Platz
und sag's in einem Satz:
Ratz batz schmatz,
ich bin die Schmatze-Katz.

5. Ich putz' mich mit den Pfoten,
das ist doch nicht verboten,
und sag's in einem Satz:
Ratz batz schmatz,
ich bin die Schmatze-Katz.

Peter Sonnenburg

1 Wie heißt die Katze?

2 Was macht die Katze?

3 Erfinde eigene Verse über die Schmatze-Katz.

Der Flugplatzspatz nahm auf dem Flugplatz Platz.
Auf dem Flugplatz nahm der Flugplatzspatz Platz.

Katze – Katzen	sitzen
Platz – Plätze	sie sitzt
Satz – Sätze	wir sitzen

e	T	t	ist	S	s	sind	U	u	G	g	H	h	F	f
k	B	b	nk	V	v	ng	ß	Sch	sch	J	j
sp	**tz**	ck	äu	chs	Y	y	Qu	qu	X	x	C	c

- Die Kinder lesen die Wörter aus dem Kasten (→ Fibel-Seite 106).
- Die Kinder schreiben die Wörter aus dem Kasten in ihr Heft (→ Fibel-Seite 107). Zusätzlich markieren sie die neue Buchstabenverbindung.

Differenzierung

Fördern

- als Vorbereitung für das Schreiben eigener Verse (→ Fibel-Seite 107, Aufgabe 3) gemeinsam Reimwörter sammeln

Fordern

- eine Reizwortgeschichte mit den Wörtern *Spatz, Katze, plötzlich* und *schmutzig* (ggf. mithilfe der Bücherwurm-Lauttabelle) schreiben

Weitere Anregungen

- Idee für das Buchstabenheft (→ Lehrerband-Seite 22): Die Kinder malen die Flitzekatze (→ Fibel-Seite 106) und schreiben (ggf. mithilfe der Bücherwurm-Lauttabelle) über ein Erlebnis der Flitzekatze. Dabei verwenden sie möglichst die Wörter aus dem Kasten (→ Fibel-Seite 106).
- Weitere Anregungen für einen handlungsorientierten Umgang mit dem Gedicht *Ratz batz schmatz* (→ Fibel-Seite 107) finden sich im Internet: www.grundschul-blog.de (Suche: Ratz batz schmatz; z. B. bei dem Gedicht die Vokale austauschen oder das Gedicht vertonen).

Seite 108

Erläuterung zur Strategie/Methode

• Auf dieser Seite wird die Kennzeichnung von Substantiven (hier Menschen, Tiere, Pflanzen und Dinge) und Satzanfängen thematisiert. Die Kinder sollen erkennen, dass die Groß- und Kleinschreibung beim Lesen hilft.

Anwendungsmöglichkeiten

• Die Artikelpunkte werden erneut aufgegriffen und durch die Artikelwörter ergänzt (siehe Tafelbild).
• Die Kinder finden zu den Kategorien (Menschen, Tiere, Pflanzen und Dinge) weitere Beispiele.
• Die Kinder lesen den Text *Eine Flitzekatze* (→ Fibel-Seite 106) erneut und nennen die Satzanfänge.

Differenzierung

Fördern

• die Wörter auf den Sprachförderungsseiten (→ Fibel-Seite 6/7, 8/9, 14/15, 26/27, 46/47) erneut mit Artikel sprechen und den Kategorien zuordnen

Fordern

• Menschen und Dinge aus dem Klassenzimmer nennen und die Substantive (ggf. mithilfe der Bücherwurm-Lauttabelle) verschriften
• Wortkarten mit Substantiven zuerst nach Kategorien (Menschen, Tiere, Pflanzen, Dinge) und dann nach dem bestimmten Artikel (der, die, das) ordnen
• Die Lehrkraft schreibt Sätze in Kleinschreibung an die Tafel. Die Kinder nennen die Wörter, die großgeschrieben werden müssen (Satzanfang, Substantive). Die kleingeschriebenen Anfangsbuchstaben dieser Wörter werden durchgestrichen. Danach werden die Sätze richtig angeschrieben.

Weitere Anregungen

• Die Lehrkraft schreibt Satzschlangen an die Tafel (z. B. Frau Fröhlich ist Lehrerin sie hat eine Katze ihr Name ist Miu sie liebt ihren Kaktus und Bücher). Die Kinder nennen die Satzgrenzen. Dann werden die Punkte eingefügt und die kleingeschriebenen Satzanfänge korrigiert. Die Sätze können anschließend richtig ins Heft geschrieben werden.

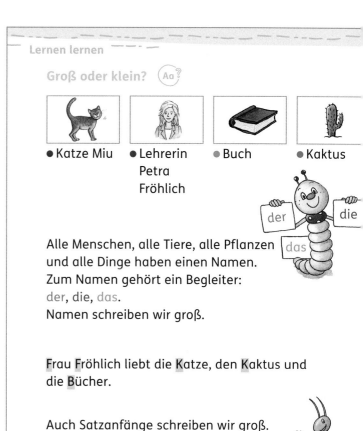

→KV 73: Groß oder klein? (Aa?)
→Film 5 (DUA): Nomen
→Film 6 (DUA): Satzanfänge

Tafelbild

⬤ die Katze Miu

⬤ die Lehrerin Petra Fröhlich

⬤ das Buch

⬤ der Kaktus

Lernziele/Kompetenzen

Die Kinder
• ordnen Substantiven ihre Artikel zu,
• schreiben Substantive mit Artikel auf,
• festigen ihr Wissen darüber, dass Substantive einen Artikel haben und großgeschrieben werden.

Anregungen für den Unterricht

• Aufgabe 1: Die Kinder ordnen jedem bildlich dargestellten Substantiv den passenden Artikel zu.
• Aufgabe 2: Zuerst werden die Substantive gelesen und dem passenden Artikel zugeordnet. Danach schreiben die Kinder die Substantive mit Artikel in ihr Heft. Sie beachten dabei die Großschreibung der Substantive (auf den Merksatz von Fibel-Seite 108 verweisen).

Differenzierung

Fördern

• Aufgabe 1 und 2: mit den Substantiven Sätze bilden: Wer schafft es, einen sinnvollen Satz mit mehr als einem der Wörter zu bilden?

Fordern

• weitere Substantive sammeln und mit ihnen Sätze bilden

Weitere Anregungen

• Zuerst sortieren die Kinder Wortkarten, auf denen Substantive stehen, in drei Kästen (der/die/das). Danach schreiben sie die Substantive mit Artikel auf.
• Spiel: Einen Würfel so präparieren, dass auf jeweils zwei Würfelseiten derselbe Artikel steht. Die Kinder würfeln mit einem Partner. Zum gewürfelten Artikel muss ein passendes Substantiv gefunden werden. Dieses wird mit Artikel aufgeschrieben.

Seite 110

Lernziele/Kompetenzen

Die Kinder
• lesen den Anfang einer Geschichte,
• erzählen mithilfe von Bildern eine Geschichte weiter und schreiben sie auf,
• achten beim Schreiben einer Geschichte auf die Großschreibung von Substantiven und Satzanfängen.

Anregungen für den Unterricht

• Aufgabe 1: Der Anfang der Geschichte wird gemeinsam gelesen.
• Aufgabe 2: Zuerst betrachten die Kinder die Bilder und erzählen die Geschichte nach. Danach schreiben sie die Geschichte in ihr Heft (vorher Hinweis geben: Achte auf die Großschreibung von Substantiven und Satzanfängen!) und lesen sie im Klassenverband vor. Anschließend werden die verschiedenen Versionen der Geschichte verglichen: Worin ähneln sie sich? Worin unterscheiden sie sich? Welche Geschichte fandst du am spannendsten/lustigsten? Warum?

Differenzierung

Fördern

• Aufgabe 2: als Hilfe für das Schreiben der Geschichte Satzanfänge und passende Wörter sammeln

Fordern

• Aufgabe 2: Wörter, Wortfelder und Wortgruppen sammeln, die stilistisch zur Geschichte passen (z. B. Feuer speien, um Hilfe rufen, verteidigen, speisen, Thronsaal, Festmahl)
• Aufgabe 2: Wörter für das narrative Erzählen sammeln (z. B. danach, später, plötzlich)

Weitere Anregungen

• die Geschichte als Rollenspiel nachspielen
• Erzählübung: roter Faden: Die Kinder sitzen im Kreis. Ein Kind erzählt den Anfang einer Geschichte und rollt ein Wollknäuel zu einem anderen Kind. Dieses nimmt das Wollknäuel, erzählt die Geschichte ein Stück weiter und rollt den Wollrest zum nächsten Kind. So entstehen eine gemeinsame Geschichte und in der Kreismitte symbolisch ein „Geschichtennetz".

Üben

Aa?

Lies die Geschichte.

Es war einmal ein König.
Er war sehr reich und mächtig.
In seinem Land stand ein riesiges Schloss.
Der König hatte eine schöne Tochter.
Eines Tages kam ein Drache in das Land geflogen.
Er landete mitten auf dem Schlossturm.

Ist ein Satz zu Ende, mache eine kurze Pause zum Luftholen.

Erzähle die Geschichte anhand der Bilder weiter.

110

M	m	A	a	O	o	und	I	i	N	n	ruft	L
R	r	D	d	Ei	ei	W	w	P	p	ch	Au	
St	st	Z	z	Ä	ä	Ö	ö	Ü	ü	ie	Pf	pf	Eu

Ordne zu.

Menschen	Tiere	Pflanzen	Dinge
· Ritter	...	...	...
· Kinder			
...			

Ritter	Leuchtturm	Pfefferminze	Indianer
Kinder	Drache	Blumentopf	Kürbis
Pflaume	Papiertüte	Eule	Großvater
Biene	Turnbeutel	Grashüpfer	Löwenzahn

 Schreibe ab. ⓐ Aa?

Ling legt zuerst ihr Tierbuch auf den Tisch.
Sie sucht sofort die Seite über die Pfeilgiftfrösche.
Ling liest nun, dass die Pfeilgiftfrösche knallige Farben
und eine giftige Haut haben.

Markiere die Wörter, die groß geschrieben sind.
Warum sind sie groß geschrieben?

111

e	T	t	ist	S	s	sind	U	u	G	g	H	h	F	f
k	B	b	nk	V	v	ng	ß	Sch	sch	J	j
ꜱp	sp	tz	ck	äu	chs	Y	y	Qu	qu	X	x	C	c

Seite 111

Lernziele/Kompetenzen

Die Kinder
• kategorisieren Substantive,
• festigen ihr Wissen darüber, dass Substantive und Satzanfänge großgeschrieben werden.

Anregungen für den Unterricht

• Aufgabe 1: Die Substantive werden gelesen und geordnet ins Heft geschrieben.
• Aufgabe 2: Zuerst werden die Sätze gelesen. Danach schreiben die Kinder die Sätze ab und markieren die Satzanfänge sowie Substantive.

Differenzierung
Fordern

• Aufgabe 2: Die einzelnen Satzglieder werden auf Papierstreifen angeboten, mit denen die Kinder neue Sätze legen können. Das neue erste Satzglied sollte dabei in Großschreibung auf dem Papierstreifen stehen.

Weitere Anregungen

• Zuerst sortieren die Kinder Wortkarten, auf denen Substantive stehen (keine Abstrakta), in vier Kästen (Menschen/Tiere/Pflanzen/Dinge). Danach schreiben sie die Substantive mit Artikel auf.
• Wortfeldspiel: Ein Kind nennt ein Substantiv. Reihum nennt nun jedes Kind ein anderes Substantiv mit Artikel, das damit assoziiert werden kann (ein passendes Wort). Wer kein passendes Substantiv mehr nennen kann oder ein nicht passendes nennt, setzt sich hin. Gewonnen hat das Kind, das zuletzt noch ein passendes Substantiv findet.

Seite 112/113

Laut- und Buchstabengewinnung

- *ck* aus dem Schlüsselwort *Schnecke* gewinnen
- Wörter mit *ck* im Auslaut (Fleck, Rock, Sack) und als Silbengelenk (Schnecke, Ecke, Decke, Locke, Socken, schmecken, lecken, wecken, stecken) lesen
- das Lautbild zu *ck* einführen (Schnecke)

Arbeiten mit Text und Bild

- Das Foto wird betrachtet. Die Kinder äußern sich zunächst frei.
- *ck* wird eingeführt: die Buchstabenverbindung an die Tafel schreiben und den Laut dazu sprechen.
- Wortaufgliederung: Das Wort *Schnecke* wird an die Tafel geschrieben. Die Kinder schwingen die Silben dazu. Analog zur Übung in der Fibel (→ Fibel-Seite 112) wird die neue Buchstabenverbindung analysiert. Zusätzlich werden die Vokallänge in der ersten Silbe durch Punkt/Strich und das *e* in der zweiten Silbe gekennzeichnet.
- Das Lautbild wird eingeführt.
- Der *Steckbrief: Die Schnecke* (Niveau 1, → Fibel-Seite 112) wird gelesen und die Fragen dazu werden beantwortet.
- Das Gedicht *Sieben kecke Schnirkelschnecken* (Niveau 2, → Fibel-Seite 113) wird gelesen und die Fragen dazu werden beantwortet.
- Das Gedicht (Niveau 3, → Fibel-Seite 113) wird von der Lehrkraft oder lesestarken Kindern vorgelesen.

---

  ck

Steckbrief: **Die Schne**cke

Hier le**be** ich:	auf Wie**s**en, in Wäl**d**ern und Gär**t**en
So alt wer**d**e ich:	bis zu 7 Jah**r**e
So groß wer**d**e ich:	bis zu 10 Zen**t**ime**t**er
So schwer bin ich:	bis zu 20 Gramm
Das fres**s**e ich:	Pflan**z**en
Dort le**b**e ich:	un**t**er Blä**t**tern, Stei**n**en und Pflan**z**en
Dies sind me**in**e Fein**d**e:	Igel, Vö**g**el und Frö**s**che
Das kann ich gut:	mich in mein Haus zu**r**ück**z**ie**h**en.

1 Wo lebt die Schnecke?

2 Die Schnecke hat Feinde. Welche?

Schne ck e

ck

die Schnecke	die Locke	schmecken
die Ecke	die Socken	lecken
die Decke	der Rock	wecken
der Fleck	der Sack	stecken

112   → AH S. 88

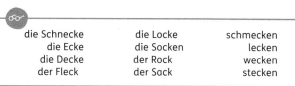

M	m	A	a	O	o	und	I	i	N	n	ruft	L
R	r	D	d	Ei	ei	W	w	P	p	ch	Au	a
St	st	Z	z	Ä	ä	Ö	ö	Ü	ü	ie	Pf	pf	Eu	e

→AH S. 88
→KV 74: ck

Sieben kecke Schnirkelschnecken

Sieben kecke Schnirkelschnecken
saßen einst auf einem Stecken,
machten dort auf ihrem Sitze
kecke Schnirkelschneckenwitze.
Lachten alle so:
„Ho, ho, ho, ho, ho!"

Doch vor lauter Ho-ho-Lachen,
Schnirkelschneckenwitzemachen
fielen sie von ihren Stecken:
alle sieben Schnirkelschnecken.
Liegen alle da.
Ha, ha, ha, ha, ha!

Josef Guggenmos

1 Warum fallen die Schnirkelschnecken von ihrem Sitz?

2 Welche Wörter stecken in dem langen Wort
Schnirkelschneckenwitzemachen?

Wenn die Schnecke auf Urlaub geht
„Ich kann das Kofferschleppen nicht leiden,
ich packe nicht gern ein und aus",
sagte die kleine Schnecke bescheiden
und verreiste gleich mit dem ganzen Haus.

Christine Busta

| die Hecke | backen | dick |
| der Rock | wecken | trocken |

113

e	T	t	ist	S	s	sind	U	u	G	g	H	h	F	f
k	B	b	nk	V	v	ng	ß	Sch	sch	J	j
sp	tz	ck	äu	chs	Y	y	Qu	qu	X	x	C	c

Lese- und Schreibübungen

- Die Kinder lesen die Wörter aus dem Kasten (→ Fibel-Seite 112).
- Die Kinder schreiben die Wörter aus dem Kasten in ihr Heft (→ Fibel-Seite 113). Zusätzlich markieren sie die neue Buchstabenverbindung.

Differenzierung

Fördern

- das Gedicht *Sieben kecke Schnirkelschnecken* (→ Fibel-Seite 113) auswendig lernen und dazu malen

Fordern

- Die Wörter *Schnecke* und *schmecken* werden an die Tafel geschrieben, die Silbenbögen gesetzt und der Kurzvokal in der ersten Silbe durch einen Punkt gekennzeichnet. Die Kinder schwingen die Silben der beiden Wörter. Dadurch „hören" sie den Doppelkonsonanten.

Weitere Anregungen

- Ideen für das Buchstabenheft (→ Lehrerband-Seite 22):
  - eines der Gedichte (→ Fibel-Seite 113) abschreiben (z. B. auch in den Umriss einer Schnecke)
  - in den Umriss eines Schneckenhauses spiralförmig das Wort *Schnecke* schreiben
- fächerübergreifender Unterricht (Sachunterricht): Schnecken im Schulgarten oder der Schulumgebung suchen und mit ihnen Experimente durchführen (im Internet finden sich zahlreiche Anregungen)

Seite 114/115

Laut- und Buchstabengewinnung

- *äu* und *chs* aus den Schlüsselwörtern *Mäuse* und *wachsen* gewinnen
- Wörter mit Umlautung (Baum – Bäume, Strauch – Sträucher, Fuchs – Füchse, wachsen – wächst) sowie *chs* im Auslaut (Fuchs) und als Silbengelenk (wachsen, Füchse) lesen
- das Lautbild zu *äu* (Mäuse) und *chs* (Fuchs) einführen
- Hinweis: Da *Äu äu* denselben Klang hat wie *Eu eu*, sollte bewusst mit Ableitungsformen gearbeitet werden.

Arbeiten mit Text und Bild

- Die Bilder werden betrachtet. Die Kinder äußern sich zunächst frei.
- *äu* und *chs* werden eingeführt: die Buchstabenverbindung an die Tafel schreiben und die Laute dazu sprechen.
- Wortaufgliederung: Die Wörter *Mäuse* und *wachsen* werden an die Tafel geschrieben. Die Kinder schwingen die Silben dazu. Analog zur Übung in der Fibel (→ Fibel-Seite 114) werden die neuen Buchstabenverbindungen analysiert. Zusätzlich werden die Vokallänge in der ersten Silbe durch Punkt/Strich und das e in der zweiten Silbe gekennzeichnet.
- Die Lautbilder werden eingeführt.
- Der Text *Nun wachse mal!* (Niveau 1, → Fibel-Seite 114) wird unter Einbezug der Bilder gelesen und die Frage dazu beantwortet. Zusätzlich wird besprochen: Hilft das Gießen der Maus? Was meinst du?
- Der Text *Bäume sind einzigartige Lebewesen* (Niveau 2, → Fibel-Seite 115) wird gelesen und die Fragen dazu werden beantwortet.
- Das Gedicht (Niveau 3, → Fibel-Seite 115) wird von der Lehrkraft oder lesestarken Kindern vorgelesen.

Nun wachse mal!

Warum regnet es, Oma?
Damit die Bäume wachsen.

Warum gießt du, Oma?
Damit die Sträucher wachsen.

Warum sprengst du, Oma?
Damit der Salat wächst.

Nun wachse mal
und werde groß.
Ingrid Heller

1 Warum gießt die Oma die Pflanzen?

M äu se   wa chs en

äu   chs

| der Baum | der Strauch | der Fuchs | wachsen |
| die Bäume | die Sträucher | die Füchse | er wächst |

114   → AH S. 89/90

M	m	A	a	O	o	und	I	i	N	n	ruft	L
R	r	D	d	Ei	ei	W	w	P	p	ch	Au	
St	st	Z	z	Ä	ä	Ö	ö	Ü	ü	ie	Pf	pf	Eu

→AH S. 89/90
→KV 75: äu, chs

126

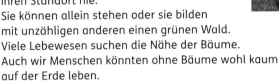

Bäume sind einzigartige Lebewesen

Bäume können größer und schwerer werden
als Elefanten oder Wale.
Sie können viel älter werden als Menschen,
Krokodile oder Schildkröten.
Bäume sind schön. Sie spenden Schatten und
produzieren den Sauerstoff, den wir atmen.
Sie wachsen sehr langsam. Dabei verlassen sie
ihren Standort nie.
Sie können allein stehen oder sie bilden
mit unzähligen anderen einen grünen Wald.
Viele Lebewesen suchen die Nähe der Bäume.
Auch wir Menschen könnten ohne Bäume wohl kaum
auf der Erde leben.

Alois Brei

1 Wer kann älter und schwerer werden als manche
Tiere?

2 Warum können Menschen ohne Bäume nicht leben?

In meinem Garten
steht ein Bäumchen,
hängen daran
viel goldene Träumchen.

der Baum	das Haus	die Maus	laufen	sechs
die Bäume	die Häuser	die Mäuse	sie läuft	

115

e	T	t	ist	S	s	sind	U	u	G	g	H	h	F	f
k	B	b	nk	V	v	ng	ß	Sch	sch	J	j			
sp	tz	ck	äu	chs	Y	y	Qu	qu	X	x	C	c		

- Die Kinder lesen die Wörter aus dem Kasten (→ Fibel-Seite 114).
- Die Kinder schreiben die Wörter aus dem Kasten in ihr Heft (→ Fibel-Seite 115). Zusätzlich markieren sie die neuen Buchstabenverbindungen.

Differenzierung

Fördern

- ein Paarspiel anfertigen: Die Lehrkraft schreibt Wörter mit den bereits eingeführten Buchstaben sowie *au*, die in der Mehrzahl umlauten, an die Tafel. Die Kinder bilden die Mehrzahl und die Lehrkraft ergänzt diese an der Tafel (z. B. Traum – Träume, Maus – Mäuse, Haus – Häuser). Die Kinder schreiben die Umlautpaare auf Karten.
- eine Kartei mit Wörtern mit *chs* anlegen und die Wörter als Eigendiktat schreiben (Karteikarte kurz anschauen, umdrehen und das Wort schreiben, vergleichen)

Fordern

- eine Kartei mit Wörtern mit *chs* anlegen und sich die Wörter mit einem Partner gegenseitig diktieren

Weitere Anregungen

- Ideen für das Buchstabenheft (→ Lehrerband-Seite 22):
  - Umlautpaare mit *au/äu* (ggf. mithilfe der Bücherwurm-Lauttabelle) aufschreiben und mit Krone kennzeichnen
  - eine Seite zum Fuchs gestalten (dazu malen und erste Wörter oder auch Sätze, ggf. mithilfe der Bücherwurm-Lauttabelle, schreiben)
- fächerübergreifender Unterricht (Sachunterricht): Sachbücher zu Bäumen mitbringen und lesen
- Bezug zum Jahreskreis:
  - Schnuddel pflanzt (→ Fibel-Seite 150 und Track 26 [DUA])
  - Der Garten auf dem Fensterbrett (→ Fibel-Seite 151)

Seite 116/117

Laut- und Buchstabengewinnung

- *Y y* aus den Schlüsselwörtern *Yoga* und *Pyramide* gewinnen
- zusammengesetzte Substantive/Komposita mit *Y y* (Gymnastikmatte, Maislabyrinth, Teddybär, Hobbykoch, Yogaübung, Motoryacht) lesen
- das Lautbild zu *Y y* einführen (Pyramide)
- Artikulation: auf Unterscheidung von verschiedenen Varianten des y-Lauts achten

Arbeiten mit Text und Bild

- *Y y* wird eingeführt: die Buchstaben an die Tafel schreiben und die Lautvarianten dazu sprechen.
- Wortaufgliederung: Die Wörter *Yoga* und *Pyramide* werden an die Tafel geschrieben. Die Kinder schwingen die Silben dazu. Analog zur Übung in der Fibel (→ Fibel-Seite 116) werden die neuen Buchstaben analysiert. Zusätzlich wird über die verschiedenen Varianten des y-Lauts gesprochen und – falls vorhanden – das e in der letzten Silbe gekennzeichnet.
- Das Lautbild wird eingeführt. Auf die Unterscheidung von verschiedenen Varianten des y-Lauts achten.
- Der Text *Das Ypsilon* und die Wörter der Tabelle (Niveau 1, → Fibel-Seite 116) werden gelesen und die Fragen dazu werden beantwortet.
- Der Text *Allerlei Ypsilon* (Niveau 2, → Fibel-Seite 117) wird gelesen und die Fragen dazu werden beantwortet.
- Das Gedicht (Niveau 3, → Fibel-Seite 117) wird von der Lehrkraft oder lesestarken Kindern vorgelesen.

Y | y

Das Ypsilon

Das Ypsilon ist der vorletzte Buchstabe im ABC.
Es hat ein kleines Geheimnis:
Manchmal wird es wie ein ü gesprochen,
manchmal wie ein i
und manchmal wie ein j.
Probiere es aus:

wie ü	wie i	wie j
Pyramide	Pony	Yoga
Gymnastik	Teddy	Yacht
Labyrinth	Hobby	Yak

1 Welches Geheimnis umgibt das Ypsilon?

2 Schreibe die Tabelle ab.

Y oga   P y ramide

Y   y

| Gymnastikmatte | Teddybär | Yogaübung |
| Maislabyrinth | Hobbykoch | Motoryacht |

116   → AH S. 91

M	m	A	a	O	o	und	I	i	N	n	ruft	L
R	r	D	d	Ei	ei	W	w	P	p	ch	Au
St	st	Z	z	Ä	ä	Ö	ö	Ü	ü	ie	Pf	pf	Eu

→AH S. 91
→KV 76: Y y

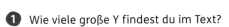

Allerlei Ypsilon

Yasmin wünscht sich zum Geburtstag einen Teddy.

Ninos Hobby ist Yoga.

Tony läuft durch ein Labyrinth.

Ronny trägt einen großen Zylinder.

Baby Maya wird gebadet.

Henry treibt gern Gymnastik.

Romy füttert ein Pony.

Das Yak lebt im Himalaya.

Das Handy des Lehrers klingelt.

1 Wie viele große Y findest du im Text?

2 Wo lebt das Yak? Lies den Satz vor.

In einem Buch seh ich ein Bild
von einem Yak.
Es steht im Schnee.
Sein dickes Zottelhaar,
sein dichtes Unterfell –
die Kälte tut ihm gar nicht weh.

Georg Bydlinski

das Baby
die Babys

117

e	T	t	ist	S	s	sind	U	u	G	g	H	h	F	f
k	B	b	nk	V	v	ng	ß	Sch	sch	J	j
p	sp	tz	ck	äu	chs	Y	y	Qu	qu	X	x	C	c

Lese- und Schreibübungen

• Die Kinder lesen die Wörter aus dem Kasten (→ Fibel-Seite 116). Zusätzlich ordnen sie die Wörter nach den verschiedenen Varianten des y-Lauts.
• Die Kinder schreiben die Wörter aus dem Kasten in ihr Heft (→ Fibel-Seite 117). Zusätzlich markieren sie die neuen Buchstaben.

Differenzierung
Fördern

• Wort-Bild-Karten mit Wörtern mit *Y y* werden ausgelegt und von den Kindern nach den Varianten des y-Lauts geordnet. Die Karten können unter die Wort-Bild-Karten *Pyramide* (y wie ü), *Teddy* (y wie i) und *Yoga* (y wie j) gelegt werden.
• eine Kartei mit Wörtern mit *Y y* anlegen und die Wörter als Eigendiktat schreiben (Karteikarte kurz anschauen, umdrehen und das Wort schreiben, vergleichen)

Fordern

• bildlich dargestellte Wörter mit *Y y* gemeinsam an der Tafel (ggf. mithilfe der Bücherwurm-Lauttabelle) verschriften und nach den Varianten des y-Lauts geordnet ins Heft schreiben
• eine Kartei mit Wörtern mit *Y y* anlegen und sich die Wörter mit einem Partner gegenseitig diktieren

Weitere Anregungen

• Idee für das Buchstabenheft (→ Lehrerband-Seite 22): Bilder von einem Yak aus Büchern oder dem Internet heraussuchen und einen Yak malen
• Die Lehrkraft schreibt Lückensätze mit fehlenden Wörtern mit *Y y* an die Tafel. Die Kinder schreiben (ggf. mithilfe der Bücherwurm-Lauttabelle) die vollständigen Sätze ins Heft (z. B. Zur Entspannung geht Oma zum … Abends gehe ich nicht ohne meinen … ins Bett.).
• Spiel: Galgenraten mit Wörtern mit *Y y*

Seite 118/119

Laut- und Buchstabengewinnung

- *Qu qu* aus den Schlüsselwörtern *Qualle* und *quaken* gewinnen
- Wörter mit *Qu qu* im Anlaut (Quark, Quiz, quaken, quetschen, quietschen) und Inlaut (Aquarium) lesen
- das Lautbild zu *Qu qu* einführen (Qualle)

Arbeiten mit Text und Bild

- Das Foto wird betrachtet. Die Kinder äußern sich zunächst frei.
- *Qu qu* wird eingeführt: die Buchstabenverbindung an die Tafel schreiben und den Laut dazu sprechen.
- Wortaufgliederung: Die Wörter *Qualle* und *quaken* werden an die Tafel geschrieben. Die Kinder schwingen die Silben dazu. Analog zur Übung in der Fibel (→ Fibel-Seite 118) wird die neue Buchstabenverbindung analysiert. Zusätzlich werden die Vokallänge in der ersten Silbe durch Punkt/Strich und das e in der zweiten Silbe gekennzeichnet.
- Das Lautbild wird eingeführt.
- Der Text *Quallen* (Niveau 1, → Fibel-Seite 118) wird gelesen und die Fragen dazu werden beantwortet. Zusätzlich wird besprochen: Was hast du Neues über Quallen erfahren?
- Der Text *Verschiedene Quallen* (Niveau 2, → Fibel-Seite 119) wird gelesen und die Fragen dazu werden beantwortet.
- Der Zungenbrecher (Niveau 3, → Fibel-Seite 119) wird von der Lehrkraft oder lesestarken Kindern vorgelesen. Danach wird der Zungenbrecher mit einem Partner gelesen. Die beiden Kinder versuchen, dabei immer schneller zu werden.

Qu|qu

Quallen

Quallen leben im Wasser.
Auch ihr Körper besteht fast nur aus Wasser.
Quallen haben lange Arme. Diese heißen Tentakel.
Damit fangen die Quallen ihre Nahrung.
Quallen haben keine Ohren und keine Augen.
Aber sie haben einen Mund.
Quallen quaken nicht wie …
Quallen quietschen nicht wie …
Quallen quieken nicht wie …
Quallen schweben kreuz und quer
durch das Meer.

❶ Wie heißen die Arme der Quallen?

❷ Was können Quallen nicht?

Qu alle	qu aken
Qu	qu

das Aquarium	quaken
der Quark	quetschen
das Quiz	quietschen

118   → AH S. 92

M	m	A	a	O	o	und	I	i	N	n	ruft	L
R	r	D	d	Ei	ei	W	w	P	p	ch	Au	a
St	st	Z	z	Ä	ä	Ö	ö	Ü	ü	ie	Pf	pf	Eu	e

→ AH S. 92
→ KV 77: Qu qu

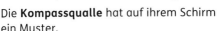

Verschiedene Quallen

Es gibt verschiedene Arten von Quallen.
Der Teil des Körpers über den Quallenarmen, den Tentakeln,
wird Schirm genannt.

Die **Ohrenqualle** erkennst du
an vier Halbkreisen auf ihrem Schirm.
Sie können orange, weiß oder violett sein.
Die Ohrenqualle ist für uns nicht gefährlich.

Die **Kompassqualle** hat auf ihrem Schirm
ein Muster.
Das Muster sieht wie ein Kompass aus.
Sie ist leicht giftig für uns.

Die **Feuerqualle** ist die gefährlichste Qualle
in der Nord- und Ostsee.
Du erkennst sie an ihrer gelblichen
oder orangeroten Färbung.

1 Woran erkennst du die Ohrenqualle?

2 Welche Qualle heißt wie das Muster auf ihrem Schirm?

Zwei quietschnasse Quabbelquallen quasselten Quatsch
und quietschten quatschig.

| quaken | sie quakt |
| quieken | sie quiekt |

119

e	T	t	ist	S	s	sind	U	u	G	g	H	h	F	f
k	B	b	nk	V	v	ng	ß	Sch	sch	J	j
sp	tz	ck	äu	chs	Y	y	Qu	qu	X	x	C	c

Lese- und Schreibübungen

- Die Kinder lesen die Wörter aus dem Kasten (→ Fibel-Seite 118).
- Die Kinder schreiben die Wörter aus dem Kasten in ihr Heft (→ Fibel-Seite 119). Zusätzlich markieren sie die neue Buchstabenverbindung.

Differenzierung

Fördern

- eine Kartei mit Wörtern mit *Qu qu* anlegen und die Wörter als Eigendiktat schreiben (Karteikarte kurz anschauen, umdrehen und das Wort schreiben, vergleichen)

Fordern

- eine Kartei mit Wörtern mit *Qu qu* anlegen und sich die Wörter mit einem Partner gegenseitig diktieren
- die Bilder der Quallen auf der Doppelseite anschauen und eine Quallengeschichte (ggf. mithilfe der Bücherwurm-Lauttabelle) schreiben

Weitere Anregungen

- Idee für das Buchstabenheft (→ Lehrerband-Seite 22): in den Umriss einer Qualle Wörter mit *Qu qu* (ggf. mithilfe der Bücherwurm-Lauttabelle) schreiben oder stempeln
- fächerübergreifender Unterricht (Kunst): eine Qualle aus dem Boden einer Plastikflasche und Fäden basteln
- fächerübergreifender Unterricht (Musik): sich zu Musik bewegen wie eine Qualle

Seite 120/121

Laut- und Buchstabengewinnung

- *X x* aus den Schlüsselwörtern *Xylofon* und *Hexe* gewinnen
- Wörter mit *x* im Inlaut (Axt, Taxi, Text, Boxer, boxen, Nixe, Mixer, mixen, Lexikon) und Auslaut (Box) lesen
- das Lautbild zu *X x* einführen (Xylofon)

Arbeiten mit Text und Bild

- Das Buch-Cover wird betrachtet. Die Kinder äußern sich zunächst frei.
- *X x* wird eingeführt: die Buchstaben an die Tafel schreiben und den Laut dazu sprechen.
- Wortaufgliederung: Die Wörter *Xylofon* und *Hexe* werden an die Tafel geschrieben. Die Kinder schwingen die Silben dazu. Analog zur Übung in der Fibel (→ Fibel-Seite 120) werden die neuen Buchstaben analysiert. Zusätzlich wird – falls vorhanden – das *e* in der zweiten Silbe gekennzeichnet.
- Das Lautbild wird eingeführt.
- Die Texte *Die kleine Hexe* (Niveau 1, → Fibel-Seite 120) und *Ein Buch von Otfried Preußler* (Niveau 2, → Fibel-Seite 121) werden gelesen und die Fragen dazu beantwortet.
- Der Zungenbrecher (Niveau 3, → Fibel-Seite 121) wird von der Lehrkraft oder lesestarken Kindern vorgelesen. Danach wird der Zungenbrecher mit einem Partner gelesen. Die beiden Kinder versuchen, dabei immer schneller zu werden.

X | x

Die kleine Hexe

Die kleine Hexe übte gerade das Regenmachen.
Sie saß auf der Bank vor dem Backofen,
hatte das Hexenbuch auf den Knien liegen und hexte.
Der Rabe Abraxas saß neben ihr
und war unzufrieden.
„Du sollst einen Regen machen", krächzte
er vorwurfsvoll, „und was hext du?
Beim ersten Mal lässt du es weiße Mäuse
regnen, beim zweiten Mal Frösche,
beim dritten Mal Tannenzapfen!
Ich bin ja gespannt, ob du wenigstens jetzt
einen richtigen Regen zustande bringst!"

Otfried Preußler

○ **❶** Was macht die kleine Hexe?

○ **❷** Warum ist der Rabe Abraxas unzufrieden?

X ylofon He x e

X x

die Axt	die Box	die Nixe	das Lexikon
das Taxi	der Boxer	der Mixer	
der Text	boxen	mixen	

120 → AH S. 93

M	m	A	a	O	o	und	I	i	N	n	ruft	L
R	r	D	d	Ei	ei	W	w	P	p	ch	Au	a
St	st	Z	z	Ä	ä	Ö	ö	Ü	ü	ie	Pf	pf	Eu	e

→AH S. 93
→KV 78: X x

Ein Buch von Otfried Preußler

Otfried Preußler erzählt in seinem Buch
von einer kleinen Hexe.
Sie wohnt zusammen mit dem Raben Abraxas
in einem kleinen, windschiefen Häuschen.

Die kleine Hexe ist erst
einhundertsiebenundzwanzig Jahre alt.
Deshalb nehmen die großen Hexen sie nicht ernst.
Die kleine Hexe will aber wenigstens
im großen Zauberbuch lesen.
Doch das darf sie nicht.
Deshalb übt sie heimlich Zaubersprüche.
Was wird sie mit den Zaubersprüchen anstellen?

1 Was verbieten die großen Hexen der kleinen Hexe?

2 Wer hat das Buch von der kleinen Hexe geschrieben?

Hexen-Zungenbrecher
Hexen sechs Hexen
um sechs Uhr sechs Echsen,
dann sind die sechs Echsen
sechs Hexenechsen.

Christa Zeuch

Wenn du mehr erfahren willst, lies das Buch!

die Hexe	das Hexenhaus	hexen
die Hexen	das Hexenbuch	verhexen

121

e	T	t	ist	S	s	sind	U	u	G	g	H	h	F	f
k	B	b	nk	V	v	ng	ß	Sch	sch	J	j
sp	tz	ck	äu	chs	Y	y	Qu	qu	X	x	C	c

Lese- und Schreibübungen
- Die Kinder lesen die Wörter aus dem Kasten (→ Fibel-Seite 120).
- Die Kinder schreiben die Wörter aus dem Kasten in ihr Heft (→ Fibel-Seite 121). Zusätzlich markieren sie die neuen Buchstaben.

Differenzierung
Fördern
- den Text *Die kleine Hexe* (→ Fibel-Seite 120) mit verteilten Rollen lesen
- eine Kartei mit Wörtern mit *X x* anlegen und die Wörter als Eigendiktat schreiben (Karteikarte kurz anschauen, umdrehen und das Wort schreiben, vergleichen)

Fordern
- Sätze über die kleine Hexe (ggf. mithilfe der Bücherwurm-Lauttabelle) schreiben: Was könnte die kleine Hexe noch zaubern wollen?
- eine Kartei mit Wörtern mit *X x* anlegen und sich die Wörter mit einem Partner gegenseitig diktieren

Weitere Anregungen
- Idee für das Buchstabenheft (→ Lehrerband-Seite 22): Stöcke zu *X x* legen und fotografieren; Fotos ausdrucken und in das Buchstabenheft kleben
- ein Rollenspiel zum Text *Die kleine Hexe* (→ Fibelseite 120) oder zu einem anderen Auszug aus dem Buch durchführen
- das Buch *Die kleine Hexe* im Morgenkreis stückweise vorlesen oder das Hörbuch anhören
- über Otfried Preußler recherchieren
- den eigenen Lieblingsautor vorstellen
- sich Zaubersprüche mit möglichst vielen Wörtern mit *X x* ausdenken
- fächerübergreifender Unterricht (Musik): Lieder:
  - Die alte Moorhexe
  - Raxli Faxli

Seite 122/123

Laut- und Buchstabengewinnung

- *C c* aus den Schlüsselwörtern *Computer* und *Cent* gewinnen
- Wörter mit *C c* im Anlaut (Cent, Creme, cremen, Cabrio) und Inlaut (Eiscreme, Popcorn) lesen
- die Lautbilder zu *C c* einführen (*c* wie *k*: Computer, *c* wie stimmloses *s*: Cent)
- Artikulation: auf Unterscheidung von verschiedenen Varianten des c-Lauts achten

Arbeiten mit Text und Bild

- *C c* wird eingeführt: die Buchstaben an die Tafel schreiben und die Lautvarianten dazu sprechen.
- Wortaufgliederung: Die Wörter *Computer* und *Cent* werden an die Tafel geschrieben. Die Kinder schwingen die Silben dazu. Analog zur Übung in der Fibel (→ Fibel-Seite 122) werden die neuen Buchstaben analysiert. Zusätzlich wird über die verschiedenen Varianten des c-Lauts gesprochen. Außerdem werden die Vokallänge in der ersten Silbe durch Punkt/Strich und – falls vorhanden – das *e* in der letzten Silbe gekennzeichnet.
- Die Lautbilder werden eingeführt. Auf die Unterscheidung von verschiedenen Varianten des c-Lauts achten.
- Der Text *C wie ...* (Niveau 1, → Fibel-Seite 122) wird gelesen, die Wörter werden zugeordnet und die Frage zum Text wird beantwortet. Zusätzlich werden die Wörter nach ihrem Klang entweder dem Wort *Computer* oder dem Wort *Cent* zugeordnet.
- Der Text *Computer* (Niveau 2, → Fibel-Seite 123) wird gelesen und die Fragen dazu werden beantwortet.
- Der Zungenbrecher (Niveau 3, → Fibel-Seite 123) wird von der Lehrkraft oder lesestarken Kindern vorgelesen. Danach wird der Zungenbrecher mit einem Partner gelesen. Die beiden Kinder versuchen, dabei immer schneller zu werden.

→AH S. 94
→KV 79: C c

C wie ...

| die Creme | der Comic | campen | der Cent |

①
Ich trage Sonnenschutz auf, bevor ich mich in die Sonne lege.

②
Wir suchen uns auf der Wiese einen herrlichen Ort und bauen unser Zelt auf.

③
Ich suche in meinem Sparschwein nach der kleinsten Münze.

④
In unserer Freizeit lesen wir gern Bildergeschichten mit Sprechblasen.

❶ Wo wollen der Bücherwurm und der Grashüpfer campen?

C omputer   C ent

C   C

der Cent	die Creme	das Popcorn
	cremen	das Cabrio
	die Eiscreme	

122   → AH S. 94

M	m	A	a	O	o	und	I	i	N	n	ruft	L
R	r	D	d	Ei	ei	W	w	P	p	ch	Au	
St	st	Z	z	Ä	ä	Ö	ö	Ü	ü	ie	Pf	pf	Eu

Computer

Früher war der Computer so groß wie ein Klassenzimmer.
Heute kann er in eine Hosentasche passen.
Dann kannst du ihn überall hin mitnehmen.

Das alles sind Computer:

Smartphone ■, Tablet ⬜ und Laptop .

Auf dem Computer kannst du lesen,
Filme ansehen oder Musik hören.
Du kannst mit ihm auch rechnen, malen,
fotografieren und telefonieren.
Außerdem kannst du Briefe schreiben
und sie sofort als E-Mail versenden.

Im Internet erfährst du viele interessante Sachen.
Gib eine Frage in eine Kindersuchmaschine ein!

Erkunde Internetseiten für Kinder! Ich kenne blinde-kuh.de und helles-koepfchen.de. Und du?

1 Was kannst du alles mit dem Computer machen?

2 Wofür kannst du das Internet nutzen?

Der Cottbuser Postkutschenputzer
putzt die Cottbuser Postkutsche blitzeblank.

Volksgut

der Computer	der Cent
der Computerbildschirm	die Cents

---

e	T	t	ist	S	s	sind	U	u	G	g	H	h	F	f
k	B	b	nk	V	v	ng	ß	Sch	sch	J	j
sp	tz	ck	äu	chs	Y	y	Qu	qu	X	x	C	c

Lese- und Schreibübungen

- Die Kinder lesen die Wörter aus dem Kasten (→ Fibel-Seite 122). Zusätzlich ordnen sie die Wörter nach den verschiedenen Varianten des c-Lauts.
- Die Kinder schreiben die Wörter aus dem Kasten in ihr Heft (→ Fibel-Seite 123). Zusätzlich markieren sie die neuen Buchstaben.

Differenzierung

Fördern

- Wort-Bild-Karten mit Wörtern mit *C c* werden ausgelegt und von den Kindern nach den beiden Varianten des c-Lauts geordnet. Die Karten können unter die Wort-Bild-Karten *Computer* (*c* wie *k*) und *Cent* (*c* wie stimmloses *s*) gelegt werden.
- eine Kartei mit Wörtern mit *C c* anlegen und die Wörter als Eigendiktat schreiben (Karteikarte kurz anschauen, umdrehen und das Wort schreiben, vergleichen)

Fordern

- auf dem PC/Tablet einen Text (ggf. mithilfe der Bücherwurm-Lauttabelle) schreiben
- eine Kartei mit Wörtern mit *C c* anlegen und sich die Wörter mit einem Partner gegenseitig diktieren

Weitere Anregungen

- Idee für das Buchstabenheft (→ Lehrerband-Seite 22): auf dem PC/Tablet *C c* oder Wörter mit *C c* in verschiedenen Schriftarten, Farben und Größen (ggf. mithilfe der Bücherwurm-Lauttabelle) schreiben, ausdrucken und in das Buchstabenheft kleben
- den Computer zur Recherche verwenden (siehe Bücherwurm-Hinweis, → Fibel-Seite 123)
- über Mediennutzung sprechen: Wie oft nutzt du einen Computer? Was machst du damit?

Seite 124/125

Erläuterung zur Strategie/Methode

• Auf dieser Doppelseite lernen die Kinder eine Möglichkeit der schrittweisen Auseinandersetzung mit einem Text kennen. Sie beantworten zum einen textimmanente Fragen, deren Antworten aus dem Text selbst hervorgehen, und zum anderen textexterne Fragen, bei denen die Kinder sich als Lesende reflektieren müssen (Lieblingsstelle heraussuchen, sich zum Text positionieren).

Anwendungsmöglichkeiten

• Zunächst lesen die Kinder den abgedruckten Text aus dem Kinderbuch und Ninos Buchvorstellung.
• Sie finden ihre eigene Lieblingsstelle und sprechen darüber, ob ihnen die Geschichte gefällt.
• Die Kinder wählen eine eigene Lieblingsgeschichte aus und beantworten Frage 1 bis 6 auf Fibel-Seite 125.

Lernen lernen

Lesetipp 1: Über eine Lieblingsgeschichte sprechen:
Die Olchis aus Schmuddelfing

1. Auf dem Müllberg von Schmuddelfing
2. wohnen die grünen Olchis.
3. Die Olchis finden Müll ganz toll.
4. Sie waschen sich nie! Die Zähne putzen sie sich
5. natürlich auch nicht, und wenn sie gähnen,
6. stinkt es so sehr, dass die Fliegen abstürzen
7. und ohnmächtig auf die Erde fallen.
8. Auf dem Kopf haben die Olchis drei Hörner. Das sind ihre Ohren.
9. Damit hören sie Ameisen husten, Regenwürmer rülpsen
10. und Gänseblümchen wachsen.
11. Die Olchis sind zwar klein, aber sehr stark! Alle zusammen können
12. sogar einen dicken Elefanten in die Luft stemmen.
13. Am liebsten muffeln die Olchis den lieben langen Tag vor sich hin.
14. Oder sie nehmen Müllbäder und hüpfen durch Schlammpfützen.
15. Olchis mögen keine Nudeln, kein Eis und keine Pizza.
16. Und Schokolade schon gar nicht. Sie essen viel lieber Schuhsohlen,
17. Plastiktüten, Regenschirme, rostige Nägel, zerbrochene Flaschen
18. und jede Menge anderen Krempel. Mit ihren harten Zähnen
19. knacken sie sogar Stein und Eisen.

Erhard Dietl

So spricht Nino über seine Lieblingsgeschichte:
1. Meine Lieblingsgeschichte heißt
   „Die Olchis aus Schmuddelfing".
2. Geschrieben hat sie Erhard Dietl.
3. Die wichtigsten Figuren in der Geschichte sind die Olchis.

124

M	m	A	a	O	o	und	I	i	N	n	ruft	L
R	r	D	d	Ei	ei	W	w	P	p	ch	Au	a
St	st	Z	z	Ä	ä	Ö	ö	Ü	ü	ie	Pf	pf	Eu	e

→KV 80: Meine Lieblingsgeschichte

4. Meine Lieblingsstelle heißt:
   „Am liebsten muffeln die Olchis den lieben langen Tag vor sich hin. Oder sie nehmen Müllbäder und hüpfen durch Schlammpfützen."
   Ich finde die Wörter „muffeln", „Müllbäder" und „Schlammpfützen" so witzig.
5. Ich habe die Geschichte zusammen mit Nina gelesen.
6. Mir hat die Geschichte gefallen, weil sie so lustig ist.

So kannst du über deine Lieblingsgeschichte sprechen

1. Wie heißt deine Lieblingsgeschichte?
   Meine Lieblingsgeschichte heißt ...

2. Wer hat deine Lieblingsgeschichte geschrieben?
   Meine Lieblingsgeschichte wurde von ... geschrieben.

3. Wer ist die wichtigste Figur in deiner Geschichte?
   Die wichtigste Figur in meiner Geschichte ist ...

> In manchen Geschichten gibt es mehrere wichtige Figuren.

4. Hast du eine Lieblingsstelle? Begründe.
   Meine Lieblingsstelle ist ...

5. Wie hast du die Geschichte kennengelernt?
   · Ich habe die Geschichte gehört.
   · Ich habe die Geschichte selbst gelesen.
   · Ich habe die Geschichte gemeinsam mit ... gelesen.

6. Warum hat dir die Geschichte gefallen?
   Mir hat die Geschichte gefallen, weil ...

125

Fördern

- den Text über die Olchis wiederholt im Lesetandem lesen (→ Lehrerband-Seite 11)

Fordern

- Die Kinder denken sich inhaltliche Fragen zum Text aus, die die anderen mithilfe des Textes beantworten: Wo wohnen die Olchis? Was haben die Olchis auf dem Kopf? Mögen die Olchis Schokolade?

Weitere Anregungen

- eine Textkartei anlegen: Die Kinder fertigen zu ihrer Lieblingsgeschichte eine Karteikarte an (Titel; Autor; Figuren; Lieblingsstelle; Die Geschichte hat mir gefallen, weil ...).
- Lieblingsgeschichten vorstellen
- weitere Geschichten über die Olchis lesen

e	T	t	ist	S	s	sind	U	u	G	g	H	h	F	f
k	B	b	nk	V	v	ng	ß	Sch	sch	J	j
sp	tz	ck	äu	chs	Y	y	Qu	qu	X	x	C	c

Seite 126/127

Erläuterung zur Strategie/Methode

- Auf Fibel-Seite 126 üben die Kinder, die wörtliche Rede ausdrucksstark vorzulesen. Sie erproben auch, denselben Satz in verschiedenen emotionalen Stimmungen vorzulesen, und erfahren dabei, wie eine Aussage durch einen unterschiedlichen Einsatz der Stimme verändert werden kann. Die Fähigkeit, Texte betont vorzulesen, ist für einen guten Lesevortrag wichtig.
- Auf Fibel-Seite 127 werden Satzbögen in Bezug zu den Satzarten angeboten (Aussagesatz: die Stimme senkt sich, Fragesatz: die Stimme geht hoch, Ausrufesatz: die Stimme bleibt auf einer Tonhöhe).

Anwendungsmöglichkeiten

- Aufgabe 1: Die Kinder lesen zunächst still die Aussagen von Tims Mutter. Anschließend versuchen sie, laut und gut betont vorzulesen. Die anderen Kinder geben ein Feedback.
- Aufgabe 2: Die Kinder lesen Tims Ausruf in unterschiedlichen emotionalen Stimmungen.
- Aufgabe 3: Die Kinder lesen betont die wörtliche Rede. Sie können sich an den Satzzeichen (., ?, !) und an den vorgegebenen Satzbögen orientieren. Die Lehrkraft kann den Stimmverlauf zur Unterstützung mit der Hand anzeigen.
- Aufgabe 4: Der Satz wird reihum mit unterschiedlichen Betonungen gelesen. Wiederum können die Kinder sich an den Satzzeichen (., ?, !) und den vorgegebenen Satzbögen orientieren.

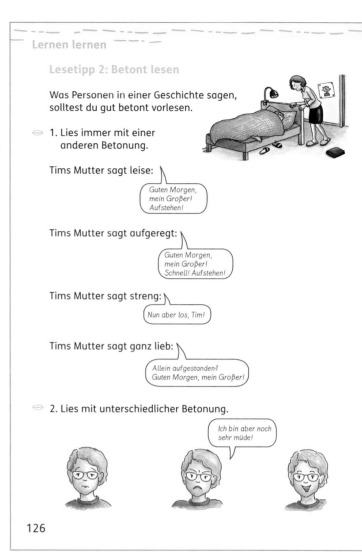

3. Lies mit Betonung. Die Satzbögen helfen dir dabei.

Die Mutter fragt: „Bist du müde?"

Die Mutter ruft: „Steh jetzt auf!"

Tim sagt: „Ich bin noch sehr müde."

Tim jammert: „Ich wollte gern noch im Bett bleiben."

Die Mutter lacht: „Nix da, raus aus dem Bett!"

4. Lies den Satz mit unterschiedlichen Betonungen.

Achte auf die Satzbögen.

„Du hast Sauerkrautlocken."

„Du hast Sauerkrautlocken?"

„Du hast Sauerkrautlocken!"

127

e	T	t	ist	S	s	sind	U	u	G	g	H	h	F	f
k	B	b	nk	V	v	ng	ß	Sch	sch	J	j			
p	sp	tz	ck	äu	chs	Y	y	Qu	qu	X	x	C	c	

Differenzierung
Fordern

• den Text *Der Hase und der Igel* auf Seite 134 und 135 (Track 22 [DUA]) mit verteilten Rollen lesen

Weitere Anregungen

• die Sätze aus Aufgabe 2 und 3 erneut unter Einbezug von Mimik und Gestik lesen
• Texttheater: Jedes Kind schreibt einen Satz auf einen Papierstreifen. Die Sätze müssen dabei keinen Zusammenhang aufweisen. Die Papierstreifen werden eingesammelt und verteilt. Nun „dirigiert" die Lehrkraft oder ein Kind, indem auf ein Kind gezeigt wird. Es liest den Satz mit einem selbst gewählten Ausdruck vor. Durch Erhöhung des Tempos entsteht ein fortlaufendes Textspiel. Wiederholungen (mehrfach auf dasselbe Kind zeigen) machen das Spiel noch interessanter.

Seite 128

Erläuterung zur Strategie/Methode

• Der Lesepfeil kann den Kindern helfen, beim Lesen von Texten nicht in der Zeile zu verrutschen oder Wortteile abzudecken und somit kleinere Einheiten zu fokussieren (→ Lehrerband-Seite 8).

Anwendungsmöglichkeiten

• Die Kinder erproben die Verwendung des Lesepfeils, indem sie ihn bei dem Text *Die kleine Spinne Widerlich* Wort für Wort anlegen.

Differenzierung

Fordern

• Die Kinder lesen den Text zunächst mithilfe des Lesepfeils. Dabei wird die Zeit gestoppt. Im Anschluss wird der Text ohne Lesepfeil erneut gelesen und wiederum wird die Zeit genommen (Methode des wiederholten Lesens, → Lehrerband-Seite 11). Die Kinder vergleichen die Zeiten und schauen, ob ihnen die Verwendung des Lesepfeils geholfen hat. Es muss dabei aber berücksichtigt werden, dass der zweite Lesedurchgang generell flüssiger als der erste sein sollte, da der Text nun bereits bekannt ist.

Weitere Anregungen

• Die Lehrkraft stellt Fragen zum Text (z.B. Was rufen die Menschen, wenn sie am Netz der kleinen Spinne vorbeikommen? Was verrät die Mutter der kleinen Spinne, was eine schlaue Spinne tut?). Die Kinder suchen die Antwort und legen den Lesepfeil an die entsprechende Stelle im Text.

• Zum Basteln eines eigenen Lesepfeils können die Kopiervorlage (KV 81) oder die Lesepfeilvorlagen auf www.grundschul-blog.de (Suche: Lesepfeil) genutzt werden. Es besteht zusätzlich die Möglichkeit, auf www.klett.de fertige Lesepfeile im 10er-Pack käuflich zu erwerben (ISBN: 978-3-12-270989-1).

Lesetipp 3: Mit dem Lesepfeil lesen

Der Lesepfeil kann dir helfen,
in der Zeile zu bleiben.
Du kannst den Lesepfeil Wort für Wort anlegen.
Du kannst den Lesepfeil auch unter
die Zeile legen.
Probiere es gleich aus!

Die kleine Spinne Widerlich

„Mama?" |, fragt | die | kleine | Spinne.
„Warum haben die Menschen Angst vor uns?"
„Wie kommst du darauf?", fragt Mama überrascht.
„Na ja, als heute Menschen an meinem Netz vorbeikamen, haben sie laut „IIIIIhhhhh, widerlich!!!!!" geschrien und sind weggerannt",
antwortet die kleine Spinne enttäuscht.

„Weißt du, mein Schatz", sagt Mama mitfühlend, „manche Fragen sind nicht so leicht zu beantworten. Aber eine schlaue Spinne stellt sich viele Fragen und bildet sich dann ihre eigene Meinung."

Diana Amft

Wenn du mehr erfahren willst, lies das Buch.

128

→ KV 81: Lesepfeil
→ Film 7 (DUA): Lesen mit dem Lesepfeil

Vorbereitung
• Lesepfeil

Jahreskreis

Das Jahr wird zwölf Monate alt

Im Januar fällt Schnee.
Auf deine Nasenspitze und den See.
Im Februar besuchen uns die Raben.
Gut, dass wir Körner für sie haben.
Im März sieht man erste grüne Streifen.
Wir versuchen, nach der Sonne zu greifen.
Im April, da hagelt's, man glaubt es kaum.
Das Wetter macht einen Purzelbaum.
Im Mai zwitschert alles um die Wette.
Ich schenke dir eine Blumenkette.
Im Juni gehen wir spazieren.
Wir wollen ein paar Kilo verlieren.
Im Juli fahren wir in ein anderes Land.
Wir holen uns einen Sonnenbrand.
Im August wird's brennend heiß.
Wir essen schon zum Frühstück Eis.
Im September ist das Wetter mild.
Die Sonne malt ein gelbes Bild.
Im Oktober werden die Blätter braun.
Wir werden eine Hütte baun.
Im November ziehen Wolken am Himmel.
Dort fliegt ein eleganter Schimmel.
Im Dezember schmücken wir einen Baum.
Wir träumen den großen Frühlingstraum.

Heinz Janisch

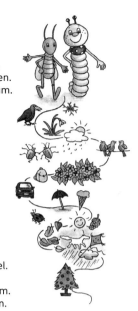

❶ Welche Monate sind im Gedicht versteckt?

❷ Wähle einen Monat aus. Male zu ihm ein Bild
mit den genannten Dingen aus dem Gedicht.

129

Vorbereitung
• ggf. Lesepfeil
• Malutensilien

Seite 129

Arbeiten mit Text und Bild
• das Gedicht lesen
• darüber sprechen, worum es in dem Gedicht geht
und sich begründet positionieren: Gefällt mir das
Gedicht?
• die im Gedicht angesprochenen Dinge im Bild wiederfinden
• Aufgabe 1: Die Kinder beantworten die Frage und
belegen ihre Aussage, indem sie mithilfe des Zeilenzählers die entsprechenden Stellen im Text nennen (hier kann der Lesepfeil angelegt werden).
• typische Merkmale der Jahreszeiten sammeln, die
im Gedicht genannt werden
• die Beschreibungen des Wetters mit eigenen Erfahrungen zu den Jahreszeiten vergleichen
• Aufgabe 2: Die Kinder malen zu einem selbst gewählten Monat ein zum Gedicht passendes Bild.

Differenzierung
Fördern
• die Reimwörter aus dem Gedicht nennen oder in
einer Kopie/auf einer Folie markieren
Fordern
• ein Parallelgedicht schreiben (ggf. unter Berücksichtigung des Reimschemas)

Weitere Anregungen
• eine Jahresuhr basteln: Ein Kreis wird groß auf Pappe gezeichnet und ausgeschnitten. Der Kreis wird
zunächst in Viertel unterteilt. An den Rand jedes
Viertels wird die entsprechende Jahreszeit geschrieben (Frühling, Sommer, Herbst und Winter).
Die Monatsnamen werden auf Kärtchen geschrieben und in einen Innenkreis an der passenden Stelle der Jahresuhr befestigt. Unter der Monatskarte
des Geburtsmonats können die Kinder ihren Namen schreiben oder ein Namenskärtchen anbrin-
gen.
• fächerübergreifender Unterricht (Musik): Lieder:
  – Es war eine Mutter
  – Die Jahresuhr (das Lied wird gesungen und die
    Kinder, die in den genannten Monaten Geburts-
    tag haben, stehen an der entsprechenden Stelle
    des Liedtextes auf)
• fächerübergreifender Unterricht (Sachunterricht):
Wetter: verschiedene Wetterberichte und Wetter-
karten mitbringen und lesen; einen Wetterbeauf-
tragten bestimmen, der im Morgenkreis das Wetter für den Tag ansagt (dabei mit Wettersymbolen
arbeiten)

Seite 130

Arbeiten mit Text und Bild

- das Gedicht lesen
- Aufgabe 1: Die Kinder beantworten die Frage und belegen ihre Aussage, indem sie mithilfe des Zeilenzählers die entsprechende Stelle im Text nennen (hier kann der Lesepfeil angelegt werden).
- Die Kinder äußern sich dazu, was sie über die Entstehung eines Regenbogens wissen (ggf. auch die anderen Farben eines Regenbogens nennen: Indigo, Violett), und besprechen, was unter *malt* zu verstehen ist.
- Aufgabe 2: Die Kinder vergleichen das Gedicht mit dem Bild. Ihnen fällt auf, dass – wie im Gedicht beschrieben – die Sonne den Regenbogen an den Himmel malt, dass dies aber nicht der Realität entspricht.
- Aufgabe 3 und 4: Die Kinder üben, das Gedicht ausdrucksstark vorzutragen (→ Fibel-Seite 126/127), und lernen es auswendig.

Differenzierung

Fördern

- Aufgabe 4: Um das Auswendiglernen zu unterstützen, können die Kinder
  - das Gedicht abschreiben (ggf. in den Umriss eines Regenbogens, der selber ausgemalt wird),
  - bei einer Kopie die einzelnen Strophen auseinanderschneiden und das Gedicht zusammensetzen,
  - Bewegungen zu einzelnen Wörtern oder Wortgruppen ausführen (z. B. bei *komm* mit dem Zeigefinger „locken" und bei *schau* die Hand über die Augen halten),
  - das Gedicht mit der Sprachaufzeichnungsfunktion eines Computers einsprechen und dann wiederholt anhören sowie mitlesen.

Fordern

- die Metapher *wandernde Regenwand* erklären
- weitere Informationen über die Entstehung eines Regenbogens recherchieren und den anderen Kindern die Ergebnisse präsentieren

Weitere Anregungen

- fächerübergreifender Unterricht (Kunst):
  - einen Regenbogen malen
  - das Wort *Regenbogen* in den Farben des Regenbogens untereinanderschreiben und gestalten
- Experiment: einen Regenbogen selber machen (Anleitung unter: www.labbe.de/zzzebra → Suche: Regenbogen selber machen)

Der Regenbogen

1 Ein Regenbogen,
2 komm und schau!
3 Rot und orange,
4 gelb, grün und blau!

5 So herrliche Farben
6 kann keiner bezahlen,
7 sie über den halben
8 Himmel zu malen.

9 Ihn malte die Sonne
10 mit goldener Hand
11 auf eine wandernde
12 Regenwand.

Josef Guggenmos

❶ Wer „malt" den Regenbogen an den Himmel?

❷ Vergleiche das Gedicht mit dem Bild. Was fällt dir auf?

❸ Übe das Gedicht betont zu lesen. S. 126/127 ▷

❹ Lerne das Gedicht auswendig.

130

Vorbereitung

- ggf. Lesepfeil

Apfellied

In einem kleinen Apfel,
da sieht es lustig aus;
es sind darin fünf Stübchen,
grad wie in einem Haus.

In jedem Stübchen wohnen
zwei Kernchen, braun und klein;
die liegen drin und träumen
vom lieben Sonnenschein.

Sie träumen auch noch weiter
gar einen schönen Traum,
wenn sie einst werden hängen
am lieben Weihnachtsbaum.

unbekannter Verfasser

Das ist ein Spruch.

1 Bäumchen, Bäumchen, wir bitten dich sehr,
2 gib uns deine Äpfelchen her!
3 Und willst du dich nicht schütteln,
4 so werden wir dich rütteln!

unbekannter Verfasser

1 Wer sind die Bewohner des kleinen Apfels?

2 Wovon träumen die Bewohner des kleinen Apfels?

3 Passt der Spruch zum Gedicht? Sprecht darüber.

131

Vorbereitung
• Äpfel, Brettchen, Messer
• ggf. Lesepfeil

Arbeiten mit Text und Bild

• Stundeneinstieg: Ein Apfel wird halbiert. Die Kinder sprechen über das Gehäuse und skizzieren es.
• das Gedicht lesen
• Aufgabe 1: Die Kinder beantworten die Frage und vergleichen den Text mit dem von ihnen skizzierten Gehäuse.
• Aufgabe 2: Die Kinder beantworten die Frage und belegen ihre Aussage, indem sie mithilfe des Zeilenzählers die entsprechenden Stellen im Text nennen (hier kann der Lesepfeil angelegt werden).
• den Spruch lesen (ggf. mit Bewegungen unterlegen: 1. Zeile: Hände falten; 2. Zeile: Arme hochstrecken wie zum Apfelpflücken; 3. Zeile: Kopf schütteln; 4. Zeile: Hände schütteln, als ob der Baum gerüttelt würde)
• Aufgabe 3: Die Kinder äußern sich zu dem Spruch und besprechen, inwieweit dieser zum Gedicht passt. Um einen Zusammenhang herstellen zu können, kann auch das Bild hinzugezogen werden: Wie sind die Äpfel in den Korb gekommen?

Differenzierung
Fördern

• Wortschatz rund um den Baum und den Apfel sammeln (Kern, Gehäuse, Stiel, Stamm, Krone)
• die Reimwörter aus dem Gedicht und dem Spruch nennen oder in einer Kopie/auf einer Folie markieren

Fordern

• ein Parallelgedicht (oder nur eine analoge Strophe) schreiben (ggf. unter Berücksichtigung des Reimschemas)

Weitere Anregungen

• fächerübergreifender Unterricht (Musik): Lied: Apfellied nach einer Melodie von Wolfgang Amadeus Mozart
• In dem Märchen *Frau Holle* kommt das Motiv des Apfelbaumschüttelns vor. Der Spruch *Bäumchen rüttel dich und schüttel dich, wirf Gold und Silber über mich* kann in diesem Zusammenhang besprochen werden. Stichwörter sind *Fleiß, Belohnung, ernten reifer Früchte.*

Seite 132

Arbeiten mit Text und Bild

Herbsträtsel
- das Gedicht lesen
- Aufgabe 1: Die Kinder nennen die Wörter, die ihnen bei der Lösung des Rätsels geholfen haben (z. B. Blatt mit fünf Fingern, grüner Igel, brauner Mops), und belegen ihre Aussage, indem sie mithilfe des Zeilenzählers die entsprechenden Stellen im Text nennen (hier kann der Lesepfeil angelegt werden).
- Aufgabe 2: Die Kinder beantworten die Frage mithilfe der bei Aufgabe 1 genannten Wörter aus dem Text.

Kastanienigel
- die Bastelanleitung lesen und mithilfe der Bilder besprechen
- die Kastanienigel nach der Bastelanleitung basteln (ggf. beim Umgang mit dem Handbohrer helfen)

Differenzierung

Fördern

- Die Kinder üben, das Gedicht ausdrucksstark zu lesen. Dazu können in Gruppen Beobachtungsaufträge verteilt werden: Wird flüssig gelesen? Werden die Wörter richtig betont? Wird das Gedicht spannend vorgetragen?

Weitere Anregungen

- eine Kastanienigel-Ausstellung gestalten: Die Kinder betrachten alle entstandenen Igel und jedes Kind kann dreimal je einen Punkt für den aus seiner Sicht schönsten/lustigsten/seltsamsten Igel vergeben.
- fächerübergreifender Unterricht (Kunst): Aus brauner Pappe wird eine Kastanie ausgeschnitten und aus grüner Pappe die etwas größere Schale mit Stacheln. Die Schale wird in zwei Hälften geteilt. Danach werden die drei Teile mit einer Musterklammer zusammengeheftet. Auf die Rückseite kann das Gedicht geschrieben/geklebt werden. Die Kinder lesen das Gedicht und öffnen am Ende die Schale, sodass die Kastanie sichtbar wird. Dadurch kann die Motivation erhöht werden, das Gedicht auswendig zu lernen.

- fächerübergreifender Unterricht (Sachunterricht): Herbst: Was gehört neben Kastanien noch zu der Jahreszeit? Es können auch weitere Früchte, wie z. B. Nüsse und Hagebutten, mitgebracht werden.

Herbsträtsel

1 Ein Igel saß auf einem Blatt,
2 das wie die Hand fünf Finger hat,
3 auf einem Baum.
4 Du glaubst es kaum.

5 Der grüne Igel, stachelspitz,
6 fiel auf den Kopf, dem kleinen Fritz,
7 von seiner Mütze
8 in die Pfütze.

9 Da war es mit dem Igel aus.
10 Er platzte, und was sprang heraus
11 mit einem Hops?
12 Ein brauner Mops.

Hermann Siegmann

❶ Welche Wörter haben dir die Lösung des Herbsträtsels verraten?

❷ Wer ist der „braune Mops"?

Kastanienigel

Du brauchst zum Basteln Kastanien, Zahnstocher, einen kleinen Handbohrer.

1. Bohre zwei Löcher für die Augen und eins für das Schnäuzchen.

2. Stecke in das Loch für das Schnäuzchen ein Stück Zahnstocher als Nase.

3. Bohre einige Löcher für die Stacheln.

4. Stecke halbe Zahnstocher mit der Spitze nach oben in die Löcher. Fertig ist der Kastanienigel.

unbekannter Verfasser

132

Vorbereitung
- ggf. Lesepfeil
- Kastanien, Zahnstocher, Handbohrer

Im Garten

Anton ist im Garten.
Nuff, nuff, nuff!
„Mutti, Mutti, Igel!",
ruft Anton.
Mutti legt ins Gras.
„Igel fressen ", sagt Mutti.

Igel fressen gern

 Birnen
Schnecken
Mäuse
Insekten
Käfer
Maden.

❶ Wer ist im Garten?

❷ Was fressen Igel?

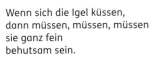

Wenn sich die Igel küssen,
dann müssen, müssen, müssen
sie ganz fein
behutsam sein.

Johannes Kuhnen

❸ Warum müssen Igel beim Küssen behutsam sein?

133

Vorbereitung
• ggf. Lesepfeil

Seite 133

Arbeiten mit Text und Bild

Im Garten

• Aufgabe 1: Die Überschrift wird gelesen. Die Kinder betrachten das Bild und besprechen, von welchem Tier das Gedicht handelt.

• das Gedicht lesen; hierbei besonders auf die Betonung der Ausrufe *Nuff, nuff, nuff!* und *Mutti, Mutti, Igel!* achten.

• Aufgabe 2: Die Kinder beantworten die Frage und belegen ihre Aussage, indem sie mithilfe des Zeilenzählers die entsprechenden Stellen im Text nennen (hier kann der Lesepfeil angelegt werden).

• Die Kinder äußern sich dazu, was sie über den Igel wissen (ggf. auch, was Igel trinken: Igel trinken Wasser; das sollte auch beachtet werden, wenn man Igel bei sich überwintern lässt; häufig wird ihnen dann nämlich Milch gegeben; weil Igel keinen Milchzucker vertragen, kann dies zu Durchfall, in der Folge zu Darmentzündungen und Infektionen führen, die tödlich enden können).

Wenn sich die Igel küssen

• das Gedicht lesen

• Aufgabe 3: Die Kinder betrachten das Bild und besprechen, warum die Igel beim Küssen behutsam sein müssen.

Differenzierung

Fordern

• Informationen über den Igel recherchieren und den anderen Kindern die Ergebnisse präsentieren

Weitere Anregungen

• eine Reizwortgeschichte zu *Igel, Garten, Laub, Birnen* erzählen

• Redewendungen besprechen: *sich einigeln, einen Igel in der Tasche haben* (süddeutsche Redewendung mit der Bedeutung *geizig sein* → wegen des Igels greift man nicht gerne in die eigene Tasche), *das passt wie der Igel zum Taschentuch* (etwas ist völlig unpassend), *aus einem Igel ein Stachelschwein machen* (maßlos übertreiben), *eine Igelfrisur haben*

• ein Igelheft anlegen (z. B. in Form eines Leporellos): Auf die Deckseite kann ein aus bunten Herbstblättern geformter Igel geklebt werden. Hinein kommen z. B. ein Speiseplan oder eine kleine Igelgeschichte.

• fächerübergreifender Unterricht (Kunst): einen Igel aus Herbstblättern gestalten

• fächerübergreifender Unterricht (Musik): Lied: Wenn sich die Igel küssen

Seite 134/135

Arbeiten mit Text und Bild

- das Märchen (ggf. mithilfe des Lesepfeils) lesen
- Aufgabe 1: Die Kinder nennen die Figuren des Märchens.
- Aufgabe 2: das Textverständnis überprüfen: Worum wetten der Hase und der Igel? Wie überlistet der Igel den Hasen?
- das Märchen anhand der Bilder (evtl. großformatig kopieren und an die Tafel heften) nacherzählen
- dialogisches Lesen mit verteilten Rollen: Die Kinder bekommen jeweils eine Karte mit ihrer Figur und der Erzähler einen Hut. Sollte die Lesekompetenz noch nicht ausreichen, kann das Märchen auch anhand der Bilder dialogisch erzählt werden.
- das Verhalten der Igel bewerten: Wie findest du es, dass die Igel den Hasen reinlegen? Begründe.

Differenzierung

Fördern

- die Bilder kopieren, ausschneiden und in der richtigen Reihenfolge ordnen (vorher die Nummerierung auf den Bildern schwärzen)
- Partnerarbeit: Ein Kind beginnt und erzählt zum ersten Bild. Danach ist der Partner dran und erzählt zum zweiten Bild usw.

Fordern

- zu den Bildern (ggf. mithilfe der Bücherwurm-Lauttabelle) schreiben

---

Der Hase und der Igel

Igel: Guten Morgen, Herr Hase!
Hase: Wie kommt es, dass du mit deinen krummen Beinen so früh am Morgen im Feld herumläufst?
Igel: Meinst du, dass du mit deinen Beinen mehr ausrichten kannst?
Hase: Das denke ich wohl!
Igel: Das kommt auf einen Versuch an. Lass uns um die Wette laufen!

Hase: Das ist zum Lachen! Aber meinetwegen. Was gilt die Wette?
Igel: Einen goldenen Taler und eine Flasche Branntwein.
Hase: Angenommen, schlag ein und es kann gleich losgehen.
Igel: Nein, erst will ich nach Hause gehen und frühstücken.

Igel: Frau, du musst mit mir ins Feld gehen. Ich will mit dem Hasen um die Wette laufen.
Igelin: O Mann, hast du den Verstand verloren?
Igel: Sei nur still und komm mit.

Igel: Nun pass auf, was ich dir sage. Der Hase läuft in der einen Furche und ich in der anderen. Du duckst dich hier unten in die Furche, und wenn der Hase ankommt, rufst du ihm entgegen: Ich bin schon da!

134

→Track 22 (LWO + DUA): Der Hase und der Igel

5

Hase: Kann es losgehen?
Igel: Jawohl, es kann losgehen.
Hase: Eins, zwei, drei!

6

Igelin: Ich bin schon da!
Hase: Das geht nicht mit
rechten Dingen zu. Noch
einmal gelaufen!

7

Igel: Ich bin schon da!
Hase: Noch einmal gelaufen!
Igel: Meinetwegen so oft du
willst.

8

Igelin: Ich bin schon da!
Hase: Noch einmal gelaufen,
wieder zurück!

9

So lief der Hase dreiundsiebzig
Mal, und immer rief der Igel oder
seine Frau: „Ich bin schon da!"
Beim vierundsiebzigsten Mal
aber stürzte der Hase mitten
auf dem Acker zu Boden.

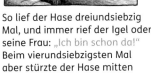

10

Der Igel aber nahm das Geld
und den Branntwein, rief seine
Frau aus der Furche, und beide
gingen vergnügt nach Hause.
Und wenn sie nicht gestorben
sind, dann leben sie noch heute.

nach einem Märchen der Brüder Grimm

① Betrachte die Bilder. Wer begegnet sich?

② Wie überlistet der Igel den Hasen?

135

Vorbereitung
- ggf. Lesepfeil
- ggf. großformatige Kopien der Bilder
- Namenskarten für die Figuren des Märchens (Igel, Igelin, Hase) und Hut für den Erzähler

Tafelbild

Hase	Igel
schnell	klug
eingebildet	listig
gemein	langsam
angeberisch	mutig

- das Märchen anhören (Track 22)
- das Märchen in einem Rollenspiel nachspielen: Dafür können (selbst gebastelte) Tiermasken oder passende Requisiten (z. B. Hasenohren, eine Kappe mit Stacheln, ein Hut für den Erzähler) verwendet werden.
- das Märchen mit selbst gebastelten Stabpuppen nachspielen

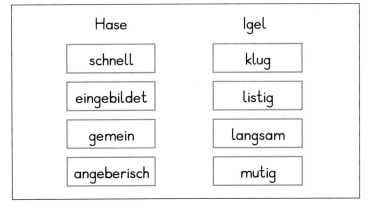

- das Rollenspiel/Stabpuppenspiel filmen und mit passender Musik untermalen
- den Hasen und den Igel charakterisieren: Adjektive auf Kärtchen an die Tafel heften (z. B. klug, listig, langsam, schnell, mutig, eingebildet, gemein, angeberisch) und dem Hasen sowie dem Igel zuordnen; gemeinsam weitere treffende Adjektive sammeln (siehe Tafelbild)

Seite 136

Arbeiten mit Text und Bild

Wenn der frische Herbstwind weht
- das Gedicht lesen
- überlegen, wo beim Lesen des Gedichts Betonungen gesetzt werden können (z. B. <u>Wenn</u> der <u>frische</u> <u>Herbst</u>wind <u>weht</u>) und diese mit Klanghölzern oder Trommeln untermalen
- Aufgabe 1 und 2: Die Kinder beantworten die Fragen und belegen ihre Aussagen, indem sie mithilfe des Zeilenzählers die entsprechenden Stellen im Text nennen (hier kann der Lesepfeil angelegt werden).

Oktoberrätsel
- das Gedicht lesen
- Die Kinder vermuten, worum es in dem Rätsel geht. Sie können einerseits auf das Bild hingewiesen werden (einfachere Variante). Andererseits können sie aufgefordert werden, Wörter/Wortgruppen im Gedicht zu suchen, die ihnen bei der Lösung des Rätsels helfen (schwierigere Variante).
- Aufgabe 3: Die Kinder malen ein Bild zum Rätsel. Das Seil kann auch als Faden aufgeklebt werden. An dem Seil können aus kleinen Papierschnipseln gefaltete Schleifen befestigt werden.

Differenzierung

Fördern

- die Reimwörter aus den Gedichten nennen oder in einer Kopie/auf einer Folie markieren
- Wortschatz rund um den Herbst sammeln (Drachen, Wind, Wolken, Drachen steigen lassen)

Fordern

- ein eigenes Herbsträtsel schreiben

Weitere Anregungen

- fächerübergreifender Unterricht (Musik): Lied: Wenn der frische Herbstwind weht (ggf. mit Bewegungen unterlegen: *Wenn der frische Herbstwind weht*: Arme werden hin- und hergeschwungen; *geh ich auf die Felder*: Wanderbewegungen am Platz; *Schicke meinen Drachen hoch über alle Wälder*: beide Hände zusammennehmen, als ob ein Seil gehalten würde; *Und er wackelt mit dem Ohr*: Hände hinter die Ohren und wedeln; *wackelt mit dem Schwänzchen*: mit dem Po wackeln; *Und er tanzt den Wolken vor, hui! ein lustig Tänzchen*: mit einem Partner eingehakt im Kreis hüpfen
- fächerübergreifender Unterricht (Kunst): einen Drachen basteln (im Internet finden sich zahlreiche Anleitungen) und steigen lassen

---

Wenn der frische Herbstwind weht

1 Wenn der frische Herbstwind weht,
2 geh ich auf die Felder.
3 Schicke meinen Drachen hoch
4 über alle Wälder.

5 Und er wackelt mit dem Ohr,
6 wackelt mit dem Schwänzchen.
7 Und er tanzt den Wolken vor
8 hui! ein lustig Tänzchen.

Albert Sixtus

❶ Wann tanzt der Drachen den Wolken ein Tänzchen vor?

❷ Wohin geht das Kind mit seinem Drachen?

Oktoberrätsel

1 Halt mich fest am Seil, mein Kind,
2 denn dann steige ich im Wind.
3 Steige hoch, so hoch hinaus!
4 Lass nicht los!
5 Sonst ist es aus.

Der Drachen

Rolf Krenzer

❸ Male ein Bild zum Oktoberrätsel.

136

Vorbereitung
- Klanghölzer oder Trommeln
- ggf. Lesepfeil
- Malutensilien

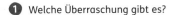

Drachensteigen

Wenn der Herbst die Blätter golden färbt,
treffen sich die Kinder auf den Wiesen.
„Wir lassen Drachen steigen!", rufen sie.
„Diesmal habe ich auch einen Drachen", sagt der kleine Jörg.
„Na ja", meinen die anderen.
Und dann gibt es eine Überraschung:
Jörgs Drachen steigt höher als alle anderen!
„Hurra!", schreit Jörg.
„Mein Drachen ist der König!"
Als es dämmrig wird, sind die Kinder müde.
„Wir wollen nach Hause gehen", sagen sie
und sie wickeln die Drachenschnur auf.
Aber Jörg steht mit leeren Händen da.
„Wo ist dein Drachen?",
wollen die anderen wissen.
„Ich habe ihn freigelassen", sagt Jörg.
„Er wollte hinauf zum Abendstern."
„Du bist dumm",
lachen die Kinder
und sie laufen nach Hause.
Der kleine Jörg aber steckt
die Hände in die Hosentaschen
und geht fröhlich heim.

Gina Ruck-Pauquèt

1 Welche Überraschung gibt es?

2 Warum sagen die Kinder zu Jörg: „Du bist dumm"?

3 Wie könnte die Geschichte weitergehen?
Sprecht darüber.

4 Lest die Geschichte mit verteilten Rollen. S. 126/127 ➤

137

→ Track 23 (DUA): Drachensteigen

Vorbereitung
• ggf. Lesepfeil

Seite 137

Arbeiten mit Text und Bild

• Die Kinder betrachten das Bild und besprechen, wovon die Geschichte handeln könnte.
• die Geschichte (ggf. mithilfe des Lesepfeils) lesen
• Aufgabe 1 und 2: darüber sprechen, worum es in dem Gedicht geht (Welche Überraschung gibt es? Warum sagen die Kinder zu Jörg: „Du bist dumm"?) und sich begründet positionieren: Was hältst du von Jörgs Handlung? Was hättest du getan? Wieso ist Jörg fröhlich? Wärest du an seiner Stelle auch fröhlich?
• Aufgabe 3: Die Kinder überlegen gemeinsam, wie die Geschichte weitergehen könnte.
• Aufgabe 4: Die Kinder lesen die Geschichte mit verteilten Rollen (→ Fibel-Seite 126/127). Vorher muss geklärt werden, dass der Text des Erzählers schwarz und die wörtlichen Reden von Jörg gelb sowie von den anderen Kindern blau gedruckt sind.

Differenzierung

Fördern

• Wortschatz rund um den Herbst sammeln (Blätter golden färben, Drachen steigen lassen, Drachenschnur)

Fordern

• den Satz deuten: „Diesmal habe ich auch einen Drachen", sagt der kleine Jörg.

Weitere Anregungen

• die Geschichte anhören (Track 23)
• fächerübergreifender Unterricht (Musik): Lieder:
  - Drachen im Wind
  - Seht euch an, was mein Drachen kann
• die Doppeldeutigkeit des Wortes *Drachen* besprechen; dafür folgende Sätze an die Tafel schreiben: *Ich lasse meinen Drachen steigen. Die Drachen speien Feuer.*
• weitere doppeldeutige Wörter sammeln (z. B. Löwenzahn, Blatt, Hahn, Maus, Löffel, Pony, Birne, Ball) und Teekesselchen spielen: Zwei Kinder suchen sich ein doppeldeutiges Wort aus. Beide geben abwechselnd Tipps zu ihrem Teekesselchen (z. B. Mein Teekesselchen kann man steigen lassen; Meine Teekesselchen sind meist grün und gefährlich). Die anderen Kinder erraten das gemeinte Wort.

Seite 138

Arbeiten mit Text und Bild

Überraschung

- mithilfe des Bildes über den Winter sprechen
- das Gedicht (ggf. mithilfe des Lesepfeils) lesen
- Aufgabe 1: darüber sprechen, worum es in dem Gedicht geht und sich begründet positionieren: Gefällt mir das Gedicht? Ist das für mich ein Gedicht? Wie wirkt es auf mich?
- beim wiederholten Lesen verschiedene Betonungen des Wortes *Flocke* ausprobieren

Schneemann Dicki Hinkebein

- das Gedicht lesen
- Aufgabe 1: darüber sprechen, warum Dicki Hinkebein Eis und Schnee liebt

Differenzierung

Fordern

- (ggf. mithilfe der Bücherwurm-Lauttabelle) eine Geschichte über Dicki Hinkebein schreiben

Weitere Anregungen

- ein Elfchen zum Thema *Flocke*, *Schnee* oder *Schneemann* schreiben: Ein Elfchen besteht aus insgesamt elf Wörtern. In der ersten Zeile steht ein Wort, darunter stehen zwei Wörter, in der dritten Zeile drei Wörter, darunter vier Wörter und abschließend ein Wort. Sollte diese Gedichtform den Kindern neu sein, muss das Schema an der Tafel skizziert werden (siehe Tafelbild).

Überraschung

- ein Parallelgedicht schreiben: Bei dem Gedicht wird das Wort *Flocke* durch ein anderes Winterwort ersetzt (z. B. Schneemann, Eiskristall, Schneeball, Eiszapfen).
- fächerübergreifender Unterricht (Kunst): Flocken als Scherenschnitt basteln und an Schnüren ans Fenster hängen
- fächerübergreifender Unterricht (Musik): Lied: Schneeflöckchen, Weißröckchen

Schneemann Dicki Hinkebein

- Die Kinder vergleichen sich selbst mit Dicki Hinkebein (Aussehen, Vorlieben) und malen dazu ein Bild.
- Die Geschichte vom kleinen Känguru und seinen Freunden *Die Überraschung* kann passend zu Dicki Hinkebein vorgelesen werden (Paul Maar: Das kleine Känguru und seine Freunde. Hamburg: Oetinger 1991, S. 9–16).
- fächerübergreifender Unterricht (Musik): Lied: Im Sommer (Soundtrack zu *Die Eiskönigin*)

Überraschung

1 Eine Flocke
2 und wieder
3 eine Flocke
4 und wieder
5 eine Flocke
6 und schon wieder
7 eine Flocke
8 und schon wieder
9 eine Flocke
10 und noch eine
11 und noch eine
12 und noch eine
13 und noch eine ...
14 Oje, oje.
15 Schnee!

Gottfried Herold

❶ Was passiert im Gedicht „Überraschung"?

Schneemann Dicki Hinkebein

1 Schneemann Dicki Hinkebein,
2 der liebt keinen Sonnenschein,
3 der hat lieber Eis und Schnee,
4 der friert nie an einem Zeh.

Alfred Könner

❷ Warum liebt Dicki Hinkebein Eis und Schnee?

138

Vorbereitung

- ggf. Lesepfeil

Tafelbild

Flocke

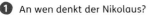

Er war da

Roter Mantel,
der Bart lang und weiß,
kommt er gegangen
ganz heimlich und leis.
Ein Rascheln,
ein Wispern,
ein Tuscheln,
ein Knistern,
tief in der Nacht

Nikolaus hat
an uns alle
gedacht.

Elke Bräunling

1 An wen denkt der Nikolaus?

2 Was hören die Kinder?

Zum neuen Jahr

Die Uhr tut einen kleinen Schritt.
Und alle laufen mutig mit
ins neue Jahr hinein.

Das neue Jahr bringt neue Zeit.
Wir grüßen es mit Fröhlichkeit
und Lärm und Lichterschein.

Wir danken für das alte Jahr.
und alles, was da Gutes war,
soll nicht vergessen sein.

Ursula Wölfel

3 Welche Zeilen aus beiden Gedichten passen zu den Bildern?

139

Vorbereitung
• ggf. Lesepfeil

Arbeiten mit Text und Bild

Er war da
• die Überschrift *Er war da* an die Tafel schreiben und besprechen, wovon das Gedicht handeln könnte
• das Gedicht lesen
• Aufgabe 1 und 2: Die Kinder beantworten die Fragen und belegen ihre Aussagen, indem sie mithilfe des Zeilenzählers die entsprechenden Stellen im Text nennen (hier kann der Lesepfeil angelegt werden).

Zum neuen Jahr
• über Silvester und Neujahr sprechen
• das Gedicht lesen
• Aufgabe 3: Die Kinder nennen die Gedichtzeilen, die zu den Bildern passen.

Differenzierung

Fördern

• die Reimwörter aus den Gedichten nennen oder in einer Kopie/auf einer Folie markieren

Fordern

• ein Feuerwerk malen und Wünsche für das kommende Jahr (ggf. mithilfe der Bücherwurm-Lauttabelle) hineinschreiben
• recherchieren: An wen soll uns der Nikolaus jedes Jahr erinnern? Wie unterscheidet sich der Nikolaus vom Weihnachtsmann? Warum gibt es an Silvester ein Feuerwerk?

Weitere Anregungen

Er war da
• Die Kinder üben, das Gedicht ausdrucksstark zu lesen (es bietet sich an, bei den Wörtern *Rascheln, Wispern, Tuscheln* und *Knistern* das *sch/s* zu betonen). Dazu können in Gruppen Beobachtungsaufträge verteilt werden: Wird flüssig gelesen? Werden die Wörter richtig betont? Wird das Gedicht spannend vorgetragen?
• Geräusche zum Gedicht machen (z. B. stapfen nachmachen, klopfen, Papier knüllen, Folie knistern)
• über den Nikolaustag sprechen: Was machst du am Abend davor?
• fächerübergreifender Unterricht (Musik): Lieder:
  - Lasst uns froh und munter sein
  - Guten Tag, ich bin der Nikolaus
  - Bimmelt was die Straß' entlang

Zum neuen Jahr
• über das vergangene Jahr sprechen: Was gab es Gutes in deinem vergangenen Jahr? Wofür bist du dankbar?
• Wünsche und Vorhaben für das neue Jahr sammeln

Seite 140/141

Arbeiten mit Text und Bild

- Die Kinder betrachten die Bilder und besprechen, wovon die Geschichte handeln könnte.
- die Geschichte (ggf. mithilfe des Lesepfeils) lesen
- Aufgabe 1 bis 3: darüber sprechen, worum es in der Geschichte geht (Was erzählt der Nachrichtensprecher? Wer ist Ida? Was schlägt Ida vor?) und sich begründet positionieren: Was hältst du von Idas Vorschlag? Was hättest du getan?
- Aufgabe 4: Die Kinder überlegen gemeinsam, wie die Geschichte weitergehen könnte.

Differenzierung

Fördern

- die Geschichte in einer Kleingruppe lesen
- Aufgabe 4: Die Kinder malen, wie die Geschichte weitergehen könnte, und schreiben (ggf. mithilfe der Bücherwurm-Lauttabelle) kurze Sätze dazu.

Fordern

- Aufgabe 4: Die Kinder schreiben (ggf. mithilfe der Bücherwurm-Lauttabelle) auf, wie die Geschichte weitergehen könnte.
- recherchieren: Warum feiern die Christen Weihnachten?

Bötzkestraße 17

1 Papa brüllte abends durch das ganze Haus.
2 „Los, kommt alle schnell her! Beeilung!"
3 Mama, Ida und ich rannten ins Wohnzimmer.
4 „Was ist los?", fragte ich.
5 Papa deutete auf den Fernseher.

6 Gerade blickte der Nachrichtensprecher mit ernster Miene
7 in die Kamera und sagte:

8 „Es ist bisher noch niemals
9 vorgekommen, aber offenbar
10 hat sich der Weihnachtsmann
11 so stark erkältet, dass er zurzeit
12 mit Fieber im Bett liegt.
13 Ob er rechtzeitig vor Weihnachten
14 wieder gesund wird, ist unklar.
15 Für viele Weihnachtsgeschenke
16 wird daher mit einer starken Verspätung gerechnet …
17 Und nun die Wettervorhersage."
18 Ida und ich starrten auf den Bildschirm.
19 Mama stöhnte.
20 Und Papa sagte: „Na bitte!"
21 „Dann müssen wir dem Weihnachtsmann eben
22 Hustensaft schicken!",
23 bestimmte meine kleine Schwester,
24 die niemals aufgibt.

140

→Track 24 (DUA): Bötzkestraße 17

25 „Und Kopfschmerztabletten.
6 Und Taschentücher.
7 Und einen dicken Schal.
8 Und ...“
9 „Schatz, der Weihnachtsmann
0 wohnt sehr weit weg,
1 am Nordpol“, sagte Papa.
2 „Egal“, sagte Ida.
3 „Wir schreiben ihm einfach
4 einen Brief und erklären ihm,
5 was er machen muss,
6 damit er ganz schnell wieder gesund wird.“

Salah Naoura

① Was erzählt der Nachrichtensprecher?

② Wer ist Ida?

③ Was schlägt Ida vor?

④ Wie könnte die Geschichte weitergehen?
Sprecht darüber.

141

- die Geschichte anhören (Track 24)
- Die Kinder lesen die Geschichte mit verteilten Rollen. Vorher muss geklärt werden, dass der Text des Erzählers schwarz und die wörtlichen Reden von Papa blau, Ich-Erzähler gelb, Nachrichtensprecher lila sowie von der kleinen Schwester grün gedruckt sind.
- die Geschichte in einem Rollenspiel nachspielen: Dafür kann z. B. aus einem Pappkarton ein Fernseher gebastelt und für den Nachrichtensprecher verwendet werden.
- Gesprächsanlass: Was wäre, wenn die Weihnachtsgeschenke im Sommer ankämen?
- Spiel: *Ich packe meinen Koffer* in der Variante: Wir packen das Päckchen für den Weihnachtsmann und packen ein: Taschentücher, ...
- einen Brief von Ida an den Weihnachtsmann verfassen: Dazu wird zunächst der Aufbau eines Briefes besprochen (siehe Tafelbild). Dann werden gemeinsam Ideen gesammelt, wie der Weihnachtsmann gesund werden kann. Anschließend verfasst jedes Kind (ggf. mithilfe der Bücherwurm-Lauttabelle) einen Brief an den Weihnachtsmann.
- einen Wunschzettel an den Weihnachtsmann schreiben

Vorbereitung
- ggf. Lesepfeil

Tafelbild

Leipzig, den 14.12.2018

Lieber Weihnachtsmann,

du musst ganz schnell gesund werden.
Dazu rate ich dir:
– warmes Bad
– Hustensaft
– Fiebersaft
– Obst essen

Dein Emil

Seite 142

Arbeiten mit Text und Bild

- Aufgabe 1 und 2: Die Kinder betrachten die Bilder und erzählen frei dazu. Danach wird der Text gelesen und die Bilder werden dabei betrachtet. Anschließend kann der Text mit den Erzählungen der Kinder verglichen werden.

Differenzierung

Fördern

- die Bilder kopieren, ausschneiden und in der richtigen Reihenfolge ordnen (vorher die Nummerierung au den Bildern schwärzen)
- Partnerarbeit: Ein Kind beginnt und erzählt zum ersten Bild. Danach ist der Partner dran und erzählt zum zweiten Bild usw.

Fordern

- zu den Bildern (ggf. mithilfe der Bücherwurm-Lauttabelle) schreiben

Weitere Anregungen

- die Geschichte in einem Rollenspiel nachspielen: Dafür können (selbst gebastelte) Masken oder passende Requisiten (z. B. Schlitten, ein Hut für den Erzähler) verwendet werden.
- über die Gefühle des Schneemanns sprechen, der alle mitnimmt (Was denkt der Schneemann?): Hier kann ein Rollenspiel gespielt werden. Der Schneemann denkt dabei laut. Es wird mit verschiedenen Besetzungen gespielt und nachher verglichen.
- fächerübergreifender Unterricht (Sachunterricht): Tiere im Winter

---

Die Geschichte von der Schlittenfahrt

„Bitte nimm mich mit", sagt Häschen. „Der Weg ist so weit."

„Mich auch. Der Schnee ist so tief."

„Mich auch. Der Hunger ist so groß."

„Mich auch. Der Winter ist so kalt."

„Halt! Endstation! Alles aussteigen!"

„Danke, lieber Schneemann!"

nach Hanne Türk

○ **1** Betrachte die Bilder.

● **2** Erzähle die Geschichte.

142

→KV 82: Die Geschichte von der Schlittenfahrt

Schneeglöckchen

1 Und aus der Erde schauet nur
2 Alleine noch Schneeglöckchen;
3 So kalt ist noch die Flur,
4 Es friert im weißen Röckchen.

Theodor Storm

❶ Wie ergeht es dem Schneeglöckchen im Gedicht?

Steckbrief: Das Schneeglöckchen

Blätter	zwei graugrüne schmale Blätter, laufen nach oben spitz zu
Blüte	hängende Blüte mit drei äußeren und drei inneren Blütenblättern, an den Spitzen der inneren Blätter sind kleine grüne Flecken
Blütezeit	Januar bis Februar
Standort	in Wäldern und Gärten
Besonderheiten	wächst aus einer Zwiebel, steht unter Naturschutz, ist giftig

Also aufgepasst: Schneeglöckchen nicht anfassen!

❷ Wie sieht die Blüte des Schneeglöckchens aus?

❸ Warum darfst du Schneeglöckchen nicht anfassen?

❹ Male ein Schneeglöckchen.

143

Vorbereitung
• Schneeglöckchen
• ggf. Lesepfeil
• Malutensilien

Seite 143

Arbeiten mit Text und Bild

Schneeglöckchen
• Stundeneinstieg: Ein Schneeglöckchen mitbringen und beschreiben lassen
• das Gedicht lesen und besprechen: Was ist mit *Flur/im weißen Röckchen* gemeint?
• Aufgabe 1: Darüber sprechen, wie es dem Schneeglöckchen im Gedicht ergeht. Danach die Kinder darüber aufklären, dass Frühblüher nicht (er-)frieren können, da sie einen natürlichen Frostschutz haben.

Steckbrief: Das Schneeglöckchen
• den Steckbrief (ggf. mithilfe des Lesepfeils) lesen; dafür zunächst darauf eingehen, wie die tabellarische Übersicht gelesen wird (Einteilung in Spalten und Zeilen)
• Aufgabe 2 und 3: Die Kinder beantworten die Fragen und belegen ihre Aussagen, indem sie jeweils die entsprechenden Spalten/Zeilen des Steckbriefes nennen
• Aufgabe 4: Anhand des Bildes und der Angaben aus dem Steckbrief malen die Kinder ein Schneeglöckchen.

Differenzierung

Fördern
• den Steckbrief in einer Kleingruppe gemeinsam lesen

Weitere Anregungen
• fächerübergreifender Unterricht (Sachunterricht): Frühblüher:
 - weitere Frühblüher anschauen; diese mitbringen oder in der Schulumgebung aufsuchen
 - einen Steckbrief zu einem selbst gewählten Frühblüher anfertigen (hier nur Blätter und Blüte beschreiben; leistungsstarke Kinder können zusätzlich Blütezeit, Standort und Besonderheiten recherchieren)
• fächerübergreifender Unterricht (Kunst): überlegen, welche Farben im Frühjahr auf der Wiese zu sehen sind (weiß, violett, gelb; später im Jahr kräftigere Farben), und dazu malen

Seite 144

Arbeiten mit Text und Bild

Überraschung/Warum die Hühner traurig schauen
• die Gedichte lesen
• Aufgabe 1: Die Kinder beantworten die Frage und belegen ihre Aussage, indem sie mithilfe des Zeilenzählers die entsprechende Stelle im Text nennen (hier kann der Lesepfeil angelegt werden).

Unterm Baum im grünen Gras
• Die Kinder betrachten das Bild und besprechen, wovon das Gedicht handeln könnte.
• das Gedicht lesen
• überlegen, an welchen Stellen beim Lesen des Gedichts Betonungen gesetzt werden können (z. B. <u>Unterm</u> <u>Baum</u> im <u>grünen</u> <u>Gras</u>) und diese mit Klanghölzern oder Trommeln untermalen
• Aufgabe 2: Die Kinder malen den Osterhasen.
• Aufgabe 3: Die Kinder beantworten die Frage und belegen ihre Aussage, indem sie mithilfe des Zeilenzählers die entsprechende Stelle im Text nennen (hier kann der Lesepfeil angelegt werden).

Differenzierung

Fördern

• die Reimwörter aus den Gedichten nennen oder in einer Kopie/auf einer Folie markieren

Fordern

• recherchieren: Warum feiern die Christen Ostern? Welche weiteren Osterbräuche gibt es (ggf. auch in anderen Ländern)?

Weitere Anregungen

• fächerübergreifender Unterricht (Kunst):
  - mögliche Muster auf Ostereiern beschreiben
  - Eierumrisse mit Mustern verzieren
  - Eier auspusten und bemalen
• fächerübergreifender Unterricht (Musik): Lied: Stups, der kleine Osterhase

---

Überraschung

An Ostern sieht man Osterhasen
meist mit hohem Tempo rasen.

Paul Maar

Warum die Hühner traurig schauen

1 Warum die Hühner traurig schauen?
2 Weil Hasen ihre Eier klauen,
3 und dann alle Eierschalen
4 rot und gelb und blau bemalen.
5 Die Eier landen dann zum Fest
6 rot, gelb und blau im Osternest.

Paul Maar

❶ Warum schauen die Hühner traurig?

Unterm Baum im grünen Gras

1 Unterm Baum im grünen Gras
2 sitzt ein kleiner Osterhas'.
3 Putzt den Bart und spitzt das Ohr,
4 macht ein Männchen, guckt hervor.
5 Springt dann fort mit einem Satz,
6 und ein kleiner frecher Spatz
7 schaut jetzt nach, was denn dort sei.
8 Und was ist's? Ein Osterei!

Volksgut

❷ Wer sitzt im grünen Gras? Male.

❸ Wer hat das Ei entdeckt?

144

→KV 83: Ostern

Vorbereitung
• ggf. Lesepfeil
• Klanghölzer oder Trommeln
• Malutensilien

Osterlied

Has, Has, Osterhas,
wir möchten nicht mehr warten.
Der Krokus und das Tausendschön,
Vergissmeinnicht und Tulpen stehn
schon lang in unserm Garten.

Has, Has, Osterhas,
mit deinen bunten Eiern!
Der Star lugt aus dem Kasten raus.
Blühkätzchen sitzen um sein Haus.
Wann kommst du Frühling feiern?

Has, Has, Osterhas,
ich wünsche mir das Beste:
ein großes Ei, ein kleines Ei,
dazu ein lustiges Dideldumdei.
Und alles in dem Neste.

Paula Dehmel

1 Was kündigt im Gedicht den Frühling an?
Sucht die Textstellen und lest sie euch vor.

2 Worum wird der Hase gebeten?

3 Wie heißen „Blühkätzchen" noch? Forsche nach.

145

→KV 83: Ostern

Vorbereitung
• ggf. Lesepfeil

Tafelbild

Has, Has, Osterhas,
    warten
    Tausendschön
    stehn
    Garten
Has, Has, Osterhas,
    Eiern
    raus
    Haus
    feiern
Has, Has, Osterhas,
    Beste
    Ei
    Dideldumdei
    Neste

Seite 145

Arbeiten mit Text und Bild

• das Gedicht lesen
• Aufgabe 1 und 2: Die Kinder beantworten die Fragen und belegen ihre Aussagen, indem sie mithilfe des Zeilenzählers die entsprechenden Stellen im Text nennen (hier kann der Lesepfeil angelegt werden).
• besprechen: Was ist mit *Dideldumdei* gemeint?
• die im Gedicht angesprochenen Dinge im Bild wiederfinden
• Aufgabe 3: Die Kinder forschen nach, wie Blühkätzchen noch genannt werden (Weidenkätzchen).

Differenzierung

Fördern

• den Text im Lesetandem lesen (→ Lehrerband-Seite 11)

Weitere Anregungen

• die Struktur des Gedichts erforschen: Die erste Zeile jeder Strophe wiederholt sich (Has, Has, Osterhas). Bei den anderen Zeilen gibt es Reime. Die Reimwörter können in einer Kopie/auf einer Folie markiert oder an die Tafel geschrieben werden (siehe Tafelbild).
• fächerübergreifender Unterricht (Musik): Lied: Has, Has, Osterhas
• fächerübergreifender Unterricht (Sachunterricht): Frühblüher (→ Lehrerband-Seite 155)
• fächerübergreifender Unterricht (Kunst): eine Collage gestalten: Die Wörter/Wortgruppen aus dem Gedicht *Osterhas, Krokus, Tausendschön, Tulpe, bunte Eier, Star, Blühkätzchen* und *Nest* werden an die Tafel geschrieben. Die Kinder malen dazu auf ein weißes Blatt. Danach schneiden sie die von ihnen gemalten Bilder aus und kleben diese auf eine Wiese (mit Wachsmalstiften oder Wasserfarben grün angemaltes Blatt).

Seite 146

Arbeiten mit Text und Bild

- die Geschichte (ggf. mithilfe des Lesepfeils) lesen
- Aufgabe 1: Die Kinder nennen die Hauptfiguren der Geschichte. Sie betrachten die Bilder und vermuten, wer das Küken und wer das Entenjunge ist.
- Aufgabe 2 und 3: Die Kinder stellen Vermutungen an, warum das Küken immer mit „Ich auch" antwortet, und besprechen, ob die Antwort im Hinblick auf den Ausgang der Geschichte immer gut ist.
- Die Kinder erproben, wie das Küken und das Entenjunge sprechen könnten (Stimmlage, Betonung).
- Aufgabe 4: Die Kinder lesen die Geschichte mit verteilten Rollen (→ Fibel-Seite 126/127). Vorher muss geklärt werden, dass der Text des Erzählers schwarz und die wörtlichen Reden des Entenjungen grün sowie des Kükens lila gedruckt sind. Das dialogische Lesen kann auch mit Handpuppen oder Kuscheltieren gestaltet werden.

Differenzierung

Fördern

- Die Wörter/Wortgruppen der Geschichte *picken, spazieren, buddeln, Wurm schnappen, Schmetterling haschen, baden* und *schwimmen* werden an die Tafel geschrieben (siehe Tafelbild). Gemeinsam wird besprochen und angekreuzt, was das Entenjunge kann, was das Küken kann und was die Kinder können. Darunter wird ergänzt: Was können Kinder noch, was Vögel nicht können?
- Aufgabe 4: Die Lehrkraft oder ein lesestarkes Kind liest den Text des Entenjungen. Die anderen Kinder antworten chorisch mit dem Text des Kükens.
- Sätze mit *Ich kann ...* und *Ich will ...* (ggf. mithilfe der Bücherwurm-Lauttabelle) schreiben

Fordern

- über eigene Erfolge sprechen und diese (ggf. mithilfe der Bücherwurm-Lauttabelle) verschriftlichen (z. B. Ich kann Fahrrad fahren.)
- parallel zu der Geschichte die Unterhaltung zwischen zwei anderen Tieren (auch ganz gegensätzliche wie Elefant und Maus) erfinden

Weitere Anregungen

- die Geschichte anhören (Track 25)
- das Märchen vom hässlichen Entlein von Hans Christian Andersen lesen

---

Das Küken und das junge Entlein

Ein Entenjunges
kroch aus einem Ei.

„Ich hab' mich durchgepickt."	„Ich auch."
„Ich geh' spazieren."	„Ich auch."
„Ich buddele ein bisschen."	„Ich auch."
„Ich hab' einen Wurm geschnappt."	„Ich auch."
„Einen Schmetterling hab' ich gehascht."	„Ich auch."
„Ich will nun baden."	„Ich auch."
„Ich kann schwimmen."	„Ich auch."
	„Hilfe! ..."

Das Entenjunge zog das Küken aus dem Wasser.

„Ich geh' noch mal baden."   „Aber ich – nicht."

Wladimir Sutejew

1 Wer spricht miteinander?

2 Warum antwortet das Küken immer „Ich auch"?

3 Was geschieht dem Küken?

4 Lest den Text mit verteilten Rollen? S. 126/127

146

→ KV 84: Jeder kann etwas anderes gut
→ Track 25 (DUA): Das Küken und das junge Entlein

Vorbereitung
- ggf. Lesepfeil
- ggf. Handpuppen oder Kuscheltiere

Tafelbild

	Entlein	Küken	Kind
picken	x	x	
spazieren gehen	x	x	x
buddeln	x	x	x
Wurm schnappen	x	x	
Schmetterling haschen	x	x	
baden	x	x	x
schwimmen	x		x
lesen			x
...			

Der Spatz

1 Der Spatz hält sich gern in der Nähe der Menschen auf.
2 Er bleibt auch im Winter bei uns
3 und fliegt nicht in wärmere Länder.
4 Der Spatz frisst fast alles: Körner, Würmer,
5 Insekten, Samen und auch Abfälle.
6 Im Frühjahr baut der Spatz sein Nest.
7 Dafür verwendet er Halme, Moos, Haare,
8 Watte, Wolle oder ähnliches Material.
9 Die Federn des Spatzes sind bräunlich.
10 Beim Männchen sind die Federn
11 an der Kehle schwarz.
12 Sein Ruf ist ein lautes Tschilpen: Tschiep, tschiep!
13 Der Spatz wird auch Sperling genannt.

nach Gisela Everling

1 Welchen einheimischen Vogel lernst du hier kennen?

2 Was macht der Vogel im Frühling?

3 Wie wird der Spatz noch genannt?

4 Welcher der abgebildeten Vögel ist ein Spatz?
Kennst du die anderen Vögel?

1 Kohlmeise   2 Sperling   3 Amsel   4 Buntspecht

147

Vorbereitung
• ggf. Lesepfeil

Tafelbild

> Der Spatz (Sperling)
>
> Aussehen: bräunliche Federn
>   Männchen an der Kehle schwarz
>
> Futter: Körner, Würmer, Insekten, Samen,
>   Abfälle
>
> Nestbau: Halme, Moos, Haare, Watte, Wolle
>
> Ruf: Tschiep, tschiep

Seite 147

Arbeiten mit Text und Bild

• den Text lesen
• Aufgabe 1 bis 3: Die Kinder beantworten die Fragen und belegen ihre Aussagen, indem sie mithilfe des Zeilenzählers die entsprechenden Stellen im Text nennen (hier kann der Lesepfeil angelegt werden).
• Aufgabe 4: die Bilder betrachten und mithilfe der Informationen aus dem Text den Spatz/Sperling nennen
• Die Informationen aus dem Text werden gemeinsam gesammelt und geordnet an die Tafel geschrieben (siehe Tafelbild).

Differenzierung
Fördern

• bei zeilenübergreifenden Sätzen flüssiges Lesen üben

Fordern

• Informationen über die anderen abgebildeten Vögel recherchieren und den anderen Kindern die Ergebnisse präsentieren
• über Wörter (z. B. Dreckspatz, Spatzenhirn) und Redewendungen (z. B. Lieber einen Spatz in der Hand als eine Taube auf dem Dach, schimpfen wie ein Rohrspatz) (→ Lehrerband-Seite 145) sprechen

Weitere Anregungen

• Wichtige Wörter aus dem Text werden auf Karten geschrieben (Spatz, fliegen, Körner, Würmer, Insekten, Samen, Nest, bauen, Halme, Haare, Watte, Wolle, Federn, Kehle, tschilpen, Sperling) und geordnet (formal: Substantive [→ Fibel-Seite 108], Verben [Was tut der Spatz?]; inhaltlich: Was frisst der Spatz? Wie sieht der Spatz aus?). Die Kinder nehmen die entsprechenden Wortkarten und lesen vor.
• fächerübergreifender Unterricht (Sachunterricht):
  - Spatzen in der Schulumgebung beobachten und über deren Geselligkeit sprechen
  - Vogelstimmen anhören (z. B. im Internet) und zuordnen
  - ausgehend vom ersten Satz des Textes über die Verantwortung des Menschen sprechen und Möglichkeiten aufzeigen, wie man Spatzen helfen kann (z. B. Nistkästen aufhängen, im Winter füttern, Lebensräume schaffen)
• fächerübergreifender Unterricht (Kunst):
  - Vögel malen, ausschneiden und als Schmuck im Klassenzimmer aufhängen
  - Nester bauen (im Internet finden sich zahlreiche Anleitungen)
• fächerübergreifender Unterricht (Musik): Lied: Alle Vögel sind schon da

Seite 148

Arbeiten mit Text und Bild

- Aufgabe 1 und 2: Die Kinder betrachten die Fotos (evtl. großformatig kopieren und an die Tafel heften) und sprechen frei dazu. Danach lesen sie die Texte und erklären anhand der Fotos die Entwicklung eines Schmetterlings.
- Die Informationen werden gemeinsam gesammelt und geordnet an die Tafel geschrieben (siehe Tafelbild).
- Aufgabe 3: Die Kinder nennen den Kleinen Fuchs und äußern sich dazu, was sie über diesen Schmetterling wissen.

Differenzierung

Fördern

- die Texte und die Fotos kopieren, ausschneiden und in der richtigen Reihenfolge ordnen (vorher die Nummerierung bei den Texten schwörzen)

Fordern

- Informationen über den Kleinen Fuchs und weitere Schmetterlingsarten recherchieren und den anderen Kindern die Ergebnisse präsentieren

Weitere Anregungen

- eine Fantasiereise zur Wiese, zu Schmetterlingen und Blütenduft erzählen: Dazu empfiehlt sich Entspannungsmusik. Die Kinder können sich auf den Boden legen. Eventuell wird mit einem Tuch leicht über den Kindern Windhauch erzeugt. Dies können vereinzelt auch Kinder übernehmen, die sich auf das Entspannungsverfahren nicht einlassen.
- fächerübergreifender Unterricht (Musik):
  - einen Schmetterlingstanz durchführen: Die Kinder bekommen Tücher als Flügel umgebunden (z. B. farbige Jongliertücher). Es wird zwischen freier Bewegung im Raum und Kreisformation gewechselt. Musikvorschlag: Schmetterlingstanz auf der CD: Reichle-Ernst, Susi/Meyerholz, Ulrike (2009): Heiße Füße – Zaubergrüße. Studio Klangraum Mainz.
  - Lied: Wie ein bunter Schmetterling
- fächerübergreifender Unterricht (Mathematik):
  - Schmetterlingsbilder genauer betrachten und über die Symmetrie der Flügel sprechen
  - Zuerst wird ein Schmetterlingsumriss auf weißes Papier gezeichnet und ausgeschnitten. Dann wird ein Flügel mit Wasserfarben angemalt und der Schmetterling an der Spiegelachse zusammengefaltet. So entsteht ein symmetrischer Abdruck auf dem zweiten Flügel.

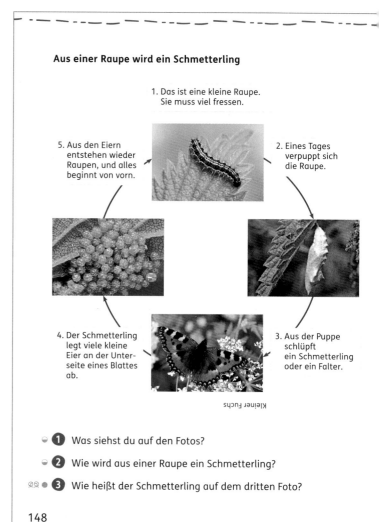

Aus einer Raupe wird ein Schmetterling

1. Das ist eine kleine Raupe. Sie muss viel fressen.

2. Eines Tages verpuppt sich die Raupe.

3. Aus der Puppe schlüpft ein Schmetterling oder ein Falter.

4. Der Schmetterling legt viele kleine Eier an der Unterseite eines Blattes ab.

5. Aus den Eiern entstehen wieder Raupen, und alles beginnt von vorn.

Kleiner Fuchs

➊ Was siehst du auf den Fotos?

➋ Wie wird aus einer Raupe ein Schmetterling?

➌ Wie heißt der Schmetterling auf dem dritten Foto?

148

Vorbereitung
- ggf. großformatige Kopien der Fotos

Tafelbild

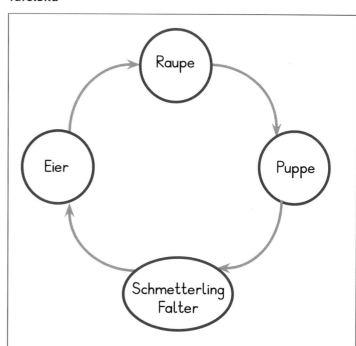

Einen Schmetterling basteln

Du brauchst:

- buntes Papier
- einen kleinen Teller oder einen Becher
- Bleistift
- Schere
- Klebstoff
- Klebestreifen

Schön sind gleich mehrere Schmetterlinge in unterschiedlichen Farben!

1. Lege den Teller auf das Papier. Umkreise ihn mit dem Bleistift. Fertige so zwei Papierkreise an.

2. Schneide die Papierkreise aus.

3. Falte die Papierkreise wie eine Ziehharmonika.

4. Knicke die zusammengefalteten Kreise in der Mitte. Umwickle die schmalste Stelle mit einem Klebestreifen.

5. Ziehe die zusammengefalteten Schmetterlingsflügel auseinander, so dass sie ihre Form erhalten.

6. Schneide einen Schmetterlingskörper und Fühler aus und klebe die Einzelteile aneinander.

nach Kirsten W. Ziegler

149

Vorbereitung

- buntes Papier, kleine Teller/Becher, Bleistifte, Scheren, Klebstoff, Klebestreifen

Tafelbild

Bleistift

Papierkreise

Schmetterlingsflügel

Schmetterlingskörper

Seite 149

Arbeiten mit Text und Bild

- Die Kinder lesen die Überschrift, betrachten die Fotos (ausreichend Zeit geben, damit die Kinder möglichst viele Details erkennen) und klären, dass es sich um eine Bastelanleitung handelt.
- Impulsfrage: Was benötigst du, um einen Schmetterling zu basteln?
- Die Kinder arbeiten in Kleingruppen (in jeder Gruppe sollte mindestens ein guter Leser sein). Sie holen die Materialien, lesen gemeinsam Schritt für Schritt die Bastelanleitung und basteln den Schmetterling.

Differenzierung

Fördern

- Zur Sicherung des Textverständnisses werden die Texte in eigenen Worten wiedergegeben. Erst danach beginnen die Kinder zu basteln.

Fordern

- weitere Bastelanleitungen zur Verfügung stellen

Weitere Anregungen

- Die Schmetterlinge können als Schmuck im Klassenzimmer aufgehängt werden. Möglich ist z. B. auch, ein Schmetterlingsmobile an selbst gesammelten kleinen Stöckchen zu gestalten.
- Die zusammengesetzten Substantive aus der Bastelanleitung werden an die Tafel geschrieben und die Wortteile farbig gekennzeichnet (siehe Tafelbild). Da die Kinder auf den Üben-Seiten bisher nur zusammengesetzte Substantive aus Nomen + Nomen kennen (→ Fibel-Seite 76/77), werden die zusammengesetzten Substantive aus Verb + Nomen (Ziehharmonika, Klebestreifen) nicht aufgeführt. Das Fugen-s bei Schmetterlingsflügel und Schmetterlingskörper muss nicht thematisiert werden. Sollten die Kinder darauf aufmerksam werden, können weitere Beispiele, in denen zwecks besserer Artikulation ein s eingefügt wird (z. B. Geburtstag, Glücksschwein, Friedenspfeife), gesammelt werden.

Seite 150

Arbeiten mit Text und Bild

- Die Kinder lesen die Überschrift und betrachten die Bilder. Folgende Fragen gehen daraus hervor: Wer ist Schnuddel? Was hat Schnuddel vermutlich vor?
- Fragen zu den Vorerfahrungen der Kinder bzgl. des Pflanzens stellen: Hast du schon einmal etwas angepflanzt? Was kann man alles anpflanzen?
- den Text (ggf. mithilfe des Lesepfeils) lesen
- Aufgabe 1 und 2: darüber sprechen, worum es in der Geschichte geht (Was pflanzt Mister Bockelmann? Was pflanzt Schnuddel?) und sich begründet positionieren: Was denkst du über Schnuddels Arbeit?
- Aufgabe 3: Die Kinder malen ein Bild der Bäume.
- Aufgabe 4: Die Kinder üben, den Text ausdrucksstark zu lesen (→ Fibel-Seite 126/127). Dazu können in Gruppen Beobachtungsaufträge verteilt werden: Wird flüssig gelesen? Wird die wörtliche Rede richtig betont?

Differenzierung

Fördern

- den Text mit der Sprachaufzeichnungsfunktion eines Computers einsprechen und dann wiederholt anhören sowie mitlesen
- Die Kinder malen, wie die Geschichte weitergehen könnte, und schreiben (ggf. mithilfe der Bücherwurm-Lauttabelle) kurze Sätze dazu.

Fordern

- Die Kinder schreiben (ggf. mithilfe der Bücherwurm-Lauttabelle) auf, wie die Geschichte weitergehen könnte.

Weitere Anregungen

- die Geschichte anhören (Track 26)
- Die zusammengesetzten Substantive aus dem Text werden an die Tafel geschrieben und die Wortteile farbig gekennzeichnet (siehe Tafelbild und → Fibel-Seite 76/77).
- fächerübergreifender Unterricht (Kunst): eigene Bäume erfinden, malen und den Namen darunterschreiben (z. B. Geldbaum, Bonbonbaum)
- fächerübergreifender Unterricht (Sachunterricht): Pflanzexperimente durchführen: Die Kinder pflanzen in einen Topf zwei bis drei Sonnenblumenkerne ein und gießen. In einen zweiten Topf pflanzen sie eine Feder und einen Gummibären ein. Die Töpfe werden beschriftet und beobachtet.
- Literatur: Janosch: Schnuddel pflanzt einen Gummibärenbaum. Lünen: Krone 2009.

Schnuddel pflanzt

1 „Ich nehme einen
2 Sonnenblumenkern",
3 sagte Mister Bockelmann,
4 „pflanze ihn in die Erde
5 und begieße ihn mit Wasser.
6 Und was wird daraus?"
7 „Ein Dings", rief Schnuddel,
8 „weiß schon:
9 ein Dingsbums …"
10 „Richtig", sagte
11 Mister Bockelmann,
12 „haargenau richtig."
13 Da nahm Schnuddel
14 die Schaufel,
15 grub ein kleines Loch in die Erde,
16 pflanzte eine Kanarienvogelfeder hinein,
17 begoss sie mit Wasser und sagte:
18 „Kanarienvogelfederbaum".
19 Dann nahm er einen Gummibären,
20 grub mit der Schaufel ein kleines Loch
21 in die Erde begoss alles mit Wasser
22 und sagte: „Gummibärenbaum".

Janosch

Bleibt der Regen aus, gieße ich fleißig meine Blumen.

○ ❶ Schnuddel pflanzt. Was soll wachsen?

● ❷ Was denkst du über Schnuddels Arbeit?

● ❸ Hilf Schnuddel. Male ihm seine Bäume.

● ❹ Übt, den Text betont zu lesen. S. 126/127 ▷

150

→ Track 26 (DUA): Schnuddel pflanzt

Vorbereitung
- ggf. Lesepfeil
- Malutensilien

Tafelbild

Sonnenblumenkern
Kanarienvogelfeder
Kanarienvogelfederbaum
Gummibären
Gummibärenbaum

Der Garten auf dem Fensterbrett

Wenn du einen Garten auf dem Fensterbrett
haben möchtest, dann brauchst du:
- einen oder mehrere Blumentöpfe
- Blumenerde
- Blumensamen, zum Beispiel Kresse-
  samen oder Sonnenblumenkerne
- eine Gießkanne.

1. Gib die Blumenerde in die Blumentöpfe,
   bis sie fast gefüllt sind.

2. Streue den Samen auf die Erde.

3. Bedecke den Samen mit etwas Erde
   und drücke die Erde leicht an.

4. Stelle die Töpfe auf das Fensterbrett
   und achte darauf, dass die Erde
   immer feucht ist.

Bald wachsen kleine Pflänzchen
in den Töpfen heran.
Pflanze die kräftigsten von ihnen
in einen großen Topf oder Balkonkasten.
Bald blüht es in bunter Farbenpracht.

❶ Was brauchst du für einen Garten auf dem Fensterbrett?

❷ Wie sät ihr Samen aus? Sprecht darüber.

151

Vorbereitung
- ggf. Lesepfeil
- Blumentöpfe, Blumenerde, Blumensamen (z. B. Kres-
  sesamen oder Sonnenblumenkerne), Gießkanne

Tafelbild

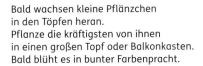

1. Blumenerde in Topf geben

2. Samen auf die Erde streuen

3. den Samen mit Erde bedecken und die Erde
   andrücken

4. den Topf auf das Fensterbrett stellen und
   gießen

Seite 151

Arbeiten mit Text und Bild

- Die Kinder lesen die Überschrift, betrachten die Fotos (ausreichend Zeit geben, damit die Kinder möglichst viele Details erkennen) und klären, dass es sich um eine Pflanzanleitung handelt.
- den oberen Abschnitt des Textes (ggf. mithilfe des Lesepfeils) lesen
- Aufgabe 1: Die Kinder beantworten die Frage und belegen ihre Aussage, indem sie die entsprechenden Stellen im Text nennen (hier kann der Lesepfeil angelegt werden).
- den restlichen Text (ggf. mithilfe des Lesepfeils) lesen
- Aufgabe 2: Die Schritte werden genannt und an die Tafel geschrieben. Die Imperative werden in die Grundform des Verbs umgewandelt (siehe Tafelbild).
- Die Kinder pflanzen die Samen nach der Anleitung ein und gießen.

Weitere Anregungen

- fächerübergreifender Unterricht (Sachunterricht): Beobachtung und Pflege einer Pflanze:
  - weiterführende Fragen beantworten: Weshalb stellen wir die Töpfe auf das Fensterbrett? Was benötigen Pflanzen zum Wachsen? (Erde zum Halt, Sonne und Wasser als Nahrung)
  - Wachstum der Pflanzen über einige Tage dokumentieren: Dafür wird ein kleiner Holzstab neben den Samen gesteckt und mit Bleistift ein- bis zweimal pro Woche die Höhe der Pflanze markiert. Alternativ kann auch fotodokumentarisch gearbeitet werden.
- die Sätze von der Tafel abschreiben und dazu zeichnen

Seite 152

Arbeiten mit Text und Bild

- Die Kinder lesen die Überschrift, betrachten die Fotos (ausreichend Zeit geben, damit die Kinder möglichst viele Details erkennen) und klären, dass es sich um ein Rezept handelt.
- das Rezept (ggf. mithilfe des Lesepfeils) lesen
- Impulsfrage: Was benötigst du, um einen Möhrentassenkuchen zu backen?
- Aufgabe 1: Die Schritte werden genannt. Außerdem wird die Zubereitung von Speisen unter hygienischen Gesichtspunkten besprochen (Hände waschen, Haare ggf. zusammenbinden, Schürze tragen) und die Kinder bereiten sich entsprechend auf die Zubereitung des Teiges vor.
- Aufgabe 2: Die Kinder arbeiten in Kleingruppen. Sie holen die Materialien, überprüfen deren Vollständigkeit und backen den Möhrentassenkuchen.

Differenzierung

Fordern

- die Arbeitsschritte im Imperativ formulieren (→ Lehrerband-Seite 163): 1. Gib die Zutaten in eine Schüssel und rühre sie durch usw.

Weitere Anregungen

- Wenn möglich, können die Kinder auch selber in kleinen Gruppen die Zutaten für den Möhrentassenkuchen einkaufen gehen.

Möhrentassenkuchen

Du brauchst:

1 Tasse Öl	1 Teelöffel Zimt
1 Tasse Zucker	1 Tasse Naturjoghurt
2 Tassen Mehl	3 Tassen geraspelte Möhren
1 Päckchen Backpulver	1 Tasse gehackte Walnüsse
1 Prise Salz	

Lass dir von einem Erwachsenen helfen!

Und so wird der Möhrentassenkuchen zubereitet:

1. die Zutaten in eine Schüssel geben und durchrühren

2. den Teig in eine gefettete Form geben

3. im vorgeheizten Backofen mit Umluft bei 180 Grad 55 Minuten backen

4. nach dem Abkühlen mit Puderzucker bestreuen

❶ Beschreibe, wie du den Möhrentassenkuchen zubereitest.

❷ Probiert das Rezept aus.

152

Vorbereitung

- ggf. Lesepfeil
- Öl, Zucker, Mehl, Backpulver, Salz, Zimt, Naturjoghurt, geraspelte Möhren, Walnüsse, Tassen, Teelöffel, gefettete Backformen, ggf. Schürzen

Sommer

Die Tage tragen Badehosen
und die Minuten spielen Ball
Libellen üben Sturzflug
auf zwei Wasserrosen
und irgendwo im Blau
fliegt einer Überschall.

Edith Schreiber-Wicke

❶ Wie wird im Gedicht vom Sommer erzählt?

Fernreise im Stadtbad

Mein Schwimmtier ist ein Krokodil.
Das Badebecken ist der Nil.

Die Badegäste sind Piraten,
die in der Wüstensonne braten.

Mein Krokodil durchpflügt den Nil,
und ich genieß den wilden Ritt.

Und jede Welle bringt ein Glitzern
aus der fernsten Ferne mit.

Georg Bydlinski

❷ Wohin geht die Fernreise?

153

Vorbereitung
• ggf. Lesepfeil

Tafelbild

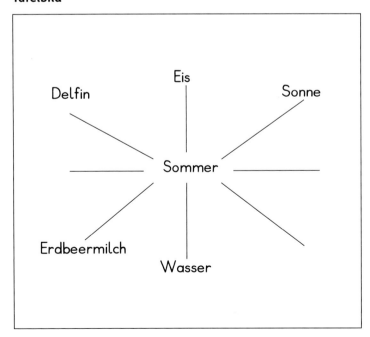

Seite 153

Arbeiten mit Text und Bild

Stundeneinstieg:
- Die beiden Gedichte sind verspielt, witzig, fantasievoll. Damit die Kinder sich darauf einlassen, empfiehlt sich ein kleines Auflockerungsspiel oder ein Lied (z. B. Ich bin ein Sommerkind).
- eine Welle mit einer großen, blauen Folie darstellen, die in die Kreismitte gelegt wird: Stell dir vor, es ist Sommer und du gehst schwimmen. Was erlebst du?

Sommer
- Die Kinder lesen die Überschrift und sammeln Wörter zum Thema *Sommer*. Diese können z. B. in der Form einer Mindmap an die Tafel geschrieben werden (siehe Tafelbild).
- das Gedicht (ggf. mithilfe des Lesepfeils) lesen und besprechen: Was ist mit *Die Tage tragen Badehosen/die Minuten spielen Ball/Libellen üben Sturzflug/irgendwo im Blau* gemeint?
- die im Gedicht angesprochenen Dinge im Bild wiederfinden
- sich begründet positionieren: Gefällt mir das Gedicht?
- Aufgabe 1: Die Kinder besprechen, wie im Gedicht vom Sommer erzählt wird und vergleichen mit der Mindmap: Welche Gedanken hatte die Autorin zum Sommer? Woran denken wir?

Fernreise im Stadtbad
- das Gedicht (ggf. mithilfe des Lesepfeils) lesen
- Die Kinder üben, das Gedicht ausdrucksstark zu lesen. Dazu können in Gruppen Beobachtungsaufträge verteilt werden: Wird flüssig gelesen? Wird betont gelesen?
- über die bildhafte Sprache sprechen: Was ist mit *Das Badebecken ist der Nil/Die Badegäste sind Piraten/Wüstensonne/wilder Ritt* gemeint?
- Aufgabe 2: Die Kinder überlegen, wohin die „Fernreise" geht.

Differenzierung

Fördern
- über eigene Erlebnisse im Schwimmbad/Sommererlebnisse sprechen

Fordern
- über eigene Erlebnisse im Schwimmbad/Sommererlebnisse (ggf. mithilfe der Bücherwurm-Lauttabelle) schreiben

Weitere Anregungen
- fächerübergreifender Unterricht (Kunst): den Erzähler aus dem Gedicht *Fernreise im Stadtbad* malen

Seite 154

Arbeiten mit Text und Bild

- Dieser Text sollte kurz vor den Sommerferien gelesen werden.
- Die Kinder lesen die Überschrift und sprechen darüber, was ihnen zum letzten Schultag einfällt. Außerdem berichten sie über ihre Vorhaben in den Ferien.
- Aufgabe 1 und 2: Die Kinder beantworten die Fragen und belegen ihre Aussagen, indem sie mithilfe des Zeilenzählers die entsprechenden Stellen im Text nennen (hier kann der Lesepfeil angelegt werden). Sie überlegen, warum Arne eines Tages davon träumt, dass wieder die Schule beginnt.
- das Bild betrachten und besprechen: Passt das Bild zum Text? Sitzt Arne wirklich mit Badehose und Schwimmflossen im Klassenraum? Isst die Lehrerin wirklich ein Eis?
- Die Lehrkraft klappt die Tafel auf. Eine große Sonne mit Sonnenbrille wird als stiller Impuls sichtbar: Welche Sätze des Textes passen zu dem Bild?
- Die Sätze *Die Sonne hat es gut. Die hat Ferien.* werden besprochen: Weshalb hat es die Sonne gut? Was sind die Aufgaben der Sonne? Hat die Sonne immer Ferien?

Differenzierung

Fordern

- die Reiseziele der Kinder auf einer Karte oder einem Globus suchen

Weitere Anregungen

- Die Ferientätigkeiten von Arne werden an die Tafel geschrieben (siehe Tafelbild). Die Kinder schreiben nach dem Muster (ggf. mithilfe der Bücherwurm-Lauttabelle) Sätze zu ihren geplanten Ferientätigkeiten auf.
- darüber sprechen, wie die Kinder sich momentan fühlen und worauf sie sich in den Ferien freuen
- Ferienaktivitäten sammeln und sich gegenseitig empfehlen
- überlegen: Was nehme ich mit in den Urlaub?
- Spiel: Ich packe meinen Koffer.
- fächerübergreifender Unterricht (Musik): Sommerlieder mitbringen und gemeinsam anhören

---

Letzter Schultag

1 Die Sonne lacht draußen.
2 Drinnen im Klassenraum
3 ist es sehr warm.
4 Hans tut die Hand weh.
5 Lilo kann nicht mehr sitzen.
6 Juttas Kopf wird immer schwerer.
7 Arne denkt: Die Sonne hat es gut.
8 Die hat Ferien.
9 Ferien, hurra, endlich Ferien!
10 Auch Frau Fritz freut sich.
11 Abends sieht Arne lange fern.
12 Morgens, wenn er aufsteht,
13 lacht die Sonne ihn aus.
14 So spät ist es schon.
15 Am Tage badet Arne.
16 Er spielt.
17 Er träumt.
18 Und eines Tages
19 träumt er davon,
20 dass die Schule
21 wieder beginnt.

Peter Abraham

1 Was geschieht am letzten Schultag?

2 Wovon träumt Arne eines Tages? Kannst du dir denken, warum?

154

→ KV 85: Sommerferien

Vorbereitung
- ggf. Lesepfeil
- eine große Sonne mit Sonnenbrille an die Innenseite der Tafel malen

Tafelbild

Was tut Arne in den Ferien?

Arne sieht lange fern.

Arne schläft aus.

Arne badet.

Arne spielt.

Arne träumt.

Was tust du in den Ferien?

Ich ...

Sommerzeit – Ferienzeit

Sommerzeit – Ferienzeit.
Da weiß doch jeder gleich Bescheid.
Du kannst faul im Bett noch bleiben.
Keiner kann dich hier vertreiben.
Spielen, lachen,
Unsinn machen.
Du kannst schlafen, du kannst dösen
oder Bilderbücher lesen.
Jetzt hast du für alles Zeit.
Sommerzeit – Ferienzeit.
Da weiß doch jeder gleich Bescheid.
Du kannst faul im Schatten liegen,
träumen, mit den Wolken fliegen,
hinter Hecken
dich verstecken,
du kannst wandern, schwimmen, baden
und durch kleine Bäche waten.
Jetzt hast du für alles Zeit.

Rolf Krenzer

❶ Was machen die Kinder in der Sommerzeit?
Schau auf die Bilder und lies im Text nach.

❷ Was gefällt dir in der Sommerzeit am besten?

155

Vorbereitung
• ggf. Lesepfeil

Arbeiten mit Text und Bild

• das Gedicht lesen
• Aufgabe 1: Die Kinder beantworten die Frage und belegen ihre Aussagen, indem sie mithilfe des Zeilenzählers die entsprechenden Stellen im Text nennen (hier kann der Lesepfeil angelegt werden). Sie finden die im Gedicht angesprochenen Dinge im Bild wieder.
• herausfinden, welche drei Verse sich wiederholen
• die Reimwörter aus dem Gedicht nennen oder in einer Kopie/auf einer Folie markieren und darüber sprechen, dass einige Reime etwas merkwürdig klingen (z. B. Ferienzeit – Bescheid, baden – waten)
• Aufgabe 2: Die Kinder sprechen darüber, was ihnen in der Sommerzeit am besten gefällt. Die Gedanken können z. B. an der Tafel in Form einer Liste oder Mindmap gesammelt werden.

Differenzierung

Fördern

• das Gedicht sauber abschreiben und das Blatt gestalten

Fordern

• das Gedicht auswendig lernen und betont vortragen
• weitere Wörter mit -zeit sammeln (z. B. Urlaubszeit, Reisezeit, Badezeit, Spielzeit, Regenzeit)

Weitere Anregungen

• Gedichtvortrag mit einem Partner üben
• Wortbilder zum Sommer gestalten: Ein Wortbild kann aus einem Wort oder mehreren, sich wiederholenden Wörtern bestehen. Die Kinder können z. B. das Wort Sonne in Form einer Sonne mit Strahlen wiederholt schreiben.

Bücherwurm-Lautrap

© Text: Vanessa Knopf, Kristina Meyer

A wie die Ameise im Blumenbeet,
E wie der Esel, der auf der Weide steht.

I wie der Igel mit Stacheln kurz und spitz,
O wie die Oma, die erzählt den besten Witz.

U wie das Ufo, für Weltraumentdecker,
Ä wie die Äpfel, die sind gesund und lecker.

Ö wie der Öffner, öffnet mir die Flaschen,
Ü wie das Ü-Ei, lass dich überraschen!

ie wie in Biene, die über Wiesen fliegt,
Au wie das Auto, das um die Ecke biegt.

Ei wie das Eis im Sommer am See,
Eu wie der Euro in meinem Portemonnaie.

1 - 2 -3 - macht alle mit - yeah yeah!
Der Bücherwurm macht uns alle fit.
1 - 2 -3 - macht alle mit - yeah yeah!
Der Bücherwurm, der ist der Hit.

M wie der Mond, der leuchtet in der Nacht,
L wie die Lampe, die helles Licht mir macht.

T wie die Tasse, aus ihr trink ich Tee,
S wie die Sonne, die ich am Himmel seh.

G wie die Gabel, brauch ich für Suppe nicht,
N wie die Nase, mitten im Gesicht.

H wie die Hose, die zieh ich täglich an,
F wie die Feder, mit der man kitzeln kann.

R wie die Rakete, die fliegt ganz hoch hinaus,
D wie die Dusche, da kommt Wasser raus.

W wie die Wolke, bringt Regen oder Schnee,
P wie der Pinsel, mit dem mal ich ein Reh.

1 - 2 -3 - macht alle mit - yeah yeah!
Der Bücherwurm macht uns alle fit.

K wie der Käfer, den man im Wald entdeckt,
B wie die Banane, die mir zum Frühstück schmeckt.

Sch wie die Schere, mit ihr schneid ich im Nu,
J wie die Jacke, die mach ich richtig zu.

Z wie der Zahn, den sieht man, wenn man lacht,
St wie der Stern, der nachts am Himmel wacht.

Sp wie die Spinne, die lange Fäden spinnt,
Pf wie das Pferd, das galoppiert geschwind.

ng wie in Ring, den trag ich an der Hand,
ch wie in Teppich, fliegt mich ins Märchenland.

ch wie in Buch, darin les ich gerne,
ß wie in Fuß, der trägt mich in die Ferne.

1 - 2 -3 - macht alle mit - yeah yeah!
Der Bücherwurm macht uns alle fit.
1 - 2 -3 - macht alle mit - yeah yeah!
Der Bücherwurm, der ist der Hit.
Der Bücherwurm, der ist der Hit.